Fritz Böhm
6 mal Prag

Serie Piper
Band 5119

Zu diesem Buch

Prag ist eine der schönsten Städte der Welt. Doch es ist mehr als ein architekturgeschichtliches Museum. Prag lebt, von Kontrasten gezeichnet wie eine alte Photographie – und in mancher Hinsicht zeigt die Goldene Stadt sich tiefschwarz. Hier der antiquarische Charme des Stadtkerns, die Lebensfreude der flanierenden Einwohner, die vorgebliche Sicherheit in einer Gesellschaft, die als höchsten Wert Gerechtigkeit proklamiert – dort die brutale Monotonie der Trabantenstädte, der Rückzug aus geistiger Bevormundung ins private Leben, der chronische Mangel, die neuen Hierarchien.

Doch trotz aller Fremdartigkeit ist die Reise nach Prag gerade für den deutschsprachigen Besucher eine Reise in die eigene Vergangenheit. Jahrhundertelang war die deutsche Geschichte auch Prager Geschichte, zuweilen groß und fruchtbar, zuweilen reich an Verwicklungen, Leid und nackter Gewalt. Das Mittelalter, die Glaubenskriege, die Gegenreformation und der letzte Glanz der Donaumonarchie sind sinnlich faßbar in der beispiellosen Fülle historischer Bauten, die von den Verheerungen der Weltkriege verschont blieben. Zwischen ihnen nistet eine Atmosphäre, die vom Idyll bis zur Groteske alles einschließt. Das spannungsreiche Miteinander der drei Völker, die in diesen Mauern lebten – Tschechen, Juden, Deutsche –, ist das große Thema des Buches.

Fritz Böhm wurde in Prag geboren und hat ein halbes Jahrhundert dort gelebt. Heute lehrt er an einer Universität in Deutschland. Er veröffentlichte zahlreiche Bücher zu geisteswissenschaftlichen Themen.

Fritz Böhm

6mal Prag

Mit 25 Abbildungen von
Werner Neumeister

Piper
München Zürich

Weitere »Panoramen der Welt«
in der Serie Piper:

Rolf Ackermann, 8mal Sardinien (5109)
Fritz René Allemann, 26mal die Schweiz (5106)
Harald R. Bilger, 111mal Südafrika (5102)
Raymond Cartier, 50mal Amerika (5101)
Rudolph Chimelli, 9mal Moskau (5113)
Gerhard Dambmann, 25mal Japan (5104)
Tony Gray, 5mal Irland (5105)
Willy Guggenheim, 30mal Israel (5108)
Erich Helmensdorfer, 54mal Ägypten (5115)
Arnold Hottinger, 7mal Naher Osten (5127)
Toni Kienlechner, 12mal Italien (5110)
Rudolf Walter Leonhardt, 77mal England (5112)
Alan Riding, 18mal Mexiko (5111)
Rüdiger Siebert, 5mal Indonesien (5116)
Klaus Viedebantt, 30mal Australien (5126)

ISBN 3-492-15119-1
Originalausgabe
April 1988

Umschlag: Federico Luci
Umschlagfoto: Bilderberg, Hamburg
Vorsatzkarten: Jutta Winter
Gesamtherstellung: Clausen & Bosse, Leck
Printed in Germany

Inhalt

Hinter Kulissen leben

Böhmische Antinomien

Zu der verlorenen Geliebten soll man nicht mehr zurückstreben
(Johannes Urzidil)

Wenn ich von Prag träume, öffnen sich mir seine winkeligen Altstadtgassen zu neuen Durchgängen, zu phantastischen Durchblikken auf eine Märchenwelt von Plätzen, Kirchen, Häusern, die es nie gegeben hat – auf mosaikbestückte Kapellen im Veitsdom, der ein anderer Veitsdom ist als der, den ich eigentlich kenne. Oder ich fahre mit der roten, offenen Straßenbahn meiner Jugendzeit, die längst nicht mehr fährt, durch Straßen, die mir fremd sind, und weiß nicht, ob die Richtung stimmt.

Aber auch die heutige Wirklichkeit der Stadt ist eine andere als die meiner Erinnerung und meiner Träume. Die äußere Kontinuität der Straßenzüge, der Fassaden, des Panoramas von Burg, Kleinseite, Altstadt versetzt nicht nur die wurzellos gewordenen deutschen Nachbarn in nostalgisches Entzücken. Der schöne Schein täuscht über die Brüche und Diskontinuitäten, die Geschichtslosigkeit des heutigen tschechoslowakischen Alltags hinweg. Gewiß: Alle Länder haben ihre Revolutionen, ihre Katastrophen, ihre Modernisierungsschübe gehabt; nirgendwo eine »organische« Entwicklung, die schonend ein Maximum des Alten erhält, um darauf ihr Neues zu setzen. Dennoch ist der Gegensatz zwischen der Symbolwelt erhalten gebliebener Architektur und der Normalität des heutigen Prager Alltags besonders kraß.

Die Tatsache, daß der Stadtkern auf Oberleutnant Jüttners Plan von 1816, daß Plätze und Häuserzüge auf den kolorierten Stichen von Heger Vater und Sohn (1792/94) sowie auf dem Pappmodell des Universitätspedells Anton Langweil (1826/34) auf eine frappierende Weise wiedererkannt werden, verdankt Prag vor allem zwei Umständen. Erstens dem lange beklagten, nicht mehr Hauptstadt zu sein: Im 18. und 19. Jahrhundert floß das große Geld eher nach Wien, so daß sich der »repräsentative« Umbau im

Gründerzeitalter in Grenzen hielt und relativ viel ältere Bausubstanz verschonte; der knapp zwanzigjährige Ausbau Prags zur Hauptstadt der neugegründeten ČSR (1918–1938) vollzog sich – bei manchen Fehlentscheidungen – schon in einem neuen Wertbewußtsein gegenüber der Vergangenheit. Zweitens den Kapitulationen der tschechoslowakischen Eliten im 20. Jahrhundert, 1938/39, 1948, 1968, der Neigung zur Anpassung an die Aggressoren, die der Stadt das Schicksal Warschaus ersparte. (Umgekehrt sprach für die Kapitulation gerade die Schreckensvision eines zerstörten Prags.) Zufälle kamen hinzu, wie die kaum nennenswerten Luftangriffe während des Zweiten Weltkriegs.

Die Maßstäbe der Moralisten, der Politiker, der Unternehmer, der Denkmalschützer sind selten auf einen Nenner zu bringen: Der Patriot mag die Folgen der kampflosen Hinnahme des NS-Besatzungsregimes bedauern, ebenso wie die moralischen Verwüstungen der darauffolgenden Umstürze und Einmärsche. Aber sie sind der Preis der schönen Fassade. Andere mögen den standhaften Reformator Hus und seine Anhänger bewundern, die ein Jahrhundert vor Luther Europa in Atem hielten; doch hat die hussitische Revolution (1419–35) Unmengen von Kunstschätzen der böhmischen Gotik unwiederbringlich vernichtet. Der Bauernbefreier und Förderer der Aufklärung, Joseph II. (1780–1790), hat zahlreiche Klöster in Kasernen und Manufakturen verwandelt, wobei wieder vieles verlorenging oder verrottete. Dem industriellen Aufschwung der zweiten Hälfte des 19. Jahrhunderts, der Böhmen zum Wirtschaftszentrum der k. und k. Monarchie machte, verdanken wir die trostlose Vorstadtlandschaft der Mietskasernen und Fabrikhallen. Barockkirchen und Adelspalais sind auch Symbole religiöser Unduldsamkeit und sozialer Repression.

Es gibt keine unschuldige Schönheit, und es gibt überhaupt keinen allgemein anwendbaren Maßstab für die Antinomien der Geschichte. Wir wissen von historischen Höhepunkten, die durch Opfer und Einbußen auf anderen Gebieten erkauft wurden. Wir kennen baugeschichtliche Glanzperioden, die religiöse Unterdrückung, sozialen und politischen Niedergang verdecken, und umgekehrt etwa Epochen wachsenden Wohlstands, begleitet von künstlerischer und architektonischer Banalisierung. Was nach-

Der Hradschin als Wintermärchen, vom Strahower Kloster gesehen

träglich als ein Glücksfall erscheint, mag von Zeitgenossen völlig anders empfunden worden sein.

Die Geschichte läßt sich nie auf ein einziges Prinzip bringen, es sei denn um den Preis einer Vergewaltigung. Sie ist keine ewige Wiederkehr des Gleichen, sie eignet sich auch nicht zur Demonstration einfacher, schlüssiger Grundsätze. So stieß die nationale Ideologie beider Lager, des böhmischen und des deutschen, auf große Hindernisse bei ihren Versuchen, die Mannigfaltigkeit, die Pendelschwingungen der böhmischen Historie für sich zu vereinnahmen. Die Rechnung geht nicht auf, wenn die Tschechen in sprachlicher Scheinlogik (Böhmen = Čechy) das Land für sich allein in Anspruch nehmen und die Anderssprachigen (die Deutschen = Němci = die Stummen) in die Rolle zugewanderter Unterdrücker und Ausbeuter zwängen möchten. Ebensowenig, wenn deutsche Arroganz sich alle großen Leistungen in der Vergangenheit des Landes selbst zuschreibt und in den slawischen Mitbürgern »Bedientenvolk mit strupp'gem Karyatidenhaupt« (Friedrich Hebbel 1861) erblickt. Die nationale Perspektive des 19. Jahrhunderts führte zu einer verengenden, verzerrten Sicht, die das Neben- und Miteinander der beiden Volksstämme, das Hin und Her der Impulse in einen ständigen Kampf umdeutet und dem anderssprachigen Nachbarn nur Neid, Mißtrauen und Haß zuschreibt.

In Wirklichkeit sind die deutsch- und tschechischsprachigen Böhmen (und Mährer) jahrhundertelang recht gut miteinander ausgekommen. Die Scheidelinien der Konflikte folgten in den einzelnen Epochen zumeist anderen als den Sprachgrenzen: Manche Deutschböhmen waren aufrichtige Landespatrioten, die sich mit dem Lande, seiner Dynastie, seinen Einwohnern eng verbunden fühlten; andere, gleich ob dieser oder jener Herkunft, empfanden sich vor allem als Männer der Kirche, der Wissenschaft, der Literatur und Kunst und nahmen Partei ohne Rücksicht auf ethnische Belange: Jan Hus' Ankläger in Konstanz waren Tschechen, während sich unter seinen radikalen Anhängern zahlreiche Deutsche befanden. Und die Masse der Bevölkerung lebte ohnehin als Grunduntertanen oder kleine Handwerker, deren sprichwörtlicher Kirchturmhorizont an der Grenze ihrer Obrigkeit, der Landstadt, des Klosters endete. Die wechselhaften Schicksale des Landes hatten sie gewissermaßen als Objekte der Geschichte zu teilen, zu ertragen; in Einzelfällen, aber auch in ganzen Schüben, wechselte man die Umgangssprache. Erst die Kämpfe um Schul- und Behördensprache, um Gemeinde- und Landtagsvertretungen im späten 19. Jahrhundert schufen festere Grenzen zwischen den Sprachvölkern; erst die Besetzung der Sprache mit ersatzreligiösen, ideologischen Gehalten verhärtete die Fronten, machte aus tagtäglich miteinander umgehenden, untereinander heiratenden Nachbarn Feinde, machte aus dem Gebrauch der anderen Sprache als Verständigungsmittel einen Verrat.

Prag war als bedeutendes politisches und wirtschaftliches Zentrum, als Residenzstadt von Herzögen, Königen und Kaisern, als älteste Universitätsstadt Mitteleuropas (seit 1348) bis über das 17. Jahrhundert hinaus ein Magnet, der Höflinge, Kleriker, Gelehrte, Soldaten, Kaufleute, Architekten, Handwerker, Scharlatane aus aller Welt anzog. Nicht nur die Zugewanderten, auch die einheimische Oberschicht war Bestandteil der kosmopolitischen Atmosphäre der Stadt. Insofern bedeutete die Vertreibung des protestantischen Adels und Patriziats durch die siegreiche Gegenreformation (1621) und ihre Ersetzung durch zumeist fremde, dem Hause Habsburg verpflichtete neue Herren keinen völligen Bruch. Ein Bruch war das mit wirtschaftlichem Niedergang verbundene Absinken Prags zur stagnierenden Provinzstadt, die im 18. Jahrhundert allmählich einen äußerlich überwiegend deutschen Charakter erhielt. Andererseits bedeutete dieses Stagnieren auch die Konservierung der alten Strukturen, die weitgehende Erhaltung der Bausubstanz, die heute den Zauber der Stadt ausmacht.

Noch vor dem Ersten Weltkrieg schien in Prag das Kleinstädtische zu überwiegen, und Egon Erwin Kisch, dessen Reportagen diese Atmosphäre festgehalten haben, berichtet spöttisch über den Wenzelsplatz, daß sich die Prager so viel auf ihn einbildeten, weil er allein einen Inselperron habe wie der Potsdamer Platz. Heute kehrt in diesen verkehrsberuhigten Mittelpunkt der Stadt wieder etwas von jenem schönen Idyll zurück. Vom Dachcafé eines neuen Kaufhauses Ecke Wenzelsplatz/Heinrichsgasse (Jindřišská) kann man die Straßenzüge der Neustadt Karls IV. gut wiedererkennen. Der Schub des 19. und 20. Jahrhunderts, die Entwicklung zur Großstadt, war aber nicht nur Urbanisierung der ländlichen Umwelt, Schaffung eines häßlichen Häusermeers um den alten Stadtkern herum, Industrie, Infrastruktur, sondern auch in mancher

Hinsicht: Verengung des Horizonts, Verlust der Vielfalt, Überwiegen des grauen Mittelmaßes. Der Kampf ums Wort Gottes, um nationale Selbstbestimmung, die sprühende intellektuelle Atmosphäre der Prager Cafés, der Streit um den Sinn der böhmischen Geschichte, die Begeisterung für einen Sozialismus mit Menschengesicht sind ferne Vergangenheit geworden, haben, so scheint es, mit dem Alltag der Prager so gut wie nichts mehr zu tun.

Anfahrten

Wenn man mit dem Flugzeug in Prag ankommt, bringt die 1968 vollendete Abfertigungshalle in Erinnerung, daß sie im August jenes turbulenten Jahres von sowjetischen Luftlandetruppen »eingeweiht« wurde. Nachdem noch am Abend des 20. August das Gelände von Fallschirmjägern besetzt worden war, landete hier eine »Antonow« nach der anderen; aus ihrem Inneren ergossen sich Hunderte von gepanzerten, stinkenden Ungetümen in die Prager Straßen.

Auf der Fahrt vom Flughafen Ruzyně kommt man an drei weiteren symbolträchtigen Gebäuden vorbei. Das erste ist die »Prager Lubjanka«, die so mancher, der in Böhmen Besseres anstrebte, von innen kennenlernen mußte. Ihre engen Zellen, in denen es im Sommer oft unerträglich heiß und im Winter kalt ist, ließen bei Insidern beinahe dankbare Erinnerungen an die düstere k. u. k. Strafanstalt Pankraz aufkommen, an der man vorbeifährt, wenn man aus Südosten kommend die Autobahnbrücke über dem Nusletal passiert. Das zweite Gebäude, das gleichfalls dem tschechoslowakischen Stalinismus entstammt, ist auf der Straße vom Flughafen rechterhand zu sehen: die Parteihochschule Wokowitz, ironisch Wokowitzer Sorbonne genannt, die Parteikader, »Doktoren der KPČ«, produziert. Auch sie hatte Ende der sechziger Jahre bessere Zeiten erlebt, als ein radikaler Kahlschlag unter den Dozenten das Niveau auf sowjetmarxistischen Dogmatismus dritter Wahl zurückschraubte. Ihr gegenüber schließlich steht ein moderner, von einer bundesdeutschen Baufirma errichteter Sandwich auf Betonstelzen, der nicht weniger über den gegenwärtigen

Zustand des Landes aussagt: eine Tuzex-Verkaufsstelle, wo die Bürger gegen sogenannte Bons (oder gegen harte Währung) Import- und Mangelwaren erstehen können. Zu jener Zweitwährung aber kommt man nur, wenn man Verwandte im westlichen Ausland hat – ansonsten ein Stolperstein in der Karriere –, durch Auslandsaufenthalte oder auf dem Schwarzmarkt. Ein paradoxes, aber erhellendes Dreieck, das auf einigen tausend Quadratmetern Fläche Wesentliches über das Kräftefeld des real existierenden Sozialismus aussagt: Hier die staatlich organisierte, weil devisenträchtige Korruption, auf der anderen Seite der Straße die Gralshüter der offiziellen Staatsideologie; in beiden Bereichen gibt es Grenzen und Grauzonen. Und wer sich nicht genau an die Spielregeln hält, kann im ersten der drei Gebäude landen.

Symbole auch bei anderen Einfahrten. Wenn man über Waidhaus/Rozvadov und Pilsen anfährt (im Augenblick, da ich dies schreibe, ist die Westautobahn noch lange nicht in Betrieb), kommt man bei Holubkau (Holoubkov) an einen Punkt, wo die Amerikaner im Frühjahr 1945 haltmachten, statt auf Prag vorzustoßen. Truman und Eisenhower wollten den sowjetischen Verbündeten keine Schwierigkeiten machen; an politische Auswirkungen dachten sie, zum Unterschied von Churchill, nicht. Viele Tschechen bedauern es heute, daß Bradley damals nicht Konjew die Schau der Befreiung gestohlen hat. Am 9. Mai erst wälzte sich dann die Rote Armee von Norden heran, und der Mythos von der Befreierrolle der Sowjetunion allein nahm seinen Anfang. Zahllose Straßennamen und Denkmäler sowie alljährliche Zeremonien zementieren ihn und festigen in der tschechischen Nation den Komplex der Kleinheit und Machtlosigkeit, das Gefühl, Spielball, nicht aktiver Spieler im Drama der Weltgeschichte, zu sein. Versuche aber, die Erinnerung an den Beitrag der anderen an der Befreiung wachzuhalten, etwa durch Kranzniederlegungen am einzigen Ehrenmal gefallener US-Soldaten irgendwo bei Eger, werden polizeilich verhindert und geahndet.

An der Karlsbader Straße wird man mit anderen symbolträchtigen Orten konfrontiert. Da gibt es etwa eine Abzweigung nach Lana (Lány). Dort war der Sitz T. G. Masaryks, des *roi-philosophe*, dessen entschlossenem Handeln im Ersten Weltkrieg die Tschechoslowakei ihre Existenz verdankt. Fast alle tschechischen Führer hatten bis dahin an der Möglichkeit, ja Wünschbarkeit eines selbständigen Großböhmens gezweifelt. Hat die Geschichte nachträglich den Zweiflern recht gegeben? Masaryks zahlreiche Denkmäler sind jedenfalls verschwunden, sein Name ist vergessen, sein Versuch, die Tschechen zu Herren ihres politischen Schicksals zu machen, nach 20 Jahren gescheitert.

Ein Stück weiter, unweit der Grubenstadt Kladno, das Dorf Lidice, das dieses Scheitern auf eine andere Weise symbolisiert – nach dem Attentat auf den Stellvertretenden Reichsprotektor Heydrich dem Boden gleichgemacht, die Männer erschossen, die Frauen ins KZ gebracht, die Kinder zur Germanisierung deutschen Familien zugewiesen. Lidice lebt, gewiß. Doch bildet es auch einen Bestandteil der offiziell vereinnahmten »antifaschistischen« Tradition, die die Tschechoslowakei fest in das sowjetische Imperium einbindet.

Kurz nach dem Stadtrand von Prag, kaum sichtbar, der Weiße Berg, *Bílá hora*, wo ein anderer Versuch böhmischer Eigenstaatlichkeit Schiffbruch erlitt: der Ständeaufstand von 1618 bis 1620. Danach die Gegenreformation, die Vertreibung der protestantischen Eliten, Konfiskationen, Gewissenszwang, Anpassung, Verlust der politischen Identität – vertraute Themen unseres Jahrhunderts. Inzwischen hat der Volkswitz die pathetische Phrase »Wir stöhnten drei Jahrhunderte unter dem habsburgischen Joch« ironisch zerstört: »Im österreichischen Völkerkerker ließ es sich gut stöhnen.«

Sichtbares und Unsichtbares

Auf dem Wenzelsplatz, dem riesigen alten Roßmarkt, seit einigen Jahren ohne Durchgangsverkehr, flaniert an Sommerabenden eine Menge junger, lebenslustiger Menschen. Man hört viel Slowakisch, Sächsisch, auch kubanisches Spanisch. Aus mehreren Lokalen klingt Tanzmusik. Weder die Sowjets noch die Polizei treten in Erscheinung, prägen jedenfalls nicht das Stadtbild wie mancherorts in der DDR. Die Neorenaissance- und Jugendstilfassaden sind in Pastellfarben angestrichen, in den neuen Unterführungen

»Prager Venedig«: Mühlbach zwischen Kleinseite und Kampa-Insel

wimmelt es von vergleichsweise adrett gekleideten Jugendlichen eines Menschenschlags, den ich als schön empfinde. Man hat bis vor kurzem an vielen Stellen gebohrt und gewühlt; der in den siebziger Jahren entstandene Kern eines U-Bahn-Netzes wird ständig erweitert. Erste Schnellstraßen vermindern ein wenig den unerträglich gewordenen Verkehr in der Innenstadt.

Städtebaulich hat sich in den vergangenen Jahren einiges getan – von einer großzügigen Abfertigungshalle am Hauptbahnhof, einem neuen Nordbahnhof bis zur Fußgängerzone am Graben und gelungenen Restaurierungen wie der des Agnesklosters in der Altstadt. Hier hat nach dem Sankt-Georgs-Areal des Hradschins ein weiteres Zentrum der Nationalgalerie Platz gefunden: In den seit Joseph II. verwahrlosten gotischen Gemäuern am Moldauufer, wo sich Stadtstreicher und Prostituierte aufzuhalten pflegten, ist jetzt auf hervorragende Weise die böhmische Malerei des 19. Jahrhunderts untergebracht. Die Kleinseitner Thomaskirche und die Altstädter Jakobskirche sind vorbildlich restauriert, die Teynkirche schält sich nach vielen Jahren aus ihrer Einrüstung heraus. Das Palladium der Nation im 19. Jahrhundert, das aus Sammlungen und Spenden hervorgegangene Nationaltheater von 1881/83, ist zum 100. Jahrestag modernisiert und erweitert wiedereröffnet worden. Über dem Nusletal, aus dem Kischs berühmtes Modell, die Botič-Elli stammte, ragt weiß ein pompöser Kulturpalast auf, in dem immerhin nicht nur Parteitage stattfinden. Auch der Hradschin, die Burg der böhmischen Könige, hat die Farbe gewechselt – vom theresianischen Gelb in ein elegantes Grün- und Grau-Weiß. Neue Brücken im Norden und Süden der Stadt verbinden die Trabantenstädte miteinander und mit dem Zentrum. Bei einem abendlichen Bummel fühlt man sich hingerissen vom Zauber des Veitsdoms, in dessen Schatten der Springbrunnen der gotischen Georgsstatue plätschert, von den Silhouetten der barocken Palais und Bürgerhäuser der Kleinseite und von dem einzigartigen Panorama, das sich auf der Karlsbrücke bietet; wenn schließlich der Mond über der Kampa-Insel leuchtet, gerät die märchenhafte Kulisse fast zum Kitsch.

Und doch wäre es naiv, vielleicht sogar unmoralisch, sich mit der romantischen Fassade zu begnügen und nicht kritisch zu fragen, was sie verdeckt. Auch dem nicht informierten westlichen Besucher mag manchmal der Gedanke kommen, ob nicht die kostspielig hergerichteten Kulturdenkmäler von der Spezies Potemkinscher Dörfer sind, deren devisenträchtiger Verputz eine Verhüllungsfunktion erfüllt. Kritischere Beobachter mögen sich die Frage stellen, ob nicht die vordergründige hektische Bautätigkeit in der Hauptstadt Mittel von der heruntergekommenen Provinz abzieht, ja ob man nicht mit äußerlichem Pomp wie im gegenreformatorischen Barock ein wenig Seelenfängerei und Kanalisierung des Volksgeistes in ungefährliche Regionen betreiben möchte. Schließlich – ob nicht im Inneren der gut und gesund aussehenden jungen Leute eine Menge Zynismus steckt: absichtliches Wegsehen von den Problemen, opportunistische Anpassung an die repressiven Verhältnisse, karrieristische Schmalspurigkeit ihrer Werthierarchie. Immerhin dauert das jetzige Husák-Regime erheblich länger als das Dritte Reich, und wer ist schon zum Märtyrer geboren?

Ausländische Beobachter sind oft leichtfertig im Umgang mit Etiketten wie »tschechischer Nationalcharakter«. Ich glaube eher an Spielregeln, die den Tschechen von außen auferlegt wurden und die sie selbst nicht ändern, wohl aber aufweichen können. Korruption ist die Verhaltensweise von Menschen, die die Hintertür verwenden, weil man ihnen die Vordertür verschlossen hat. So gewinnt man einen raren Studienplatz »gegen Autoschlüssel« oder käut offizielle Halbwahrheiten wieder, weil eigene Gedanken mit Sperrung des Wegs nach oben bestraft werden. Wer kann sich einer Atmosphäre entziehen, die unwürdige Ergebenheitsrituale gegenüber dem Großen Bruder und seinen Statthaltern an der Moldau mit einer bisher unangetasteten Privilegienwirtschaft verbindet, die an feudales Klientelwesen erinnert? Wer kann noch an echte Werte glauben, der tagtäglich mit absoluter Willkür und machtgestützter Unfähigkeit konfrontiert wird?

Auch die wirtschaftlichen Fehlentscheidungen, von denen man in Gesprächen immer wieder hört, müssen Spuren im Verhalten hinterlassen, wenn vom grünen Bürokratentisch für Milliarden am Markt vorbeiproduziert wird und riesige Mengen unbrauchbarer Waren die Lagerhäuser füllen, ohne daß es Planer und Produzent zu fühlen bekommen. Wie sollen seit Jahrzehnten wiederholte Appelle zu Sparsamkeit und wirtschaftlichem Denken wirken, wenn etwa ein Laden für eine halbe Million modernisiert und im folgenden Jahr das Haus abgerissen wird? Wenn in größerem Ausmaß eine schwedische Firma eine große Montagehalle baut, die nachher jahrelang leersteht, weil die dafür bestimmten Maschinen nicht hineinpassen? Wenn ein Direktor unter dem Vorwand der Reorganisation und Rationalisierung nichts anderes erreichen will, als Unbequeme loszuwerden und Platz für seine Klientel zu schaffen, oder wenn ein anderer Direktor seine Mitarbeiter vor allem dazu einsetzt, sich selbst einen wohlklingenden akademischen Titel zu verschaffen? Was soll man von wissenschaftlicher Planung halten, die auf eine rücksichtslos-brutale Weise die Umwelt zerstört? Die ČSSR hat einen durchschnittlichen Ausstoß von 25 Tonnen Schwefeldioxyd pro Quadratkilometer und Jahr, wendet aber nur einen verschwindend geringen Teil ihrer Investitionen zur Reinhaltung der Atmosphäre auf. Obwohl man im März 1986 beschlossen hat, diese Ausgaben zu verdoppeln, liegen für die wirtschaftlich zum Anhängsel des Sowjetimperiums gewordene Tschechoslowakei die Prioritäten anders. Auch wer diese Zusammenhänge nicht durchblickt, fragt sich, wie effektiv wohl eine Wirtschaftsleitung ist, die ein Silo nicht bauen kann, ohne daß der LPG-Vorsitzende ein Schlachtfest für Bezirksgrößen veranstaltet, bei dem in fortgeschrittener Stunde in stark alkoholisiertem Zustand außerplanmäßige Geschäfte abgeschlossen werden? Die Beispiele sind authentisch.

Folgender Witz dürfte den Stand der Wirtschaftsmoral treffen: Man fragt Radio Eriwan, ob es im (idealen) Kommunismus noch Diebstähle geben wird. Die Antwort: Nein, der Sozialismus wird nichts zum Stehlen übriglassen. – Unter der Herrschaft einer alles erstickenden Bürokratie nimmt die Demoralisierung auf dem wirtschaftlichen Sektor riesige Ausmaße an, von denen die tatsächlich erfaßte Wirtschaftskriminalität nur die Spitze eines Eisbergs ist. Man fragt sich, wie lange das Land die Mißwirtschaft noch aushält und ob die Tschechen und Slowaken nicht trotz des ständigen Geschimpfes eigentlich doch über ihre Verhältnisse leben. Von der statistisch einbegriffenen privilegierten politischen Oberschicht, die sich in ihren Villen, ihren bevorzugten Kindern, ihren unbeschränkten Auslandsreisen etc. eine Welt für sich geschaffen hat, ist kaum Abhilfe zu erwarten. Gerade diese Schicht ist nicht nur der Hauptnutznießer des bestehenden Systems, sondern auch der Beweis für die subversive Ignoranz der Macht. Sie ist das große Hindernis auf dem Weg einer Wirtschaftsreform, die den Betrieben mehr eigene Verantwortung, mehr wirtschaftliche Motivierung bringen würde: Sie hält stur am Dirigismus fest, weil sie nur auf diese Weise die Betriebe und die übrige Gesellschaft in ihrer Hand behalten kann. Auch die sowjetischen imperialen Interessen schienen bisher durch staatliche Monopole und Zentralismus besser wahrgenommen zu werden.

Prager Witze sind oft aufschlußreicher als alle Analysen eines Ota Šik, des exilierten Wirtschaftsreformers der sechziger Jahre: Generalsekretär Husák und Ministerpräsident Štrougal fahren mit ihrer Eskorte durch ein Städtchen, wo sich vor einem Obstgeschäft eine lange Schlange gebildet hat. Husák erstaunt zu Štrougal: Wir haben kein Obst? Štrougal beschwichtigend: Nein, nur *sie* haben keins.

Die Nahrungsmittelversorgung in der ČSSR hat sich zwar gebessert, kaum aber die Attitüde der herrschenden Klasse, die die Leninsche Parole »Bescheidenheit ist eine Zier des Bolschewiken« in Busch'scher Manier ergänzt und sich eher benimmt wie jene führenden Vierbeiner in Orwells *Farm der Tiere*. Die Nomenklatura hat ihre ausländischen Medikamente, Sanatorien, Villen, gesonderten Urlaubsorte (auf Gegenseitigkeit auch in den Bruderstaaten), Jagdreviere, Privatkinos; ja wegen der selbst dort aufkommenden Furcht vor Chemie läßt sie sich aus speziellen, häufig privaten Betrieben, sogar gegen harte Währung aus dem Westen, mit garantiert sauberen Nahrungsmitteln versorgen. Die übrige Bevölkerung muß mit Möhren vorliebnehmen, die mit der Warnung versehen sind: Ungeeignet für Kleinkinder...

Junge Menschen, die derartigen Verhältnissen ohne Alternative ausgesetzt sind, müssen eigentlich Zyniker werden – spätestens, wenn sie auf ihren ersten Arbeitsplatz kommen und mit dem ungeheuren Ausmaß an Unfähigkeit, Schlamperei und Willkür konfrontiert werden, das allerorts herrscht.

Der Kahlschlag unter den befähigteren »Kulturniks« und Managern hat nach 1968 nicht nur einen politischen Immobilismus geschaffen, sondern auch einen einseitigen Primat der Macht vor wirtschaftlichen (und allen übrigen) Erwägungen. Der Träger dieser Philosophie ist die von den Sowjets eingesetzte Machtelite, die ihre Position eifersüchtig gegen fähigere Konkurrenten, neue Ideen, flexiblere Praktiken abzuschirmen bemüht ist – sogar wenn diese, wie in jüngster Zeit, aus der Sowjetunion kommen. Dann entdeckt man absurderweise die eigene Souveränität. Gerne möchten die Machthaber zumindest Teile der Jugend für sich gewinnen, aber dies geschieht nicht wie nach dem Kriege mit begeisternden Aufbauparolen und sozialistischen Zukunftsvisionen: Diese sind längst zur Worthülse, zu einem bloßen Ritual degeneriert. Was sie der jungen Generation anzubieten haben, ist ziemlich ungeschminkte Korruption – Teilhabe an den Privilegien der Neuen Klasse.

Es gehört zu den Paradoxien des Prager Regimes, daß es gelegentlich die Folgen seiner eigenen Herrschaft verleugnet und bekämpft. Das entmündigte Volk soll aktiv werden und Initiativen zum gemeinschaftlichen Besten entwickeln. Die Nutznießer von Korruption, Ineffizienz und Inkompetenz rufen nach Sparsamkeit, Rationalität, sozialistischer Moral. Der Ruf verhallt ungehört, die Mängel sind systemimmanent, und wer sie beseitigt, müßte der Bevölkerung neue Spielregeln bieten. Damit tut man sich schwer. Statt dessen möchten die Machthaber, daß sich das Volk mit dem Regime, so wie es ist, identifiziert, also sozusagen den Stock liebt, der es prügelt. Insbesondere Gustav Husák, der altgewordene Repräsentant des Neototalitarismus nach 1968, gefiel sich – ohne Erfolg – in der Rolle des leutseligen Landesvaters.

Nischen

Nicht alle jungen Leute lassen sich vom »autoritären Staat ohne Autorität« vereinnahmen. Manche sind angewidert von der Doppelmoral, der allgemeinen Korruption und suchen, insbesondere wenn es Familientraditionen gibt, den Weg zurück zu authentischeren Werten, manchmal in die Religion. Es versteht sich, daß sie damit aus dem Aufzug aussteigen, der in qualifizierte Positionen, zu mehr Konsumchancen und Lebenshoffnungen führt. Trotzdem bilden sich immer neue Zirkel, oft aus Kindern Verfolgter, aber auch aus Hochschulabsolventen, die der Unabhängigkeit halber Nachtwächter-, Heizer- oder Lastwagenfahrerjobs ausüben. Sehr bald werden die meisten von ihnen zum Gegenstand polizeilichen Interesses und nicht selten zum Objekt brutaler Eingriffe. Dies ist der Preis, den man in Böhmen für individuelle Freiheit zahlen muß. Andere weichen in Drogenkonsum, Alkoholismus, in den absoluten Wertnihilismus einer Subkultur aus. Dies gilt, wenn die Aussagen und die zufälligen Eindrücke stimmen, für Teile der Arbeiterjugend, die sich weitgehend immun zeigt gegenüber ideologischer Bearbeitung und organisatorischer Erfassung durch den Staatsjugendverband – leider auch gegenüber Werten anderer Art.

Jenseits der sozialistischen Kulissen und der scheinbar totalen Reglementierung gibt es gewisse mehr oder weniger geduldete Freiräume. Trotz aller Vorschußangst der Verleger, aller Vor-, Selbst- und Nachzensur kommt es bei Theateraufführungen, Klassiker-Neuauflagen, Filmen zu aktuellen Anspielungen, die manchmal dankbar aufgenommen werden wie bei einer historischen Dichterlesung im Schloß Zbraslaw (Königsaal), wo gar von »fremden Eindringlingen« und ihren »einheimischen Helfern« die Rede war. Ist es Zufall, daß der expressionistische Erzähler Hrabal, dessen beste Werke nur handgetippt kursieren, seine – kaum publizierbaren – Erinnerungen *Nischen* genannt hat?

Man ist bescheiden geworden und freut sich schon über eine schöne Ausstellung, ein nicht ganz ideologisiertes Sachbuch, wissenschaftliche, technische, musikalische, sportliche Leistungen, sofern das Regime diese nicht für sich vereinnahmt. Es scheint mir sogar wahrscheinlich, daß künftige Bewegungen in der tschechoslowakischen Gesellschaft kein politischer Frontalangriff sein, sondern, aus »neutralen« Ecken kommend, die alten Fragestellungen (»Sozialismus«, »Demokratie«) links liegen lassen werden.

Einen anderen relativen Freiraum bilden ideologisch neutrale Bereiche, wie z. B. das Gesundheitswesen: Auch der Funktionär wird einmal krank. Ein Psychiater erklärt im Gespräch, eine Menge »Narrenfreiheit« zu genießen, bis hin zu Publikationsmöglichkeiten im Westen. Einige mittlere Exponenten von 1968 sind hier untergekommen, anderen haben Ärzte zumindest Invalidenrenten verschafft. Nur sind derartige Sicherungen auf Widerruf, und wer dem Regime mißfällt, dem kann seine Rente ungeachtet seiner Arbeitsunfähigkeit entzogen oder gekürzt werden.

Das Gesundheitswesen ist keineswegs durch eine hohe Wand von der übrigen Gesellschaft getrennt, und die Probleme sickern durch. Auch hier gibt es Berufsverbote für Spitzenwissenschaftler, wenn auch in geringerer Zahl als in politisch empfindlicheren Bereichen. Die Neue Klasse hat, wie schon gesagt, ihre Kliniken, wo man wesentlich »gleicher« behandelt wird, wo es westliche Medikamente, importierte Herzschrittmacher und dergleichen mehr gibt, während die einfachen Patienten oft schlecht wegkommen, sofern sie nicht mit Cognacflaschen, Tuzex-Bons u. ä. nachhelfen, die niedrigen Gehälter der Ärzte und Schwestern aufzubessern. Man erzählt darüber haarsträubende Einzelheiten aus Prager Krankenhäusern.

Natürlich ist es angenehm, umsonst behandelt zu werden, und ebenso natürlich werden derartige staatliche Angebote massenhaft mißbraucht. Doch fallen die Negativposten der bürokratisierten Erfassung und Massenabfertigung schwer in die Waagschale. Außerdem Strukturmängel: Wie in den übrigen Bereichen der verplanten Gesellschaft gibt es auch hier Kliniken, die wegen Personalmangels nicht in Betrieb sind, während geschultes Personal unqualifizierte Arbeit tun muß, weil es die Bürokraten so wollen. (Darüber bringt die seinerzeit von der ARD ausgestrahlte tschechische Fernsehserie »Das Krankenhaus am Rande der Stadt« selbstverständlich nichts – obgleich es die Alltagserfahrung eines jeden Patienten in der ČSSR ist.)

Wie im 18. Jahrhundert dem Adel die neureichen Bourgeois nachrückten, so folgen den heutigen Privilegierten die neuen Parvenus auf dem Fuß. Wer kann sich bei Monatsgehältern von 2–3000 Kronen einen Škodawagen für über 60 000, Auslandsreisen für 12 000 und mehr leisten, wer kann sich gar ein Haus für 400 000 Kronen bauen? Und trotzdem geschieht das in einem erstaunlichen Umfang. Die Lösung des Rätsels sind eben die neuen Pfeffersäcke: Kellner, Fleischer, Gemüsehändler, Gastwirte, Handwerker im Nebenberuf. Sie kennen zwar nicht die nachrevolutionäre französische Geschichte, halten sich aber an die bekannte Parole: *Enrichissez-vous.*

Dazu kommt die große Masse der Arbeiter, Angestellten und Bauern, die sich an ihrem Staat insofern beteiligen, als sie sich an ihm schadlos halten und Unmengen von Baumaterial, Treibstoff und was sich sonst noch abtransportieren läßt, der privaten Hand zuleiten. Den nach Unterdrückung des Reformansatzes eingesetzten stalinistischen Betonköpfen fehlt die Flexibilität eines Janos

Kádár, privaten Initiativen ein legales Tätigkeitsfeld zu eröffnen, sie in einer »zweiten Wirtschaft« zu kanalisieren. Solange nicht die Sowjetunion damit zu experimentieren begann, wurden privatwirtschaftliche Ansätze von vornherein verdächtigt, zurück zum Kapitalismus zu führen, und sie werden auch heute nur in vergleichsweise verschwindendem Umfang zugelassen. Damit bleibt alles, was sich außerhalb der Staatswirtschaft tut, eigentlich ungesetzlich bzw. in einer Grauzone. Dennoch floriert hier ein Sektor, den es zwar offiziell nicht gibt, der aber, wie der phantastisch unrealistische Devisen-Schwarzkurs, geduldet wird, weil nur so die Masse der Bevölkerung die polizeibürokratische Bevormundung durch Partei und Staat erträgt und – politisch neutralisiert wird.

Schmalspur-Sozialismus

Man kann darin den Schiffbruch der Hoffnung auf einen neuen Menschen erblicken oder umgekehrt die »Vermenschlichung« von Dogmen, die einer unrealistischen Anthropologie entstammen. Gescheitert ist der reale Sozialismus leider auch insofern, als er nicht die geringste glaubwürdige Alternative zum bürgerlichen Individualismus und zu den Motiven der Konsumgesellschaft entwickelt hat. Man hat zwar eine Menge in den Massenverkehr investiert und die Fahrpreise niedrig gehalten. Trotz allem wird er, größerer Bequemlichkeit und der Illusion von Freiheit wegen, von einem immer intensiveren Pkw-Verkehr überwuchert.

Von Massenkultur, sozialistischer Freizeitgestaltung, gar einem neuen Konsumverhalten oder humanen zwischenmenschlichen Beziehungen wagt man nur mehr in Parteibroschüren zu sprechen. Die Wirklichkeit geht über dieses Gerede verächtlich hinweg und wird eindeutig vom Privaten geprägt, das um so stärker wirkt, als es kein sinnvolles öffentliches Engagement gibt – außer der Teilnahme an manipulierten Ritualen. Auch deshalb flüchtet man schnellstens in die Privatsphäre, weil die schlecht funktionierenden Dienstleistungen das Leben so zeitraubend machen. Im System des »Stamosoz« sind die Käufer den staatlichen Monopolen ausgeliefert, die, ungenügend wirtschaftlich motiviert, eher den Plan als den Markt im Auge haben. Infolgedessen kauft man im realen Sozialismus nicht ein, sondern treibt auf: Einmal gibt's keine Kinderkleidung, einmal keine Autoersatzteile, ein andermal keine Südfrüchte. Allerdings sind die Schlangen vor den Fleischerläden nach den letzten Preisanhebungen verschwunden.

Von weitsichtiger Erziehung und Lenkung des Marktes kann selbstverständlich keine Rede sein: Wenn der Sozialismus den Menschen von einer unwürdigen Abhängigkeit vom »Warenfetischismus« befreien wollte, so hat er auch in dieser Hinsicht nichts erreicht. Die allgegenwärtige Gängelei hat zwar Verhaltensweisen geändert, nicht aber die menschlichen Motive; die Ärmlichkeit des Marktes ist kein Ergebnis zielbewußter Politik, sondern mangelnder Effizienz.

Spärliche Strahlen der Wintersonne lassen die hellgrauen Wände der Trabantenstädte vom Graubraun der umliegenden Wiesen und Sträucher abstechen. Der Prager Kessel lüftet etwas den Schmutzschleier, der sonst auf seinem Weichbild liegt: Die in Jahrhunderten gewachsenen Strukturen der Stadt treten hervor. Hier am Rande, in der historisch jüngsten Schicht, recken sich Wohnsilos aus Fertigbauteilen, fressen sich gesichtslos in die umliegende Natur hinein. Es ist aber nicht das Unschöne, das die Bewohner der Neubausiedlungen stört, sondern Elementareres: schlechte Verbindungen, fehlende Telefonanschlüsse und Kindergärten, ungenügende Einkaufsmöglichkeiten, kaputte Aufzüge. Manchmal setzt sogar die Wasserversorgung aus. Trotzdem sind die kleinen Wohnungen in den Betontürmen natürlich begehrt. Aus der Enge des erzwungenen Zusammenlebens von Eltern, erwachsenen Kindern und Enkelkindern in einer Altbauwohnung weicht man gern überallhin aus. Aber in den Neubausiedlungen wohnen nur zum geringeren Teil Prager, die es vom überfüllten Stadtkern an die luftigere Peripherie zieht: Die meisten Bewohner sind vom Staat oder einzelnen Betrieben angeworbene Provinzler, darunter, wie es heißt, besonders viele Polizisten. Zusätzlicher Zorn strapaziert so das ohnehin niedrige Prestige der sozialistischen Ordnungshüter. Am Südrand der Stadt sind auf freiem Feld mehrere Betonklötze emporgeschossen, in denen diese Sorte Mensch produziert wird – eine Polizeischule. Bei solchen Prioritäten kommen von etwa 35 000 Mitgliedern Prager Baugenossenschaften höchstens einige Dutzend pro Jahr zu einer Neubauwohnung.

Die von den Sowjets übernommene Ideologie hatte dazu tendiert, Sozialismus mit Industrialisierung zu verwechseln. Was für das große Entwicklungsland nicht ohne Sinn war, bedeutete in der alten Industrielandschaft Böhmen eine Verzerrung der Grundintentionen – um so mehr, als dem an rechtsstaatliche Praktiken gewöhnten Land im politischen Bereich ein hierarchisches, polizeibürokratisches Willkürsystem übergestülpt wurde.

Aber auch von den einstigen Blütenträumen eines allgemeinen Wohlstands oder zumindest eines ständigen Wachstums ist kaum etwas übriggeblieben: 1981 wurde erstmals ein De-facto-Rückgang des Sozialprodukts verzeichnet. Das hängt zum Teil mit dem knapper und teurer gewordenen sowjetischen Öl zusammen und der Notwendigkeit riesiger Investitionen im Bergbau- und Energiebereich, aber auch mit der verknöcherten Orientierung an extensiven Entwicklungsvorstellungen, statt qualitative, intensivierende Faktoren zu begünstigen, daneben mit einer enormen Investitionsbindung in unvollendeten Bauvorhaben, also verzögerter Rendite infolge zu langer Bauzeiten; ein Kenner, der mir diese Zusammenhänge erläuterte, schätzte die Investitionsbindung auf ein Fünftel des gesamten Jahressozialprodukts.

Vorläufig scheint man diese Signale nicht allzu ernst zu nehmen, doch muß der ökonomische Druck, die erschöpften Rohstoff- und Energiereserven des Landes, früher oder später einen Bewußtseinswandel herbeiführen, der die anachronistische quantitative Fortschrittsideologie ablöst. Der Kommunismus kam, wie gesagt, einst auf diesem Pferd geritten, und wer nicht für seine Visionen zu haben war, galt als »reaktionär«. Umdenken erfordert Mut und Intelligenz. Werden das die neuen Moskauer Leute aufbringen? Die gebrannten Kinder an der böhmischen Peripherie des Imperiums haben zwar 1968 beides gezeigt, helfen sich aber seither nur mehr mit Witzen: Worin besteht das tschechische Wirtschaftswunder? – Obgleich man Unmengen von Material und Energie verbraucht, wird in den Betrieben nichts getan; obgleich in den Betrieben nichts getan wird, werden die Wirtschaftspläne immer erfüllt; obgleich die Wirtschaftspläne erfüllt werden, sind die Läden leer; trotz leerer Läden treibt schließlich doch jeder alles auf.

Witze helfen zu überleben, doch wohl nur als psychisches Ventil. Wie die Wirtschaft aus ihrer multiplen Sklerose herauskommt, lehren sie nicht. Sie beleuchten aber oft blitzlichtartig die mit ideologischen Phrasen vernebelte Szenerie. Ziemlich sicher ist nur, daß auch die traditionellen Mittel des Regimes nicht weiterhelfen: Appelle zu besserer Arbeitsleistung, zu Sparsamkeit, zu Initiative und höherer Produktivität. Wie kann eine total verplante, bürokratisierte Kommandowirtschaft Initiative wecken, sie überhaupt zulassen? Der »neue Mensch« jedenfalls läßt auf sich warten. Folglich kann das Regime nur durch materielle Kompensationen eine gewisse Stabilität erlangen. Deshalb die krampfhaften Bemühungen, wenigstens die Versorgung einigermaßen in Gang zu halten – nicht zuletzt eine Lehre aus den polnischen Ereignissen. Ob das für eine echte Konsolidierung reicht, bleibt mehr als zweifelhaft – um so mehr, als es nur mit enormen Anstrengungen klappt. Aber das war das Rezept der Husák-Garnitur, als die strukturellen Reformen der späten sechziger Jahre samt ihren Vorkämpfern beseitigt und von Moskau ein starr dogmatisches, neostalinistisches Polizeiregime eingesetzt wurde.

Es ist nicht zu leugnen, daß es dieses Regime geschafft hat, die Reformeliten zu beseitigen, die Politik zu ritualisieren, also jeder öffentlichen Diskussion und Kontrolle zu entziehen, das Volk zu entmutigen und durch Abschirmung und ideologische Berieselung politisch zu verdummen. Junge Leute, auf Dubček angesprochen, wissen kaum mehr, wer die einstige große Symbolfigur der Reform war. Eine ungeheure Entpolitisierung und Abstumpfung des Bewußtseins, ja eine nationale Lethargie scheint sich in den siebziger Jahren breitgemacht zu haben. Moralisten sollten nicht die natürliche Reaktion der einfachen Leute vergessen, die darin besteht, daß man sich nur dafür interessiert, worauf man einen gewissen Einfluß nehmen kann. Die Husák-Garnitur hatte aber nur folgenden Pakt anzubieten: dem Partei- und Staatsapparat – dem sich alte Zyniker und junge Karrieristen anschließen konnten – die ungeteilte Macht, der breiten Masse die Möglichkeit eines relativ ungeschorenen privaten Existierens. (Man scheut sich im Hinblick auf die vertanen Chancen, von Leben zu sprechen.)

Dies konnte so lange gutgehen, wie eine gewisse, bescheidene wirtschaftliche Aufwärtsentwicklung möglich war, die 1968 vergessen ließ – wie einst im Zuge der deutschen Industrialisierung aus 1848 das »tolle Jahr« wurde. Der Vorrat an materiellen Kompensationen und weiteren Mitteln zur Festigung des Regimes geht heute aus. Aber nichts deutet an, daß sich die herrschende Klasse etwas Neues einfallen läßt.

Im 19. Jahrhundert »ging in Europa ein Gespenst um – das Gespenst des Kommunismus«. Daß der Sozialismus sich wieder in ein »Gespenst« zurückverwandelt hat, glaubt in der ČSSR inzwischen so ziemlich jeder. Trotzdem breitet sich ein resignierter Fatalismus aus, der von der bitteren Erfahrung herrührt, daß der Staat auch um den Preis lächerlicher Unglaubwürdigkeit nicht auf die ideologischen Verbrämungen verzichten kann. Denn nur sie bilden die *raison d'être* der herrschenden Schicht und, wenn man so sagen kann, das Schmieröl der Transmissionsriemen des Sowjetimperiums.

Kreativität als Wunder

Deshalb ist auch die tschechoslowakische Kulturpolitik eine der ödesten und repressivsten im Ostblock, in mancher Hinsicht eine »Politik *gegen* die Kultur«, eine Politik, die der Nation ihr Gedächtnis, ihre Bücher, ihre Bildung, ihre Geschichte nehmen soll, wie es der ausgebürgerte Romancier Milan Kundera formuliert. Ohne Kontinuitätsbewußtsein werden die Menschen zum Objekt »hochmütiger Beschränktheit, die glaubt, ihr unabdingbares Recht sei es, die Welt nach ihrem eigenen Bild zu verändern, indem sie diese vernichtet«. Nicht genug, daß Tausende von Schriftstellern, Journalisten, Fernsehpublizisten, Gesellschaftswissenschaftlern, Philosophen um 1969 aus ihren Stellen gejagt und verfemt und seitdem gedemütigt und verfolgt wurden: Auch der Spielraum der in den offiziellen Institutionen Verbliebenen ist äußerst eng. Kleinliche Parteibürokraten gängeln die Medien, die Schulen, die Akademien, die Verlage, die Theater, die Künstlerverbände, die Filmstudios mit immer neuen Richtlinien, »verbindlichen Konzepten«, Verboten, Drohungen – mit dem Endeffekt, daß unauffällige Anpassung jedem Risiko vorgezogen wird. Die schon einmal abgeschaffte Lehrausbildung am Gymnasium wird wieder eingeführt, das einst abgeschaffte, dann wieder eingeführte Latein erneut abgeschafft.

Wissenschaftler, die von der Obrigkeit ins westliche Ausland »zugelassen« werden, müssen ihre geplanten Vorträge erst einmal von Sicherheitsreferenten absegnen lassen. Echter Meinungsaustausch ist unter solchen Bedingungen kaum möglich. Man wagt meist gar nicht, eine Meinung zu haben, sondern hält sich an offizielle Bestimmungen. Die Verhältnisse gestatten auch keine öffentliche Meinungsbildung; nur hinter den parteiamtlichen Sprachregelungen grassieren unkontrollierbare Gerüchte, Ressentiments und unkorrigierte Einseitigkeiten. Bei der Unterdrükkung und Maßregelung dürften oft persönliche, »allzumenschliche« Motive und Ambitionen eine Rolle spielen: Die nach den Säuberungen eingesetzten, meist nicht einmal mittelmäßigen Verbandsleiter, Chefredakteure, akademischen Funktionäre usw. nutzen vielfach schamlos ihre Positionen zu Vetternwirtschaft, Geld-, Titel- und Privilegienerwerb, während sie nicht nur die fachlich besseren proskribierten Kollegen von jeglicher Chance fernhalten, sondern auch auf Kosten klassischer Werke die eigene »Produktion« fördern. So die Mächtigen im Schriftstellerverband, für die es keine Papierbeschränkungen gibt (obgleich kaum Interesse auf dem Buchmarkt), während Besseres, sogar Klassiker der tschechischen Literatur, Sparmaßnahmen zum Opfer fallen. Unter diesen Umständen gute Bücher, Filme, Ausstellungen, lesbare Zeitungsartikel zu produzieren, ist nur möglich in einem fast heroischen Kleinkrieg gegen die Arroganz der Macht. Dies wird von außen meist übersehen, da die Verhältnisse bestenfalls Mittelmäßiges zulassen. Und das ist oft schon sehr viel.

Mittelmaß sind auch die Werke guter Schriftsteller wie Šotola und Hrabal, die man nach ihrer »Selbstkritik« wieder in kleinen Auflagen publiziert; zumindest im Fall Hrabals bleiben, wie schon gesagt, seine besten Sachen im Schubfach oder auf Kleinstauflagen beschränkt im engen Freundeskreis.

Trotzdem werden gerade »innerhalb der Strukturen« tagtäglich Werte und Traditionen erhalten oder vor völliger Destruktion bewahrt, Mindestmaßstäbe gesetzt, die zwar die tschechische Kultur nicht aus der stickigen Atmosphäre des »Husákschen Absolutismus« herausführen können, aber doch dessen vandalisierenden Folgen Grenzen setzen.

Psychologisch einfacher, wenngleich um den Preis echter Opferbereitschaft, ist die Lage der »Gewesenen«, die unter unglaublichen Bedingungen immer wieder Manuskripte produzieren, von denen die der Schriftsteller noch am ehesten im Westen bekannt werden. Jiří Lederers *Tschechische Gespräche* (Reinbek 1979) geben ein hervorragendes Bild von der Lage, aber auch vom Denkniveau, dem Problembewußtsein der sogenannten Dissidenten, die persönlich immer mit einem Bein im Knast stehen.

In der Grauzonen-Edition »Schloß und Riegel« sind in den siebziger Jahren über 200 handgetippte Werke, meist belletristischen Inhalts, erschienen, ein weiterer Samisdatverlag, »Expedice«, hat inzwischen ebenfalls diese Zahl von Titeln erreicht: Philosophen haben 1980 einen Sammelband zu Ehren des offiziell tabuierten Staatsgründers Tomáš G. Masaryk verfaßt, Literaturwissenschaftler ein inoffizielles Schriftstellerlexikon, dem Bukarester Historikerkongreß von 1980 ist eine Dokumentation von über 180 neuen Schriften gemaßregelter tschechoslowakischer Historiker vorgelegt worden – eine unglaubliche Leistung, wenn man die persönlichen Verhältnisse der Leute kennt: die schwere materielle und berufliche Lage, die Gettoexistenz, die Abgeschnittenheit von der westlichen wissenschaftlichen Entwicklung, die polizeilichen Schikanen, Verhöre, Verhaftungen, Konfiskationen von Unterlagen und Manuskripten. Literaten wie der nach vierjähriger Haft aus dem Gefängnis entlassene Dramatiker Havel führen eine völlig offene Sprache ohne die geringste Rücksicht auf die parteiamtlichen Tabus.

Doch sind die Maßstäbe für Normalität bescheiden geworden. Die »inoffizielle Kultur« wäre inzwischen dankbar, wenn etwa private philosophische Seminare nicht brutal von der Polizei verhindert, wenn handgeschriebene historische Studien unter Freunden anstandslos verbreitet werden könnten, wenn westliche wissenschaftliche Bücher ihre Adressaten erreichten. Von Wiedereinstieg in den Wissenschaftsbetrieb und in die offiziellen Verlage wagt man nach jahrzehntelanger Verfolgung kaum noch zu träumen. Einmal hat das übrigens eine Gruppe »Ehemaliger« versucht und einem Verlag einen Sammelband zum 200. Jahrestag des Toleranzpatents Josephs II. vorgelegt. Nach langem Warten verlautete es à la Kafka aus dem Staatsverlag, man habe nie einen derartigen Text erhalten.

Dennoch wäre es unrealistisch, von diesen Gruppen verfolgter Intelligenz ebenso wie von der Bürgerinitiative »Charta 77«, die sich zum Teil aus denselben Kreisen rekrutiert, große politische Wirkungen zu erwarten – ganz abgesehen davon, daß letztere sich selbst keine unmittelbar politischen Ziele setzt, sondern versucht, im Rahmen ihres engen Wirkungskreises Probleme zur Sprache zu bringen, die eigentlich von einer einigermaßen gewissenhaften Presse oder einer funktionierenden Advokatur wahrgenommen werden müßten. Ihre größte Tat ist es, daß sie allen infamen Maßnahmen des totalitären Staatsapparates seit 1977 standhält. Gewiß hat sie ihre Probleme, etwa heftigen inneren Streit nicht nur um taktische Fragen, sondern auch um die Vergangenheit. So hat sich eine Gruppe aus sittlichen Gründen verpflichtet gesehen, die Vertreibung der Deutschen aus Böhmen als ein Verbrechen gegen die Menschlichkeit zu verurteilen; andere wollen aus historischen und realpolitischen Gründen an das Tabu nicht rühren. Debatten gibt es auch um die Frage der Emigration, zu der sich seit einigen Jahren immer mehr geschundene Intellektuelle entschlossen haben; andere werfen ihnen das vor, obgleich die Lage der Emigranten alles andere als rosig ist.

Ein Ausweg aus der Lage zeichnet sich trotz der in Gorbatschow gesetzten Hoffnungen nicht ab. Ohne eine Wandlung der sowjetischen Haltung, und das hieße: ohne eine Revision des Interventionsbeschlusses von 1968, sind weder die notwendigen Strukturreformen noch ein Dialog mit den kritischen Bevölkerungsgruppen zu erwarten. Gewiß gibt es nirgendwo Patentrezepte. Aber um ein bis zwei Jahrzehnte harten Konkurrenzkampf auf allen Gebieten kommt man wahrscheinlich nicht herum, wenn der Wiederanschluß an Europa gewonnen werden soll.

In Jiří Šotolas neuem Roman aus dem Ersten Weltkrieg gibt es einen k. u. k. Profoß namens Čeněk Swoboda, römisch-katholischer Konfession und tschechischer Nationalität, der dem Militärgefängnis Josefstadt vorsteht und von dem es heißt, er liebe sein Gefängnis nur ein bißchen weniger als die von ihm gezogenen Gurken; sein eher menschenfreundliches Bekenntnis lautet, daß Gottes Wille die Menschen ihren Vorteil und ihre Bequemlichkeit suchen läßt. Sein ganzes Glück ist es, nirgendwo anzustoßen, keinen Kratzer und keine Beule zu haben und von seinen Vorgesetzten gelobt zu werden. Und wenn die Welt untergeht, sein geliebtes Gefängnis muß bestehen bleiben.

Das Gleichnis von Čeněk Swoboda (= Freiheit), auch Vater Liberté genannt, entspricht Šotolas pessimistischer Geschichtsphilosophie, wonach es für den kleinen Mann nur ein Überleben durch Anpassung gibt; alles Große wird in seinen historischen Romanen auf diese elementare Regel reduziert; auch den heiligen Johann von Nepomuk hat er auf sie zurechtgestutzt. Vieles spricht dafür, daß der bedeutende Romancier, der nach mehreren Jahren Publikationsverbot notgedrungen seinen Frieden mit dem Regime gemacht hat, damit die Stimmung im Lande getroffen hat.

Legenden und Realitäten

Der Wyschehrad

Südlich des Stadtkerns ragt über der Moldau auf dem rechten Flußufer der mächtige, sagenumsponnene Wyschehrader Felsen auf – ein Kontrapunkt zum Hradschin. Auf ihm die im 19. Jahrhundert regotisierte Peter- und Paulsbasilika, die romanische Martinsrotunde aus dem 11. Jahrhundert, das 1892 angelegte Pantheon mit den Großen der tschechischen Kultur, rundherum die intakten, mächtigen Festungswerke, die den Zugang zur Stadt von Süden schützen sollten. Bis ins späte 19. Jahrhundert war hier Prag zu Ende; erst um die Jahrhundertwende entstand ein Tunnel, der dem Felsen viel von seiner Romantik nahm. Heute blickt man von ihm herab nicht nur auf den Fluß und die Pappeln der Kaiserinsel, das Botič-Tal, die neustädtischen Mauern und Kirchtürme, den Hradschin, sondern auch auf wuchernde Vorstädte, die Podoler Wasserwerke und den Segelhafen; zu Fuß kommt man in wenigen Minuten zum neuen Kulturpalast. Niemand fährt mehr unter dem Klang von Waldhörnern in Booten am Fuß des Felsens dahin, keine Emma Destin singt mehr hier pathetische Smetana-Arien aus der *Libuscha*: Mein teures Böhmenvolk wird nicht vergeh'n / Aus Grabesnächten herrlich neuersteh'n!

Mit der heidnischen Fürst-Priesterin Libuscha sind die meisten Sagen des Wyschehrad-Zyklus verbunden, vor allem die Berufung Przemysls, des Begründers der ersten böhmischen Dynastie, an die Seite der jungfräulichen Fürstin: Die der Weiberherrschaft satten Männer wollen Geschichte machen, d. h. Krieg führen, wie sich's gehört, aber Libuschas Erwählter ist ein friedlicher Bauer aus Staditz. Krieg folgt dennoch alsbald – in Form einer frühgeschichtlichen Emanzipationsbewegung, des Amazonenkriegs, als Antwort auf den Sündenfall. Die böhmische Penthesilea hieß Wlasta, ein früher häufiger Mädchenname. Andere Sagen, die später hinzukamen, erzählen vom starken Biwoj, der einen lebendigen Eber auf dem Rücken den Wyschehrad hinaufschleppte, oder von dem zum Tode verurteilten Horymir, der sich als letzten Wunsch ausbat, auf seinem geliebten Schemik drei Runden im

Burghof zu reiten, und bei der dritten die Mauer übersprang, den Felsen hinuntersetzte und den Fluß überquerte. Aus dem französischen Milieu übernommen ist die Geschichte von Libuschas Bad, einem gotischen Gemäuer am Felsenrand, wo sich die Fürstin mit ihren Liebhabern vergnügte und sie anschließend in den Abgrund stieß.

Der Ursprung der Libuschasage liegt bei dem gelehrten Autor der lateinischen Böhmenchronik, Cosmas (†1125); er läßt die jungfräuliche Seherin prophezeien: »Ich sehe eine große Burg, deren Ruhm den Himmel berührt«; sie schickt ihre Leute an eine Stelle nahe der Moldau, wo sie einen Mann finden würden, der an einer Hausschwelle (»práh«) zimmere. Danach solle die Burg *Praha* heißen. Die Etymologie ist falsch. Sie stammt auch nicht vom wikingischen »Fraga«, wie deutschnationale Historiker vermuteten, auch nicht von der Schwelle, nämlich der Furt in der Moldau, sondern von »pražit, vyprahlý« (= ausgedörrte, vertrocknete Stelle), die wohl der Bergrücken war, auf den die Przemysliden um 900 ihren Sitz verlegten. Kurz vor der Prophezeiung fragen Männer den neuen bäuerlichen Fürsten Przemysl: »Herr, sag uns, wozu du bei uns jene Bastschuhe aufbewahrt hast, die zu nichts taugen, als daß man sie wegwirft; wir können uns darob nicht genug wundern.« Er aber antwortet ihnen nach Cosmas: »Darum habe ich sie aufbewahrt und werde das auf ewig tun lassen, damit unsere Nachkommen wissen, wo ihr Ursprung ist... und die ihnen von Gott anvertrauten Menschen nicht aus ungerechtem Stolz unterdrücken, denn wir sind alle vor der Natur gleich.« Die paradiesische Freiheit des friedlichen Matriarchats war aber vorüber.

Übrigens ist der Sitz Libuschas hier noch keineswegs der Wyschehrad, sondern eine Libuschin genannte Burg – woraus Kritiker geschlossen haben, daß die Person Libuschas, ebenso wie die ihres Vaters Krok sowie ihrer beiden Schwestern Kazi und Teta, durch Ableitungen aus Ortsnamen entstanden ist. Erst im 14. Jahrhundert wird Libuschas Prag-Prophezeiung auf den Wyschehrader Felsen verlegt. Aus dieser Zeit stammt auch die böhmische Krönungsordnung Karls IV., die durch Beutel und Bastschuhe die bäuerliche Herkunft der Dynastie unterstreicht. Spätere Chroniken, insbesondere die des Wenzel Hájek (Hagecius, 1541), haben die einzelnen Sagen zu einem Zyklus geformt und mit einer Reihe neuer Motive ausgeschmückt.

Tatsächlich ist der Wyschehrad früh zum Nebensitz Angehöriger der Przemyslidendynastie sowie eines Kollegiatkapitels geworden, das außerhalb der Rechtsprechung des Prager Bischofs stand; ein Königspalast und mehrere Kapellen entstehen in Konkurrenz zum Hradschin, darunter eine Siedlung, Podskal (»Unter dem Felsen«), und weitere Kirchen. Karl IV. gründet 1348 in unmittelbarer Nähe ein Kloster, das die alte slawische Liturgie pflegt, später die Servitenkirche Maria Na Slupi, auf der Höhe darüber St. Apollinaris und Sankt Katharina, schließlich unweit den Kuppelbau auf dem Oktogon des Karlshofes. 1420 wird der Wyschehrad von den Hussiten erobert und zerstört. Sadelers Stich aus dem Jahre 1606 zeigt nur mehr spärliche Reste der gotischen Bebauung. Im 17. Jahrhundert entstehen die imposanten Ziegelbefestigungen.

In der Zeit der Gegenreformation haben sich neue Legenden am Wyschehrad emporgerankt. In der Petersbasilika hing ein Bild ihres Patrons, der mit einer Peitsche den Rücken eines Przemyslidenherzogs traktiert – eine Strafe für die eigenmächtige Einziehung eines Dorfes aus dem Besitz des Wyschehrader Kapitels. Das Symbol der Suprematie geistlicher Macht ging sogar ins Siegel des Kapitels ein und erboste noch den selbstbewußten Joseph II., der aus der katholischen Kirche eine staatliche Erziehungsanstalt machen wollte.

Seit dem 17. Jahrhundert sind Libuscha-Motive in die außerböhmische Literatur eingegangen: Lope de Vega, Herder, Clemens Brentano, Grillparzer, um nur die wichtigsten zu nennen. Die romantische Bewegung, bestärkt durch die Funde angeblich altböhmischer Handschriften zu Beginn des 19. Jahrhunderts, die Wyschehrad- und Libuscha-Motive enthalten, hat sodann aus dem Moldaufelsen eine nationale Kultstätte gemacht. Tschechische Dichter wie Karel H. Mácha und Julius Zeyer haben den Wyschehrad besungen, der Komponist Smetana hat ihn zum Auftakt seines symphonischen Gedichts *Mein Vaterland* und in seiner Oper *Libuscha* verewigt; der Wyschehrad-Mythos inspirierte Maler, Bildhauer und Architekten, die sich beim Bau des Nationaltheaters zusammenfanden, das in den Jahrzehnten nach der Grundsteinlegung (1868) zu einer weiteren Dominante an der Moldau emporwuchs. Josef Myslbek, von dem auch das Wenzelsdenkmal auf dem gleichnamigen Platz stammt, schuf 1888 bis 1897 vier Skulpturengruppen mit Wyschehrad-Themen. Eine stellt den sitzenden Przemysl dar, hinter dem Libuscha, in die Ferne blikkend, prophetisch den linken Arm hochhebt; eine andere den übertölpelten Recken Ctirad aus dem böhmischen Amazonenkrieg, der mit dem einen Arm die schöne Scharka umfängt, die ihn Augenblicke später von ihren Gefährtinnen töten läßt, sich aber bald aus Reue von einem Felsen im romantischen Scharkatal hinabstürzt und damit leider auch die Kapitulation vor der Männerherrschaft einleitet. Die steinernen Helden standen ursprünglich – als Gegenstücke zum Figurenschmuck der Karlsbrücke – an beiden Enden der Palacký-Brücke; nach deren Erweiterung wurden sie in den fünfziger Jahren in eine Parkanlage auf dem Wyschehrad gebracht, wohin sie die Sage ohnehin plaziert hatte.

Auf dem Wyschehrader Friedhof, der zu einem Pantheon umgestalteten Ruhestätte tschechischer Schriftsteller, Künstler, Wissenschaftler, liegt auch das Grab Wenzel Hankas (1791–1861). Dieser Bibliothekar des Landesmuseums und Träger russischer Orden war es, der seit 1816 eine Reihe sensationeller Handschriftenfunde inspirierte, die die patriotische Öffentlichkeit in helle Begeisterung versetzten und auch außerhalb Böhmens viel Beachtung fanden. Der erste Fund war das *Lied unter dem Wyschehrad*, es folgte die sogenannte *Königinhofer Handschrift*, *Libuschas Gericht*, auch *Grünberger Handschrift* genannt, sowie eine Reihe weiterer altböhmischer Torsi.

Zweifler an der Echtheit gingen im Sturm eines allgemeinen Enthusiasmus unter oder wurden als Nestbeschmutzer und Verräter der Nation beiseitegefegt. Der Historiker Palacký verfocht nicht nur vehement die Echtheit der Handschriften, sondern gestaltete nach ihnen sein Bild der frühgeschichtlichen altslawischen Demokratie; auch seine verhängnisvolle Auffassung von der böhmischen Geschichte als einem ständigen Kampf zwischen Tschechen und Deutschen ist den Handschriften verpflichtet. Die patriotischen Zirkel sahen sich ermutigt durch ein Zeugnis hoher Kultur der slawischen früh- und hochmittelalterlichen Gesellschaft; der Vorsprung der Deutschen schien eingeholt: Auch wir haben unser Nibelungenlied! Maler wie Mánes, Mařák und Aleš bemächtigten sich des Stoffes, Schriftsteller wie Vrchlický und Zeyer ließen sich davon inspirieren, tschechische Musiker – Mysliveček, Fibich, Dvořák und Smetana – komponierten zu Motiven der Handschriften. Wenig focht die Patrioten an, daß in den Texten Sprachformen des 12. und des 15. Jahrhunderts nebeneinander stehen, daß Hanka altkirchenslawische, altserbische, altrussische und eigens geschaffene Wortbildungen eingeflochten hatte; daß romantische Naturlyrik dem Mittelalter ebenso fremd war wie ein Kult des heidnischen Altertums; daß es 1241 keine siegreiche Schlacht unter dem Hostein (Mähren) gegen die Tataren gegeben hat und in heidnischen Zeiten kein geschriebenes Recht.

In den fünfziger Jahren regten sich zwar immer mehr unüberhörbare Zweifel, aber das nationale Lager schloß um so fester seine Reihen. Hankas Begräbnis im Jahre 1861, an dem 20000 Prager teilnahmen, gestaltete sich zu einer riesigen Manifestation nationalen Selbstbehauptungswillens: Man wollte sich die altehrwürdigen Schätze nicht von deutscher Mißgunst nehmen lassen.

Die ersten tschechischen Kritiker wurden noch verleumdet, ja in den Tod getrieben. Erst in den achtziger Jahren gelang es einer neuen Generation tschechischer Wissenschaftler, dem Historiker Goll, dem Philologen Gebauer, dem Philosophen Masaryk, nicht nur wissenschaftliche Beweise gegen die romantischen Handschriften zu erbringen, sondern die tschechische Kultur insgesamt von der Herrschaft eines fetischisierten Mythos zu befreien. Die Ehre der Nation erfordere nicht, die Handschriften zu verteidigen, erklärte Masaryk, sondern die Erkenntnis der Wahrheit. Dennoch stach man nochmals in ein Wespennest, und die »Realisten« waren, zugegeben, manchmal froh, den Schutz der k. u. k. Polizei vor der verhetzten Straße zu genießen. Allmählich wurde jedoch die Übermacht der Argumente über das dumpfe Gefühl so groß, daß die Verteidiger einer nach dem anderen ihre Tiraden einstellten. Schließlich war die tschechische Nation im 19. Jahrhundert so stark geworden, daß sie keiner künstlichen Rechtfertigung mehr bedurfte. Doch meldete sich die extreme Rechte noch in den Zwischenkriegsjahren mit Attacken gegen die Beschmutzer des nationalen Palladiums. Ich selbst sah einmal auf Hankas Grab einen Kranz mit einer Schleife, gestiftet vom »Verein der Freunde der Handschriften«.

Masaryks »Realisten« haben sich gegen die Anhänger eines fetischisierten, ersatzreligiösen Bildes der Vergangenheit durchsetzen können. Eine selbstsichere, offene Nation sind die Tschechen dennoch kaum geworden. Das Nichtselbstverständliche der eigenen Existenz hängt über ihrem nationalen Leben, neue ideologische Tabus hindern sie an einem freien Austausch von Argumenten, eine neue stickige Atmosphäre an einer freien Austragung der bestehenden Gegensätze.

Wenzel und andere Heilige

Myslbeks kriegerisch konzipiertes Reiterdenkmal des böhmischen Nationalheiligen unterhalb des Vaterländischen Museums ruht auf einem Sockel, der von vier Figuren flankiert wird: der heiligen Ludmilla, dem heiligen Prokopius, der seligen Agnes und dem heiligen Adalbert. Wenig verbindet das pulsierende Großstadtleben mit den Legenden, die an diesen Namen hängen. Wenig auch die modernen Ereignisse, die, von hier ausgehend, die Schicksale des Landes mitgestaltet haben: im Oktober 1918 Massendemonstrationen, an deren Ende ein selbständiger tschechoslowakischer Staat proklamiert wird, im Oktober 1939 erneute Kundgebungen, die zur Schließung der tschechischen Hochschulen und zur Verschleppung von 1200 Studenten ins KZ Oranienburg führen; im August 1968 Demonstrationen und Mahnwachen gegen die sowjetische Besetzung des Landes; hier verbrennt sich in vergeblichem Protest im Januar 1969 der Student Jan Palách.

Von Wenzel, dem »bevollmächtigten Botschafter des tschechischen Volkes vor Gottes Thron«, hat ein bekannter Historiker gesagt, daß die tausendjährige Rolle des Märtyrers nach dessen Tode ohne Zweifel eine bedeutendere war als die kurze Wirksamkeit seines irdischen Daseins. Eine der Wenzelslegenden, bayerischer Herkunft, schildert den Herzog als asketischen Mönch, der unter dem Fürstenmantel ein grobes, härenes Hemd trägt, der kein Todesurteil verkünden will, der Gefängnisse und Galgen abreißen läßt. Aufhorchen läßt die Tatsache, daß der Herzog hier als Kämpfer gegen das Heidentum gilt, das es ja in Böhmen, zumindest bei der eigentlichen Führungsschicht, längst nicht mehr gab; 845 hatten sich in Regensburg 14 böhmische Fürsten mit ihrem Gefolge taufen lassen, 874 hatte Wenzels Großvater Bořivoj zusammen mit seiner Gemahlin Ludmilla aus der Hand des großmährischen Slawenapostels Method das Christentum im östlichen Ritus angenommen – wahrscheinlich der Versuch einer Stärkung seiner Unabhängigkeit gegenüber den bayerischen Herzögen und Priestern. Man muß sich wohl vorstellen, daß die Anhänger beider Riten, des lateinischen und des kirchenslawischen, lange konkurrierend nebeneinander wirkten, wobei durch die Ungarneinfälle um 900, denen das Großmährische Reich zum Opfer fiel, der bayerisch-lateinische Einfluß eine erhebliche Stärkung erfuhr.

In Wenzels Jugendzeit gab es schon eine Reihe von Holzkirchen, zumeist Kapellen auf den Herzogsburgen: St. Clemens auf Levý Hradec, ein Marienkirchlein auf dem Hradschin, ein Peterskirchlein auf Budeč, eine zweite Kapelle auf dem Hradschin, St. Georg geweiht. Großmutter Ludmilla soll Wenzel den slawischen Kult gelehrt haben, die lateinischen Priester auf Budeč den westlichen. Schon die Tatsache seiner literarischen Bildung macht Wenzel zu einer Ausnahme unter den frühmittelalterlichen Fürsten. Es gibt auch Bilder, auf denen Wenzel Bauernarbeit verrichtet, Hostien bäckt und Wein keltert, beides mochte Anlaß zu Spott und Intrigen in seiner Umgebung bieten, die einen Krieger, keinen Mönch an der Spitze des Stammes der Tschechen haben wollte.

Die Unzufriedenen sammelten sich um Wenzels Mutter Dragomira, Fürstentochter aus dem Stamme der brandenburgischen Stodoraner. Dragomira, die Witwe des etwa 920 verstorbenen Herzogs Wratislaw, hatte seitdem auf dem Hradschin das Sagen, aber wohl nicht ganz; ihr Haß richtete sich gegen Schwiegermutter Ludmilla, die die Erziehung der beiden Söhne Wratislaws führte. Die Hintergründe bleiben im dunkeln. Ludmilla wurde jedenfalls ermordet und Wenzel der Kontakt zu seinen priesterlichen Lehrern untersagt. Dafür holte Dragomira später der Teufel; vor dem heutigen Außenministerium, dem Černín-Palais, gibt es eine Stelle, die ihren Höllensturz bezeugt, späteren Politikern zur vergeblichen Warnung. Ihre Herrschaft dauerte nicht lange: Der junge Wenzel übernahm selbst bald die Regierung, wahrscheinlich mit bayerischer Hilfe. Daneben wird sächsischer Einfluß bemerkbar, wovon die Gründung einer dritten, diesmal steinernen Kirche auf dem Hradschin zeugt, die dem sächsischen Heiligen Veit geweiht war.

Die Legenden sind voller Stereotypen, die auch anderen Heiligen zugeschrieben werden, doch erfährt man auch von Wenzels Ehe und einem Sohn namens Zbraslaw – sogar Priesterehen waren damals nichts Außergewöhnliches. Mit dem deutschen König Heinrich I. scheint Wenzel recht gut ausgekommen zu sein; der Sachse schenkte dem Böhmen für die neue Burgkirche Reliquien Veits, des Heiligen aus Corvey. Es ist möglich, daß die gegen Wenzel gerichtete Opposition, die sich um seinen Bruder Boleslaw scharte, etwas mit dieser außenpolitischen Orientierung zu tun hatte. Spätere Chronisten erwähnen Wenzels angeblichen jährlichen Tribut von 500 Pfund Silber und 120 Ochsen, mit dem er sich den Frieden erkauft haben soll – eine Behauptung, für die jeder Beleg fehlt. Ebenso unsicher der Zusammenhang zwischen böhmischer Opposition und dem Slawenaufstand von 929. Jedenfalls kommt es am 28. September 929 in Altbunzlau, dem Sitz Boleslaws, zum Mord an Wenzel und dessen Gefolgschaft; auch seine geistlichen Ratgeber werden nicht verschont, sofern sie nicht ins Ausland flüchten. Höchstwahrscheinlich ist König Heinrich noch im selben Jahr an der Spitze eines Heeres gegen die Mörder Wenzels aufgebrochen; Boleslaw mußte kapitulieren. Später, mit Otto I., kam es zu einem 14jährigen Kampf, der mit einem Vergleich endete.

Wenzels Märtyrertod hatte insofern einen realhistorischen Sinn, als durch ihn Böhmen eine kulturelle Sonderstellung im mittleren Osteuropa erhielt; der Heilige symbolisiert, lange bevor Karl IV. den Kult seines Vorfahren in Pergament, Stein und Lied betreibt, die Einheit des Landes, seine Zugehörigkeit zum christlichen Europa. Schon zu Beginn des 11. Jahrhunderts werden ihm auch außerhalb Böhmens Altäre und Kirchen geweiht; sein Bild taucht auf böhmischen Münzen und den Siegeln böhmischer Herrscher auf, die damit erklären, Vollstrecker des Willens des Landespatrons zu sein. Der 28. September wird zu einer Art Landesfeiertag; jeder Schlacht böhmischer Heere steht der heilige Wenzel bei. Der Wenzelschoral erklingt auch außerhalb der Sakralsphäre über Jahrhunderte als Landeshymne: Laß uns und die Zukünftigen nicht untergehen! Auf dem Schädel des Märtyrers von Altbunzlau, in der um seine Gebeine errichteten prunkvollen Wenzelskapelle des Veitsdoms, ruht die böhmische Königskrone. An ihrer Tür der Löwenkopf aus Altbunzlau, an dem sich der Heilige in seinem Todeskampf festhielt.

Und doch symbolisiert der *Herzog* Wenzel auch eine andere Tradition: das Ausweichen vor dem Konflikt, die friedliche Unterwerfung, die Kapitulation vor der Übermacht. Realpolitik dieser Art mag die angemessene Überlebensstrategie für kleine Völker sein, und in der Neuzeit ist Böhmen in der Tat klein geworden, während es im Mittelalter einen ganz erheblichen Machtfaktor darstellte. Doch gibt es Grenzen des Realismus, hinter denen er zu unwürdiger Mimikry absinkt. Während der deutschen Protektoratszeit ist ein Sankt-Wenzels-Adlerorden gestiftet worden, mit dem Persönlichkeiten ausgezeichnet wurden, die sich für die Zusammenarbeit mit dem Reich, für politischen Verzicht und Unterordnung einsetzten. Es ist gewiß nicht die Wenzelstradition im Sinne der Machtpolitik Karls IV., wohl aber die Versuchung, in Konfliktfällen nichts zu riskieren, Beschwichtigungs- und Anpassungspolitik zu betreiben. In dieser Hinsicht ist der Herzog, nicht der Heilige Wenzel, ohne Zweifel ein Lehrmeister seines Volkes geworden.

Der Abt Prokopius hat nie die Bedeutung Wenzels erreicht. Die älteste Prokop-Legende erzählt, daß dieser, ein Priester des slawischen Ritus, aus Liebe zu Christus Haus und Frau verließ, sich in eine Höhle am Sazawafluß begab, aus der er ein paar Teufel vertrieb, und anschließend ein heiliges Leben führte. Sein Ruhm wuchs, Menschen strömten ihm zu, auch Schüler. Er nahm die Benediktinerregel an und tat noch so manches Wunder. Am originellsten ist nach meinem Dafürhalten, daß er einen Teufel vor seinen Pflug spannte – ein Faustmotiv. Jedenfalls bewirkte Herzog Břetislaw seine Ernennung zum Abt und unterstützte sein Kloster bis zu Prokops Tod (1053).

Die etwas spärliche Geschichte, später mit vielen Einzelheiten ausgeschmückt, erhielt im 19. Jahrhundert Auftrieb durch die Tendenz, die altkirchenslawische Liturgie als volksnah gegen den fremden, lateinischen Ritus auszuspielen. Eine zusätzliche nationale Note kam dadurch hinzu, daß die Nachfolger Herzog Břetislaws auf päpstliche Weisung die Mönche des slawischen Ritus aus dem Sazawa-Kloster auswiesen und dieses mit deutschen Mönchen besetzten. Die alten glagolitischen Texte, die niemand mehr lesen konnte, gingen dabei fast restlos verloren. Prokop nahm aber die Zerstörung seines Lebenswerks nicht hin und erschien in der Nacht dem eingesetzten deutschen Abt, den er mit seinem Stock bedrohte; 200 Jahre später erschien der resolute Mann auf ähnliche Weise Papst Innozenz III., um seine eigene Heiligsprechung zu erzwingen. Sie ist 1204 erfolgt; 1584 wurde der Einsiedler in der Allerheiligenkapelle der Prager Burg beigesetzt. Die Drohung mit dem Stock machte den Prokop äußerst populär, möglicherweise mehr als sein Gottesdienst in der Volkssprache. Joseph II. hat das Sazawa-Kloster 1785 aufgehoben, die zahlreichen Wallfahrten zu Prokop nahmen ein Ende. Die Aufnahme in die Myslbeksche Figurengruppe war wohl ein künstlicher Wiederbelebungsversuch aus vorwiegend nationalen Beweggründen.

Bedeutender war Adalbert (Vojtěch) aus dem Geschlecht der Slawnikiden, die im 10. Jahrhundert erhebliche Teile Böhmens beherrschten und in Libice an der Elbe (bei Podiebrad) einen prunkvollen Hof unterhielten – in Konkurrenz zu den Przemysliden, aber in freundschaftlichen und verwandtschaftlichen Beziehungen zu den sächsischen Ottonen. Der um 956 geborene Adalbert wurde für eine geistliche Laufbahn bestimmt und 16jährig nach Magdeburg gesandt, wo er neun Jahre blieb und wohl nicht nur theologische Studien betrieb. 981 kehrte er nach Böhmen zurück, ein junger, schöner, gebildeter Mann aus bestem Hause. Nach dem Tode von Thietmar, dem Prager Bischof sächsischer Herkunft, wurde Adalbert sein Nachfolger – sicher auch aus politischen Gründen, als Gewähr eines Ausgleichs mit den immer noch mächtigen Slawnikiden. 982 wird Adalbert-Vojtěch auf einer Versammlung des Adels, der Geistlichkeit und des Volkes in Levý Hradec bei Rostock nördlich von Prag zum Bischof gewählt. 983 auf dem Reichstag von Verona folgen die Investitur durch Otto II. und die Weihung durch den Mainzer Erzbischof. In dem jungen Würdenträger hat sich eine Wandlung vollzogen: Er zieht barfuß, im Büßergewand, in Prag ein. Das Land hat das Christentum nur äußerlich angenommen. Adalbert sieht seine Hauptaufgabe darin, es auch in die Herzen und Sitten der Tschechen zu verpflanzen, daneben in der Missionierung der noch barbarischeren Nachbarn; Adalbert knüpft Kontakte zu Ungarn. Sein Freund, der Břewnower Abt Radla-Anastasius wird der erste Erzbischof von Gran, sein Halbbruder Gaudentius Erzbischof von Gnesen.

Man weiß nicht, wo Adalbert mit der Reformbewegung von Cluny in Kontakt gekommen ist, jedenfalls gehören seine Jugendsünden der Vergangenheit an; er lebt nach der Mönchsregel, sucht die Einsamkeit, das Gebet, ja die Handarbeit. Adalbert bleibt in Prag isoliert. Seine Begeisterung für die Ideen von Cluny wird von niemandem geteilt, Sklavenhandel, Vielweiberei, Verwandtenehen sind gang und gäbe. Nach fünf Jahren ist Adalbert erschöpft; ohne Abschied bricht er mit kleinem Gefolge nach Rom auf, um von da ins Heilige Land zu pilgern. Die byzantinische Kaiserin-Mutter Theophanu stattet ihn großzügig für die Pilgerfahrt aus, doch er verteilt das Geld an die Armen. Er tritt als Mönch ins Bonifatius- und Alexius-Kloster auf dem römischen Aventin ein. 991 bittet ihn eine böhmische Sendbotschaft, sich wieder der verwaisten Prager Diözese anzunehmen, man verspricht Besserung. Herzog Boleslaw II. spricht Adalbert das Recht zu, Verwandtenehen zu lösen und neue Kirchen zu bauen, die nicht dem Herzog, sondern dem Bischof unterstehen sollen. Eine seiner ersten Gründungen ist das Benediktinerkloster Břewnow bei Prag (992); die Mönche bringt Adalbert aus Rom mit.

Das Osterfest verbringt Adalbert an der Seite seines jungen Freundes Kaiser Otto III. in Aachen. Die heimatliche Misere hat sich aber nicht geändert, und der Bischof ist nach seinem Romaufenthalt weniger denn je zu Kompromissen geneigt. Nach wenigen Jahren kommt es bei St. Georg zum Konflikt um eine Ehebrecherin, die Adalbert in der Nachfolge Jesu, aber vergeblich, zu schützen versucht. Wesentlicher dürfte die Verschlechterung der Beziehungen zwischen dem Prager Fürstenhof und den Slawnikiden gewesen sein. 995 wird ein Kreuzzug gegen die slawischen Obodriten verkündet, an dem – ungeachtet slawischer Bruderschaft – sowohl ein Haufen aus Prag als auch einer aus Libice teilnimmt. Während dieser Ereignisse zieht Boleslaw II. seine zurückgebliebenen Männer zusammen, erobert und verwüstet den Sitz des unbequemen Nachbarn. Adalberts Brüder, die in eine Kirche geflohen sind, werden hervorgelockt und samt ihren Familien ermordet. Es ist der 28. September, der Tag des Mordes von Altbunzlau an Herzog Wenzel. Die übrigen Burgen der Slawnikiden, durch den Slawenkreuzzug ihrer Besatzung entblößt, werden genommen. Erst jetzt ist der Prager Fürst Herr ganz Böhmens. Das Slawnikidenheer bleibt in Polen bei Boleslaw Chrobry.

Adalbert ist zu diesem Zeitpunkt in Rom, in seinem Kloster auf dem Aventin. 996 ist er Zeuge der Kaiserkrönung Ottos III., seines Gesinnungsgenossen und Freundes. Aber Erzbischof Wiligis drängt ihn zur Rückkehr ins ungeliebte Land. Adalbert zögert, trifft in Mainz nochmals mit Otto zusammen, macht einen Abstecher nach Paris und Tours, dann noch einen Umweg über Polen. Prag läßt wissen, er möge bleiben, wo er ist, man habe ihn satt. Adalbert entscheidet sich, als Missionar zu den Lutizen zu gehen, das Vorhaben zerschlägt sich. Statt dessen richtet er seine Schritte zu den wilden Pruzzen. Hier, irgendwo zwischen Nogat und Elbinger Weichsel, erleidet er am 23. April 997 den Märtyrertod.

Die postume Geschichte Adalberts ist für Böhmen nicht so bedeutungsvoll wie die Wenzels. Kaiser Otto III. setzte sich früh für eine Kanonisierung des verehrten Freundes ein, gab Anregung zur Niederschrift von Legenden; früh wurden Adalbert-Vojtěch-Béla Kirchen und Kapellen geweiht. Der Dom von Gnesen, der seine Gebeine zunächst aufgenommen hatte, wurde Sitz eines Erzbischofs und Adalberts Bruder der erste Amtsinhaber - Böhmen mußte auf ein Erzbistum noch dreieinhalb Jahrhunderte warten. Herzog Břetislaw hat 1039 die Gebeine Adalberts mit Kriegsmacht nach Prag zurückgeführt – nicht ohne den Versuch einer postumen Wiedergutmachung. Auf Polygamie und Ehebruch sollte fortan der Verkauf in die Sklaverei nach Ungarn stehen. So wenigstens haben es die böhmischen Herren vor Gnesen beschworen. Andere ihnen abgerungene Verbote betrafen den Alkoholgenuß, die Sonntagsarbeit und die Bestattung außerhalb des Friedhofs.

Der Weg in die Hölle ist auch in Böhmen mit guten Vorsätzen gepflastert. 1335 läßt ein König in der Suche nach Gold das Grab des Heiligen plündern. Und mit unbequemen Einzelnen hat man dort selbst tausend Jahre nach Adalbert nicht umzugehen gelernt.

Eine der beiden Frauengestalten unterhalb der Wenzelsstatue ist uns schon bekannt: Ludmilla, die Großmutter und Erzieherin Wenzels, die in der Georgsbasilika auf der Burg begraben liegt und der auch auf dem Weinberger Friedensplatz eine neugotische Ziegelkirche geweiht ist. Die andere weibliche Figur stellt ebenfalls eine Angehörige der ersten böhmischen Herrscherdynastie dar: die selige Äbtissin Agnes, Tochter des Königs Przemysl Ottokar I. und Schwester seines Nachfolgers König Wenzel I. Die stolze Prinzessin ging zunächst durch mißlungene Heiratsprojekte in die Annalen ein. Seit etwa 1219 war sie mit dem Sohn des Stauferkaisers Friedrich II., Heinrich, verlobt (er wurde aber mit einer Babenbergerin verheiratet, obgleich der reiche Böhmenkönig 30000 Pfund Silber als Mitgift versprochen hatte). Später wurde über ihre Verlobung mit dem englischen König verhandelt; 1231 dachte Heinrich erneut an die böhmische Königstochter, aber das Projekt zerschlug sich. So nahm die Przemyslidin 1233 den Schleier.

Die Lieblingsschwester Wenzels I. hatte damit nicht ganz der Welt entsagt, wenn auch ihr politischer Einfluß auf den König überschätzt wird. Der enttäuschte weltliche Ehrgeiz der Agnes schlug um in die energische Förderung ihres Klosters. Der Franziskanerorden war neu in Prag und genoß die Gunst des Papstes. Agnes baute außer dem Nonnenkloster ein Männerkloster und ein Spital; die Neugründungen erhielten vom König umfangreiche gerichtliche und steuerliche Immunitäten. Den ersten Nonnen aus Italien folgten schon 1233 sieben adlige Böhminnen, erfüllt vom franziskanischen Ideal selbstloser Gottesliebe, Armut und Barmherzigkeit, auch vom Beispiel der eben heiliggesprochenen ungarischen Königstochter Elisabeth. Agnes bemühte sich ausdauernd bei Gregor IX., dann bei Innozenz IV., um die Bestätigung einer eigenen Ordensregel – vergebens, trotz der großen Einkünfte, die die Kurie aus Böhmen bezog. Immerhin ist ihre Gründung in den ersten Jahren mit fast zwanzig päpstlichen Urkunden bedacht worden. Später, 1252, wurde dem Spital das rote Kreuz mit Stern zugestanden; daraus hat sich der von den Przemysliden reich ausgestattete Orden der Kreuzherren mit dem roten Stern entwickelt. Sein neuer Sitz waren Heiliggeistkirche und Spital auf dem linken Moldauufer nahe der steinernen Brücke. Die Maut wurde den Kreuzherren, deren Großmeister oft zugleich Prager Erzbischof war, als ständige Einnahme zugesprochen.

Agnes' eigentliche Fürsorge galt ihren Klarissinnen, obwohl sie als Äbtissin schon früh zurückgetreten war. Die wunderbaren architektonischen Überbleibsel ihrer Stiftungen sind jetzt nach jahrzehntelanger Kleinarbeit wieder sichtbar geworden – das mit Recht nach ihr benannte Areal am rechten Moldauufer. Von ihrem Briefwechsel mit der heiligen Klara, der Patronin des Fernsehens und Freundin des heiligen Franziskus, sind nur vier Briefe der Klara erhalten – voll Lobes und Bewunderung für die Przemyslidentochter, die schon zu Lebzeiten den Ruf der Heiligkeit genoß, deren Grab aber nie gefunden werden konnte.

Auf der steinernen Brücke aus dem 14. Jahrhundert steht eine Bronzefigur aus dem Jahr 1683. Sie stellt den 1393 (irrtümlich: 1383) zu Tode gekommenen und 1729 heiliggesprochenen Johann von Nepomuk dar. Vorbei sind die leidenschaftlichen Polemiken um den »falschen Barockheiligen«, verschwunden ist das Gitter auf der Karlsbrücke, das die Stelle bezeichnete, von wo aus man Johann in die Moldau geworfen haben soll. Die Heiligsprechung beruhte tatsächlich auf einer frommen Erfindung. Der historische Johann von Pomuk war nicht der Beichtvater der damaligen böhmischen Königin. Die bayerische Prinzessin Sophie ist erst 1389 nach Prag verheiratet worden; sie war in Wirklichkeit eine Sympathisantin des Reformators Hus, vielleicht deshalb die Vorverlegung des Mordes um ein Jahrzehnt in die Zeit ihrer Vorgängerin Johanna. Auch ein Kämpfer gegen ketzerische Irrlehren war Johann nicht. Seine äußerst prosaische Karriere begann als Notar; Pfarrer bei St. Gallus in der Prager Altstadt wurde er noch ohne Weihen und setzte einen Vertreter ein. Statt Theologie studierte er Jura. 1387 erlangt er in Padua das Doktorat für Kirchenrecht. Nach Prag zurückgekehrt, wird er nacheinander Altarpriester bei St. Ägidien, Kanonikus und Advokat auf dem Wyschehrad, Erzdiakon bei St. Veit, schließlich 1389 Generalvikar, d. h. Stellvertreter des Erzbischofs. Aus kleinsten Verhältnissen aufgestiegen, ist er ein reicher und mächtiger Prälat geworden: Er besitzt zwei Häuser und eine Mälzerei.

Nun schließen sich Reichtum und Martyrium nicht unbedingt aus: Thomas Becket, der englische Heilige, war auch kein Bettler. Reich war auch Erzbischof Johannes Jenstein (Jenzenstein), dem der gewiefte Anwalt diente und der ihn in seinen Konflikt mit dem König hineinzog. Jenstein war bis 1384 Kanzler des Reiches und unbedingter Anhänger des römischen Papstes gegen den von Avignon gewesen, verstrickte sich aber in zahlreiche Streitigkeiten mit Angehörigen der herrschenden Luxemburger und damit auch mit dem Prager Hof Wenzels IV. Zwischen dem jähzornigen König und dem stolzen Erzbischof entwickelt sich ein regelrechter Kleinkrieg, bei dem es materielle Schäden, Bannflüche, Einziehungen von Kirchengütern, Beschwerden in Rom, ja Hinrichtun-

Umstrittener Barockheiliger: St. Johann von Nepomuk. Sein Grab im Veitsdom wurde mehrfach zerstört

gen gibt. Jenstein klagt, den Kirchendienern ergehe es schlimmer als den Juden, und das will gerade zu dieser Zeit viel heißen. Der König betreibt die Absetzung des Erzbischofs, dessen Generalvikar einen der bösartigsten königlichen Günstlinge vor Gericht zitiert: Der antwortet hochmütig, er werde erscheinen, aber mit bewaffneter Macht. Der König plant die Schaffung eines neuen Bistums in Westböhmen, der Generalvikar – Johann von Pomuk – kontert mit Rechtsmitteln, die diese Minderung der Einkünfte der Prager Erzdiözese verhindern sollen. Am 20. März 1393 läßt der erboste König den Chefjuristen des Gegners und dessen zwei Gehilfen verhaften und foltern, nimmt möglicherweise sogar selbst daran teil, bis Johann von Pomuk den Geist aufgibt. Die beiden anderen werden höhnisch entlassen, gegen einen Revers, daß ihnen nichts Böses zugefügt worden sei. Johanns Körper wird von der Brücke in die Moldau geworfen.

Der gedemütigte Erzbischof geht nach Rom, um bei Bonifaz IX. Gerechtigkeit zu finden, der Papst denkt aber nicht daran, sich den böhmischen und deutschen König zum Feind zu machen. 1395 zieht dieser sogar die erzbischöflichen Güter ein. Jenstein gibt auf und weiht zumindest seinen Neffen zum Nachfolger im Amt. 1400 stirbt er, erst 50jährig, in Rom. »Während andere sich gütlich taten, ward ich ohne Unterlaß durch Unbill gereizt, durch Schmach erregt und durch Unterdrückung gequält; und ich fand keine Ruhe in meiner Ermattung, so daß die Arbeit, die ich tat, nutzlos war und mein Wachen über der mir anvertrauten Herde keine Frucht brachte« (aus einem Brief Jensteins an Herrn Heinrich von Rosenberg).

Die Legende von Nepomuk, dem Verteidiger des Beichtgeheimnisses, von der zeitgenössische Quellen schweigen, entstand noch im 15. Jahrhundert in Bayern. Wenzel Hájeks Böhmenchronik von 1541 hat die Geschichte, wie so viele andere, popularisiert, wobei er die Gestalt des Märtyrers in zwei Personen spaltete: Der historische Generalvikar bleibt, wo er hingehört, aber die Geschichte des Beichtigers Johann »von Nepomuk« kommt hinzu, auf 1383 vordatiert. 1621 entsteht im Veitsdom ein dem »seliggesprochenen Beichtvater Johannes« gewidmeter Altar, 1660 wird am angeblichen Geburtsort des künftigen Heiligen eine Kirche geweiht, die dessen Namen tragen soll, aber noch nicht darf; 1671 schreibt der böhmische Patriot Balbín im Auftrag des St.-Veits-

Kapitels eine Vita des Johannes, die die altehrwürdige Herkunft der Legende beweisen möchte. Die Heiligsprechung erfolgt schließlich aus einer Kombination von katholischem Landespatriotismus und kirchlicher Kulturpropaganda.

Das Grabheiligtum im Veitsdom, zweimal verwüstet durch die Hussiten und die strengen Calvinisten Friedrichs von der Pfalz, wird 1736 nach einem Entwurf Fischers von Erlach in ein schwebendes Monument aus getriebenem Silber verwandelt, zu dem das Volk gläubig pilgert und um Hilfe fleht. Vielleicht ist angesichts dieses Glaubens die Wirklichkeit nicht so wichtig. Immerhin wird der Heilige nicht nur als Helfer aus Wassersnot verehrt, wovon Hunderte von Brückenfiguren auch außerhalb Böhmens zeugen, sondern auch als Symbol des Widerstandes gegen eine anmaßende Staatsgewalt; die fünf Sterne über seinem Haupt stehen für die Buchstaben *TACUI* – ich habe geschwiegen. Als man 1720 sein Grab öffnete, fand man angeblich die unversehrte Zunge. Im 19. Jahrhundert dichtete der tschechische Publizist Karel Havlíček: Heiliger Johann von Nepomuk / Halt' deine Hand über uns / Daß uns Gott gibt, was er dir gab / Daß unsere Zunge nicht vermodert im Grab. Und das hat der Fürsprecher des böhmischen Volkes ja wohl erreicht, auch wenn der Vater des historischen Johannes ein Deutscher war.

Kaiser, Könige, Alchimisten

Die Volksphantasie hält sich keineswegs nur in kirchlich abgesegneten Bahnen und rankt sich oft an disparaten Gegenständen hoch: An den steinernen Roland neben der Karlsbrücke, ein von einer schwedischen Kugel schwer beschädigtes Rechtsdenkmal, das die Gültigkeit des Altstädter Rechts auf der Kleinseitner Kampa-Insel anzeigen sollte, knüpft die phantastische Rittergeschichte von den Böhmenfürsten Stilfried und Brunswik an. Der erstere reist als unbekannter fahrender Ritter durch die Welt, siegt in jedem Turnier, hilft dem König von Neapel einen Krieg gewinnen und erhält dafür den schwarzen Adler auf goldenem Feld als Wappentier, daneben die schöne neapolitanische Prinzessin Neomenia für seinen Sohn Brunswik. Diesen hält es auch nicht lange zu Hause; er irrt wie Odysseus durch eine Welt voll mythischer Gestalten und besteht alle Gefahren mit Hilfe eines Löwen, dem er im Kampf mit einem Drachen beigestanden hatte und der seitdem neben ihm recht zahm auf dem steinernen Sockel auf dem Brükkenpfeiler sitzt und außerdem im böhmischen Wappen den Adler ersetzt hat. Noch leistungskräftiger war Brunswiks Schwert: Auf den Befehl seines Herrn: »Kopf ab!« säuberte es das Schlachtfeld von allein; es half auch dem fahrenden Fürsten, die Herrschaft in Böhmen wieder zu erringen, die samt der neapolitanischen Prinzessin in seiner Abwesenheit in fremde Hände gelangt war.

Der Ritter hat im Dreißigjährigen Krieg selbst Kopf und Schwert verloren, jedoch beides später wiedererlangt. Zumindest das Schwert ist nichts als eine Attrappe; das wahre Schwert Brunswiks, heißt es, ist in der Karlsbrücke eingemauert, und wenn's in Böhmen besonders schlimm wird, gibt der ritterliche Fürst den bewußten Befehl. Er läßt vorläufig auf sich warten. Die Geschichte hängt wohl mit Johann von Luxemburg, dem Ritter auf dem böhmischen Thron, zusammen, den es auch nicht lange im Land hielt und der schließlich 1346 bei Crécy gegen die Engländer fiel – mit den vielzitierten Worten auf den Lippen: »Da sei Gott vor, daß ein Böhmenkönig vom Schlachtfeld flieht.« Eine andere Quelle ist Hájeks Chronik, die von der großen Freundschaft zwischen dem in Palermo residierenden Staufer Friedrich II. und Przemysl Ottokar I. erzählt.

Vom Altstädter Brückenturm blicken Sohn und Enkel des ersten Luxemburgers auf dem Prager Thron auf die Stadt herab. Karl IV., mit dem wir uns noch ausführlicher beschäftigen werden, war als Mythenquelle wenig ergiebig, um so mehr sein mißratener Sohn, den wir schon als Peiniger Johanns von Nepomuk kennengelernt haben. Wenzel IV., böhmischer und deutscher König in schwierigen Zeiten, entwickelte wohl sein cholerisches Temperament und seine grausamen Neigungen, seine Trunksucht und Jagdleidenschaft erst aus dem Mißverhältnis zwischen dem Bild des großen Vaters und seinen eigenen geringeren Gaben und größeren Problemen; die Unfähigkeit, für eigene Nachkommenschaft zu sorgen, dürfte seinen Charakter noch mehr in dieser Richtung geformt haben. Tyrannische Willkürakte und, damit abwechselnd, Fluchtreaktionen sind bezeichnend für die geringe Durchsetzungsfähigkeit des Königs, der Gewalt anwendete, wo seinem Vater die Dinge scheinbar von allein zuwuchsen. Weil es sich Wenzel mit allen verdarb, ist auch sein Ruf in den Chroniken ein so übler. Ja, er kann gar nicht der Sohn des großen Kaisers gewesen sein, sondern das unterschobene Kind eines Schusters. Plebejische Sitten zeigte Wenzel jedenfalls schon bei der Taufe, indem er auf natürliche Weise das Weihwasser verunreinigte; Ähnliches tat er zwei Jahre später bei seiner Krönung. Auch später soll er keine Neigung für seinen königlichen Beruf gezeigt und sich lieber in Gesellschaft niederer Günstlinge und seiner Hunde in den böhmischen Wäldern herumgetrieben haben; Boten aus dem Reich, die ihn auf seine komplizierten Aufgaben aufmerksam machen wollten, antwortete er, ihn hielten Prager Bier und Prager Weiber. Die Kaiserkrone lockte ihn nicht, das Reich entglitt ihm, mit dem Erzbischof und den Großen des eigenen Landes geriet er aber bald in heftigen Streit, wie wir schon sahen.

Man dichtet dem königlichen Trunkenbold den Tod nicht nur Johanns von Nepomuk, sondern auch seiner ersten Frau Johanna an, ebenfalls einer bayerischen Prinzessin, der eines seiner Windspiele die Gurgel durchbiß; von einem Henker begleitet, den er »Gevatter« anredet, geht er durch die Straßen Prags, wo sich so manche Kneipe nach ihm nennt. Seine aufsässigen Untertanen lädt er zu sich und läßt sie nach dem Mahl für immer verschwinden; einen Koch, der den Kapaun schlecht gebraten hat, läßt er bei lebendigem Leibe am Spieß schmoren. Als sich die böhmischen Herren wehren und den König ins Gefängnis setzen, entkommt er nackt mit Hilfe einer Frau, deren Ruf nicht der beste ist – der Baderin Susanna, die ihn im Boot über die Moldau rudert. An diese Geschichte erinnert das Bild des königlichen Wappentiers, des Eisvogels, an dem 1406 von Wenzel errichteten Bad, auch zahlreiche Miniaturen des nackten Königs in Gesellschaft von leichtgeschürzten Baderinnen. Nebenbei: Der Eisvogel ist zum Zunftzeichen der Prager Friseure geworden. Überhaupt hat das dunkle Bild des ungeratenen Herrschers, gewiß als Gegenstück des Märtyrers auf der Karlsbrücke entworfen, seiner Popularität nicht geschadet; natürlich hat ihn auch nationale, antiklerikale historische Belletristik als »volksnah« aufgewertet, als Förderer von Hus und Kämpfer gegen den Papismus.

Der historische Wenzel ist tatsächlich 1394 von seinen Magnaten gefangengesetzt worden, die ihn schließlich zwangen, eine Art Ständerat anzuerkennen, ohne den der König nichts tun durfte; aber die Anarchie im Lande ließ die neue Institution keinen rechten Boden gewinnen; 1402 nahm der tückische ungarische Luxemburger Sigismund den Halbbruder erneut fest, diesmal in Wien. Die politischen Wirren, auch die versiegenden Geldquellen ließen die Bautätigkeit auf der Burg wie in den Prager Städten stagnieren; das päpstliche Schisma ermöglichte es dem König zwar, wesentliche Teile der kirchlichen Einnahmen in die eigenen Kassen zu leiten, aber ohne daß das in großen Bauvorhaben zum Ausdruck kam. Wenzel residierte später kaum noch auf dem Hradschin, sondern hielt sich, sofern er überhaupt in Prag war, im sogenannten Königshof neben dem späteren Pulverturm oder auf dem Zderazhof in der Neustadt auf, »in nächtlichen Ausflügen zweifelhaften Vergnügungen hingegeben«.

Durch die chaotischen Zustände spitzen sich die sozialen, religiösen und nationalen Gegensätze wieder zu, die der große Aufschwung der vorangegangenen Jahrzehnte entschärft hatte. 1401 vermerkt ein junger tschechischer Theologe: »Wir Böhmen (sind) armseliger als Hunde und Schlangen..., die Deutschen unterdrücken uns und besetzen Ämter in Böhmen, wir aber schweigen. Die Böhmen... sollen im Königreich Böhmen in den Ämtern die ersten sein, wie die Franzosen im Königreich Frankreich und die Deutschen in ihren Ländern... Welchen Vorteil hätte es, daß ein Böhme ohne Kenntnis der deutschen Sprache in Deutschland Pfarrer oder Bischof wäre? Ich weiß, er wird so viel nutzen wie ein stummer Hund der Herde... Und so viel nutzt uns Böhmen ein Deutscher.« Der Theologe, bald Prediger in der Altstädter Bethlehemskapelle, hieß Johannes Hus.

An der Universität gibt es ebenfalls Streit, teils von außen hineingetragen, wie wir noch in anderen Zusammenhängen sehen werden. Im Jahr 1408 versuchen die Kardinäle, das päpstliche Schisma durch ein Konzil in Pisa zu überbrücken. Wenzel unterstützt das Vorhaben unter der Bedingung, daß das Konzil ihn selbst als römischen König wieder einsetzt; der Erzbischof ist da-

Oben: Karlsbrücke mit Blick auf die Altstadt
Unten: Der Vater und sein ungeratener Sohn – Karl IV. und Wenzel IV. am Altstädter Brückenturm

gegen und bewahrt Rom die Treue; die deutschen Magister der Universität folgen ihm. Da unternimmt Wenzel nochmals einen seiner Gewaltakte und erläßt am 18. Januar 1409 das sogenannte Kuttenberger Dekret, das den böhmischen Lehrern die Majorität in den Universitätsgremien sichert. Hunderte deutscher Magister und Studenten verlassen daraufhin Prag – ein weiterer Schandfleck auf dem Bilde Wenzels, der natürlich weder mit theologischen Fragen noch mit akademischer Freiheit etwas anzufangen wußte. Allerdings auch nicht mit seiner Pisaner Trumpfkarte und dem Tod seines Gegenkönigs Rupert im Jahre 1410. Die folgenden Ereignisse entgleiten vollends seiner Kontrolle. Erregt über die beginnende Revolution, erliegt er am 16. August 1419 auf einem seiner Jagdschlösser bei Kunratitz, am Südrand des heutigen Prag, einem Schlaganfall. Er wird zunächst im Kloster Königsaal (Zbraslaw) begraben, angeblich von Bäckern, Fischern und vom Klostergesinde; das Kloster wird alsbald von den Hussiten geplündert, sein Leichnam geschändet, aber schließlich auf Befehl Žižkas im Veitsdom bestattet. Eine dunkle Figur, die dennoch Prag nicht weniger geprägt hat als die großen schöpferischen Energien seines Vaters.

Zwei Jahrhunderte nach Wenzel IV. residiert in Prag Kaiser Rudolf II. (1576–1612, in Prag seit 1583), Sohn des toleranten Habsburgers Maximilian II., jedoch am spanischen Hof Philipps II. in streng gegenreformatorischem Geist erzogen, ein Melancholiker und menschenscheuer Träumer, der aus der Welt der großen Politik nicht wie Wenzel in die böhmischen Wälder, sondern in die Gegenwelt von Wissenschaft und Kunst flüchtet, dessen Interesse aber ein unstetes ist und von einer Sensation zur anderen eilt. Der kaiserliche Sonderling in der multinationalen und multikonfessionellen Stadt, den der Hofmaler Arcimboldo als Gott Vertumnus aus Früchten und Gemüse porträtiert, zieht Gesandte, Geschäftsleute, Astrologen, Alchimisten, Künstler, Scharlatane wie echte Wissenschaftler und Kunsthandwerker an seinen Hof; sein Majestätsbrief von 1609 sanktioniert das mannigfache Nebeneinander, den Modus vivendi verschiedener Gruppen, der es dem verfolgten Protestanten Kepler gestattet, in Prag Zuflucht zu finden, ebenso wie den Jesuiten, in der protestantischen Stadt eine Gegenuniversität aufzubauen, der es einem Rabbiner erlaubt, vom Kaiser empfangen zu werden, und den Böhmischen Brüdern, eine fruchtbare kulturelle Tätigkeit zu entfalten.

Der Renaissancehof Kaiser Rudolfs eignete sich zum Gegenstand späterer Phantastik um so mehr, als nach ihm der Niedergang einsetzte, die Verarmung und Vereinseitigung, von der sich der vergangene Glanz abhob, nostalgisch verklärt und ungläubig bestaunt. Mit Wenzel IV. verbinden Rudolf sprunghafte Entscheidungen, innere Wirren sowie außenpolitische Mißerfolge; er verliert an seinen Bruder Erzherzog Matthias die Herrschaft über Ungarn, die Alpenländer, ja Mähren; 1608 stehen herzoglich-ständische Regimenter vor Prag. Es kommt zum Liebener Vergleich. 1611 will Rudolf das Blatt mit Hilfe eines Passauer Heeres wenden, dieses besetzt Burg und Kleinseite, plündert die Stadt, muß sich aber vor der Übermacht ständischer Truppen zurückziehen; Rudolf tritt verbittert zugunsten von Matthias zurück.

Rudolf II. war ohne Zweifel manisch-depressiv veranlagt. Sein Mißtrauen gegenüber allen konnte zeitweise pathologische Züge annehmen. Er fürchtet nicht nur die Protestanten, sondern auch die Jesuiten, haßt die Kapuziner, geht nicht mehr zur Messe, gibt keine Audienzen, versteckt sich hinter Vorhängen und Holzverschlägen, gilt seiner Umgebung als behext, zeugt mit der Tochter seines Hofantiquars sechs uneheliche Kinder. Im Löwenhof am Nordeingang zum Hradschin hält er den König der Tiere, mit dem er sich mystisch verbunden glaubt; vom Dach seines zierlichen Renaissance-Lustschlößchens Belvedere beobachten seine Astrologen den Sternenhimmel. Gegenüber, in die Puppenhäuser des Goldmachergäßchens (Zlatá ulička), versetzt die Legende aus ganz Europa herbeigeholte Alchimisten, die die Elemente mischen, streng bewacht von kaiserlichen Soldaten. Man erzählt, daß die eingesperrten Wundermänner eines Tages den begreiflichen Wunsch äußerten, im Hirschgraben statt der Dämpfe ihrer Destillierküchen frische Luft zu schöpfen. Der Kaiser vermutete Fluchtabsichten und schlug ihren Wunsch ab, worauf die Alchimisten ihre Retorten, Phiolen und Gebläse zerschlugen, in den Hirschgraben warfen und streikten – ein erster böhmischer Maschinensturm. Mit den Alchimisten nahm es ein trauriges Ende: Der Kaiser ließ sie zwar in den Burggraben bringen, aber in eisernen Käfigen, in denen sie verhungerten.

Der Hirschgraben ist bis heute unzugänglich – die gegenwärtigen Machthaber sind fast ebenso mißtrauisch wie Kaiser Rudolf. Der erste tschechische Arbeiterpräsident Klement Gottwald (1948–53) zog sich in seiner Furcht vor dem Volk, das er ständig im Munde führte, ausgerechnet ins rudolfinische Areal am Hirschgraben zurück, dessen Mauern er noch erheblich erhöhen ließ. In Rudolfs Spanischem Saal hielt er Parteitage ab und entfaltete nach Moskauer Vorbild einen unglaublichen Personenkult; nachdem sich der ehemalige Schreiner zu Tode getrunken hatte, wurde er einbalsamiert und im Mausoleum auf dem Veitsberg ausgestellt. Doch sein Mythos verblaßte schnell.

Dagegen hat sich der von den Alchimisten ziemlich lange gehalten. In Wirklichkeit haben in den possierlichen Häuschen der Goldmachergasse vor allem Soldaten der Burgwache gewohnt, wohl auch Goldschmiede, daher der Name. Die Alchimisten machten ihre Experimente anderswo, etwa im sogenannten Fausthaus auf dem Viehmarkt, dem heutigen Karlsplatz. Dieses Haus, in dem man lange ein Loch im Dach zeigte, durch das der Teufel Faust geholt haben sollte, gehörte im späten 16. Jahrhundert einem englischen Scharlatan, der sich Edward Kelley nannte. Kelley hatte schon in seiner Heimat mit seinen Gaukeleien einigen Erfolg gehabt, gewiß nicht ungetrübten, da ihm der Henker von Lancaster wegen Betrügereien die Ohren abgeschnitten hatte. Kelley, der Rudolf eine Medizin gegen Hypochondrie anbot, wurde von diesem mit Titeln und Ehren überhäuft, allerdings in Erwartung des Steins der Weisen. Das dauerte seine Zeit, und so ließ der Kaiser den »Engeländer«, der sich auch sonst ungebührlich aufführte, auf die Burg Pürglitz (Křivoklát) bringen. Dort trat der mit einer Böhmin Verheiratete in einen Hungerstreik, was ihm nicht half, ja, Rudolf ließ ihn foltern, um ihm seine Geheimnisse zu entlocken, die es nicht gab, schließlich sein nicht unbeträchtliches Eigentum konfiszieren. Nach einem mißlungenen Fluchtversuch mußte Kelley ein Bein amputiert werden, nach einem zweiten Versuch auch das andere. 1597 nahm der Magier Gift. Einem Heer weiterer Scharlatane erging es nicht viel besser. Gustav Meyrink und zahlreiche andere Schriftsteller haben dieses phantastische Milieu des rudolfinischen Prag mit immer neuen Figuren und Motiven angefüllt.

Zu diesen gehört außer Rabbi Löw mit seinem Golem Doktor Faust, den schon die ältesten Faustbücher mit Prag verbinden. In dem oben erwähnten heutigen Fausthaus, einem Rokokopalais auf dem Viehmarkt, unterhielt ein adliger Liebhaber technischer Spielereien, Figuren und optischen Zaubers namens Mladota im späten 18. Jahrhundert seine Gäste mit allerhand Kunststücken, darunter auch einer Laterna magica, mit der er etwa zeigte, wie Faust vom Teufel geholt wird. Aber die eigentliche Prager Faustsage war früher in anderen Häusern beheimatet – in einem 1807 abgerissenen Haus inmitten des Kohlenmarktes, ferner in einem Haus in der Melantrichgasse, wo es stark nach Schwefel roch, und schließlich im sogenannten Sixtushaus in der Zeltnergasse (Celetná), in dessen Nähe tatsächlich ein bekannter Alchimist gelebt hat. Faust war eine beliebte Figur des böhmischen Puppentheaters lange vor Goethes Zeit.

Rudolfs kulturelle Regsamkeit hat in Prag zwar nicht die Spuren derer Karls IV. hinterlassen, aber der Stadt doch jenseits aller Phantastik einen unübersehbaren Stempel aufgeprägt. Am wenigsten gilt das von der Baugeschichte: Architektonisch kam, außer dem Anbau eines Nordwesttrakts mit dem großen Spanischen Saal an die Burg und dem Ausbau der Allerheiligenkapelle neben dem älteren Wladislaw-Saal (durch Rudolfs Schwester Elisabeth, Witwe Karls IX. von Frankreich), nicht viel hinzu; doch war schon die kaiserliche Hofkapelle ein Zentrum, das ins Musikleben des Hochadels und der Stadt hinabwirkte, auch zahlreiche Ausländer anzog und den Instrumentenbau beeinflußte. Noch wichtiger war Rudolfs Rolle als Mäzen und Sammler. Die Sammelleidenschaft des Kaisers galt nicht nur Dürer, Tizian, Brueghel, sondern auch Büchern, geschnittenen Steinen und Kuriositäten aus aller Welt, um derentwillen Agenten in halb Europa umherreisten und die Hofkasse strapazierten, Händler aus aller Welt in Prag zusammenkamen, um der kaiserlichen Kunst- und Schatzkammer ihre oftmals dubiosen Schätze anzubieten. Unter den Hofmalern und Bildhauern überwogen Niederländer wie Bartholomäus Spranger, Adriaen de Vries, der später eine Bronzefigurenallee für das Wallensteinsche Haus entwarf, oder Alexander Collin, von dem das 1589 aufgestellte Kaisergrabmal im Veitsdom stammt. Es heißt jedoch, der Durchbruch zum großen Stil habe der rudolfinischen Allerweltskultur gefehlt. Es blieb in der Regel bei manieristischer Klein- und Zierkunst »von differenzierter und morbider Sinnlichkeit« (Götz Fehr). Die für Rudolf in Prag gefertigte

Kaiserkrone wurde nach 1804 zur Kaiserkrone des neu proklamierten Reiches.

Weniger von höfischer Nachfrage abhängig war die Entwicklung der mechanischen Künste, der Wissenschaften und Technik. Die Joachimsthaler Silberbergwerke (von denen der »Taler« bis hin zum »Dollar« herstammt) waren angewiesen auf recht komplizierte Technik, auf Pumpen und andere mechanische Geräte, auf Geometer und Chemiker; das klassische Werk über Metallprüfung erschien 1574 in Prag aus der Feder des Oberstbergmeisters Lazarus Ercker. Die Hersteller komplizierter Meßgeräte, oft zugleich Uhrenbauer, waren keine einfachen Handwerker mehr wie der Mechanicus und Mathematiklehrer Maximilians II., Richter-Praetorius. Geometer brauchte natürlich der Festungsbau; auf Mathematik konnten auch die Gießer von Pumpen, Glocken und Kanonenrohren nicht verzichten.

Die Verbindung von Mechanik, Mathematik und Astronomie symbolisiert die Altstädter Rathausuhr, deren einfachere Vorgängerin schon aus dem frühen 15. Jahrhundert stammt. Sie wurde 1490 von dem Prager Astronomen Magister Hanusch vervollkommnet und zählt die Stunden, aber zeigt ebenso Tag, Monat und Jahr, Sonnen- und Mondaufgang, Mondphasen, den Lauf der Planeten und die größten Festtage des Jahres an.

Kein Wunder, daß sich auch des geheimnisvollen mechanischen Werkes Sagen bemächtigten, die an die Gestalt des geblendeten Magisters Hanusch anknüpften, der nach einer Version mit dem prophetischen blinden Jüngling von Prag identisch sein sollte. Auch die Uhr selbst hat vergleichbare Gaben und ist, so heißt es, innig mit den Schicksalen des böhmischen Volkes verbunden. Dies ist insofern richtig, als die Uhr mehrfach verrottete und nur durch Anstrengungen begeisterter Liebhaber wieder zum Schlagen gebracht werden konnte. Im letzten Weltkrieg hat man um sie eine Betonmauer gebaut, die aber das Wunderwerk nicht vor der Zerstörung beim Brand des Rathauses im Mai 1945 geschützt hat. Was blieb, war nur der äußere Schein für Touristen.

Zwischen Wissenschaft und Legende ist ebenfalls der berühmte Däne Tycho Brahe angesiedelt, der zunächst auf der Sundinsel

Das mittelalterliche Machtzentrum: Altstädter Rathaus. Links im Profil die historische Uhr

Hven ein einzigartiges Astronomiezentrum, Uraniborg, schuf, in dem er die damals exaktesten Meßgeräte für seine Beobachtungen selbst herstellen ließ; angeschlossen waren eine eigene Druckerei und – typisch – ein Alchimielabor. Als Tycho die Unterstützung im eigenen Lande verlor, kam er 1599 durch Vermittlung des kaiserlichen Hofarztes, Botanikers und Astronomen Thaddäus Hajek nach Prag. Rudolf II. gewährte dem selbstbewußten Mann, der im Duell seine Nase verloren hatte und eine metallene Prothese trug, ein Jahresgehalt von 3000 Gulden und stellte ihm Schloß Benatek an der Iser, nordöstlich von Prag, zur Verfügung. Dort sollte ein neues Uraniborg entstehen, doch Tycho mußte auf Wunsch des sternengläubigen Kaisers nach Prag umziehen, wo er schon 1601 55jährig an Urämie starb (nicht aber während eines Gastmahls bei Peter Wok von Rosenberg infolge einer geplatzten Harnblase, wie es noch heute in Reiseführern heißt). Sein rosamarmorner Grabstein in der Teynkirche zeigt den großen Beobachter der Himmelskörper, der – gegen Kopernikus – am geozentrischen System festhielt, als Ritter mit Panzer, Helm und Schwert. Sein stolzer Wahlspruch: *Non fasces nec opes, sola artis sceptra perennant* (Weder Macht noch Reichtum, nur die Herrschaft der Künste ist ewig).

Einer von Tychos Assistenten war der junge Schwabe Johannes Kepler, dem Rudolf die im Belvedere gelagerten Geräte Tychos sowie die Fortführung von dessen Werk anvertraute. Max Brod hat in *Tycho Brahes Weg zu Gott* die beiden Astronomen als gegensätzliche Persönlichkeiten dargestellt, den gewissenhaften, strengen Systematiker auf der einen Seite, das flackernde, von Einfall zu Einfall eilende, egozentrische Genie auf der anderen. Die Wirklichkeit war weniger antithetisch: Kepler hat als kaiserlicher Hofmathematicus die Arbeit seines Vorgängers fortgeführt, jedoch in seinem eigenen Sinne – übrigens ohne sich voll durchsetzen zu können: Tychos geozentrisches Bild des Planetensystems blieb nicht nur an der Prager Universität bis hoch ins 18. Jahrhundert hinein verbindlich. Die meisten der kostbaren Geräte Tychos sind im Dreißigjährigen Krieg geraubt worden und verschollen, nur geringe Reste kamen ins Mathematische Museum des Clementinums und sind heute im Technischen Museum auf dem Letnáberg zu besichtigen. Mit dem Jesuitenkolleg und seinem astronomischen Turm hatte der Protestant Kepler nichts zu tun; allerdings wohnte er eine Zeitlang gegenüber der Konkurrenzuniversität in der Karlsgasse.

Kepler hat in den zwölf Jahren seines Pragaufenthalts über dreißig wissenschaftliche Werke veröffentlicht, darunter bahnbrechende wie die *Astronomia nova,* die Kopernikus' Hypothese physikalisch untermauerte. Doch wußte der mit der leeren kaiserlichen Kasse ständig um sein Jahresgehalt Kämpfende auch: Wohin käme die ehrwürdige Mutter Astronomie, wenn sie nicht von ihrer närrischen Tochter, der Astrologie, ernährt würde?

In der Tat enthält Keplers Nachlaß an die achthundert Horoskope – gewiß nicht alle auf Bestellung und gegen Honorar. Das berühmteste ist dasjenige, das der Hofmathematicus 1608 für einen unbekannten, jungen böhmischen Adligen anfertigte und das auf eine unglaublich präzise Weise Charakterzüge und Schicksale des künftigen Generalissimus Wallenstein offenbart: seinen Stolz, seine Menschenverachtung, Rücksichtslosigkeit und Egozentrik, seine steile Karriere, auch die Mißgunst der Menschen. Wallenstein hat Kepler später ganz in seinen Dienst genommen; es interessierte ihn dabei nicht der Wissenschaftler, sondern nur der Astrologe, dem er blind vertraute. Trotz Wallensteins Drängen hat es Kepler abgelehnt, diesem ein Horoskop für 1634 auszuarbeiten, weil im März eine für den General höchst ungünstige Konstellation der Planeten drohte. Wallenstein wurde am 25. Februar 1634 in Eger ermordet.

Die Zeit ist vorbei, in der Mythen und Legenden den Charakter der Völker geprägt haben. Aber für Jahrhunderte bestimmten sie ihre Eigenart, ihre Identität, ihr geistiges Profil. Die Werte haben sich verschoben, und das Heiligste früherer Epochen ist zum Kuriosum für Touristen geworden. Aber auch die scheinbar entzauberte Zeit hat ihre Kultfiguren und Mythen hervorgebracht, von Väterchen Masaryk, dem Befreier-Präsidenten, bis zur Heroengalerie der vorläufig letzten Machthaber. Der riesige Sockel auf dem Letnáberg, auf dem bis 1963 der geniale Führer des Weltproletariats stand, spricht eine verräterische Sprache. Die monumentale Selbstzelebration leidet an Kurzlebigkeit; was übrigbleibt, ist oft ein Witz, der den Götzen in die Hölle versetzt.

Stalin und sein treuer Prager Gefolgsmann Gottwald sind gestorben und warten auf Einlaß am Himmelstor. Sie hören gähnend die Engelschöre. Da kommt Stalin ein Einfall, und er schickt

Gottwald auf Erkundung nach unten. Gottwald fährt zur Hölle und vernimmt aus einem abgedunkelten Raum heißen Jazz, sieht auf Hockern schöne Mädchen und auf der Bar scharfe Getränke. Außer Atem kommt er bei Stalin an: »Josef, pack deine Siebensachen, da unten ist was los!« – Unten angekommen, werden beide von Teufeln ergriffen, in Ketten geschlagen, in siedendes Öl gesetzt, mit Mistgabeln gestochen. »Nein!«, rufen die beiden. »Wir dachten an die andere Hölle, nebenan!« – »Ja«, grinsen die Teufel. »Das war unsere Propagandaabteilung.«

Vom Geist der Prager Gotik

Auftakt

»Dies Königreich fanden wir so verwahrlost«, schreibt Karl IV. in seiner lateinischen Selbstbiographie, »daß wir nicht eine einzige Burg antrafen, die nicht mit allen ihren Krongütern verpfändet gewesen wäre, so daß wir nirgends anders als in Bürgerhäusern wohnen konnten wie jeder andere Bürger. Das Prager Schloß aber lag seit den Zeiten Ottokars so verödet, zerstört und in Trümmern, daß es so gut wie dem Boden gleichgemacht war.«

Karl übertreibt. Als er 1333 nach Prag kam, das er als Kind verlassen hatte, fand er kein Trümmerfeld und keine Kulturwüste vor. Gewiß fehlten seinem Vater Johann von Luxemburg (1310–1346) die Ausdauer, das politische Geschick, der konstruktive Geist, wohl auch das Interesse, im angeheirateten Lande dauerhaft ordnend zu wirken. So pflegte er die Landesverwaltung an einzelne böhmische Magnaten geradezu zu verpachten und kehrte nach den Worten des Chronisten und Königsaaler Abtes Peter von Zittau immer nur kurz nach Böhmen zurück, um die Einwohner des Königreiches ausgeplündert und den gekrönten Abenteurer verfluchend alsbald wieder zu verlassen. Doch war die Abwesenheit des Herrschers nicht für alle Gruppen der böhmischen Gesellschaft gleich verheerend. So errangen die Städte gegen außerordentliche Steuern, die sie für den Fremden auf den Przemyslidenthron entrichteten, auch eine Reihe von Rechten. Die Altstädter konnten etwa den alten Zollhof am Teyn in Pacht nehmen (er heißt noch heute »Ungelt«) und das Stadtrichteramt ebenso wie das Patronatsrecht über die Teynkirche gewinnen. Nach außen manifestiert sich das neue städtische Selbstbewußtsein im Bau von Rathäusern. (Die Anfänge des Altstädter Rathauses gehen allerdings erst auf das Jahr 1338 zurück.) So bereitete sich unter der Oberfläche feudaler Anarchie und der Herrschaft der großen Adelsgeschlechter so manches vor, das sich dann unter günstigeren Verhältnissen schnell entfalten konnte.

Die eigentliche große Zeit der böhmischen Gotik fällt tatsächlich in die Regierungszeit Karls IV. (1346–1378). Gotik signalisiert nicht nur spirituelles Streben nach oben, geistige Konzentration auf eine mystische Frömmigkeit, die der Kampf mit dem Drachen der Sünde in der Georgsstatue vor dem Veitsdom veranschaulicht. Parallel dazu bedeutet Gotik Ausdehnung der Zivilisation, Wachstum der Städte, Erschließung des Landes. Dies war die Grundlage einer außerordentlichen Machtstellung des Przemyslidenstaates in Mitteleuropa, die sich schon Wratislaw II. 1158 in Form einer persönlichen Rangerhöhung zum König politisch gutschreiben konnte. Insbesondere das 13. Jahrhundert brachte den Aufschwung Böhmens auf der Basis von Silberbergbau und Städtegründungen mit sich. In diesem Zusammenhang ist auch die Gotik, ein Jahrhundert vor Karl IV., nach Prag gekommen, zuerst wohl unter König Wenzel I. (1230–1253), den wir schon als Bruder der Äbtissin Agnes kennen. Den neuen Stil führten vor allem die zahlreichen Orden ein: Benediktiner, Franziskaner, die neben ihren Klöstern überall große Kirchen bauten – ein Zeichen für erhebliche finanzielle Mittel, aber auch für missionarischen Glaubenseifer. Das Rippengewölbe ermöglichte eine bisher unerreichte Höhe; mit der Durchbrechung der Wände des Kirchenschiffes entstand zugleich mehr Helligkeit gegenüber dem Dämmerlicht der romanischen Bauten.

Die neuen Orden siedelten sich in Prag zumeist am Rande der Altstadt an, wobei ihre Bauweise auch auf die umliegenden Bürgerhäuser übergriff. Noch heute bildet der nach 1230 entstandene linsenförmige Gallimarkt (Havelský trh) zwischen Kohlen- und Obstmarkt eine erkennbare Struktur mit einheitlicher, urbaner Gestaltung. Ein anderes Zentrum war das schon erwähnte Agnes-Areal an der Moldau. Die Gotisierung erfaßte allmählich noch andere Teile der Altstadt, etwa die Umgebung des Minoritenklosters St. Jakob; frühgotischer Herkunft ist auch der Turm des rekonstruierten Hauses Zur Glocke (Nr. 605-I) auf dem Altstädter Ring. Typisch ist das Aufsetzen gotischer Obergeschosse auf romanische Baukörper, die durch allmähliches Ansteigen des Straßenniveaus in Keller verwandelt wurden. Im Kellergeschoß des Altstädter Rathauses ist noch die Struktur des alten Wölflinschen Hauses sichtbar geblieben; eines von vielen Beispielen frühgotischer Architektur auf romanischer Grundlage ist das Haus Nr. 548-I an der Einmündung der Eisengasse (Železná) in den Altstädter Ring.

Der Aufschwung des Landes brachte es mit sich, daß Land, Hof, Kirche weit stärker als schon bisher mehrsprachig wurden – Anlaß zu Mißstimmungen. Von Przemysl Ottokar II. (1253–1278) schrieb der Benediktinerabt Neplach von Opatovice, daß er »begann, die eigenen Leute zu verachten und Fremde ins Land zu rufen«; daß er »ganze Gebiete, wie den Elbogener, Trautenauer und Glatzer Kreis den Deutschen ausgeliefert und sein Volk zurückgestoßen« habe. Der kriegerische König kämpfte um Preußen und Litauen (die Gründung von Königsberg geht auf ihn zurück), gewann Kärnten und Krain, scheiterte aber schließlich an dem noch unbedeutenden Grafen von Habsburg. Seine Tante, die Äbtissin Agnes, soll ihm beim Abschied vor dem Kampf gegen Rudolf gesagt haben: »Du gehst, aber kehrst nicht mehr zurück, denn alle die Deinen sind gegen dich.« Der böhmische Hochadel hatte weder Verständnis für die ehrgeizige Ostpolitik der Przemysliden, den Griff nach der Kaiserkrone, noch für die Einführung des Studium generale in Prag.

Mit Ottokar ist der Bau zahlreicher Königsburgen verbunden, auch der Ausbau des Hradschins, dessen gefährdete Westseite mit Gräben und festen Mauern gesichert wurde. Vieles von den Palastbauten »des hoesten Kunig / der unter Krone je ward bekannt / Von Behaim Ottokar genannt«, einem Anziehungspunkt für Minnesänger aus aller Welt, ging beim Brand der Burg im Jahre 1303 verloren, anderes wurde beim späteren Neubau des Veitsdoms abgerissen. Unter Przemysl wurde auch die Bischofspfalz an der linken Flußseite nahe der Einmündung der Judithbrücke befestigt: später konkurrierte sie als Machtzentrum mit dem Hradschin. Südlich davon, unter eigenem Recht und gleichfalls mit Türmen und Mauern umgeben, die Johanniterkommende um den Malteserplatz. Die romanische Basilika stand im jetzigen Vorhof von »St. Maria unter der Kette«; Reste des Klosters und des Spitals wurden am Grandprioratsplatz gefunden.

Im Anschluß an diese beiden Komplexe und entlang der alten Handelswege nach Westen, der Spornergasse (Nerudova), und nach Süden, der Karmelitergasse, entstand ab 1257 nach Magdeburger Recht die *Nova civitas sub castro Pragensi*, später Kleinseite genannt. Przemysl Ottokar II. vertrieb von dort die ursprüngliche slawische Bevölkerung und berief deutsche Kolonisten, vor allem Kaufleute. Sein Motiv war in erster Linie, die

Sicherheit der Prager Burg zu erhöhen: Feste Mauern und Türme schützten die Stadt, über die die Altstädter keineswegs erfreut waren, insbesondere nach Osten und Westen. Das Strahower (West-)Tor lag schon in der Mitte der heutigen Nerudova, das Aujezder (Süd-)Tor gleich hinter dem schräg ansteigenden, quadratischen Markt, der ein Achtel der neuen Stadt einnahm und in dessen Mitte die 1283 eingeweihte gotische Pfarrkirche St. Nikolas stand. Die neugezogene Brückengasse verband ihn mit der Judithbrücke und der Altstadt. Am Thomaskloster und hinter dem heutigen Waldsteinplatz war die Stadt im Osten schon zu Ende.

Der spätere barocke Umbau hat die ursprüngliche gotische Anlage der Kleinseitner Gotteshäuser fast unkenntlich gemacht. Dennoch sind zwei wichtige Kirchen nachweislich frühgotische Gründungen: die beiden Westtürme von St. Maria der Johanniter, die bei dem Brand von 1420 ebenso stehen blieben wie 1503, ragen bis heute in wuchtiger Gotik weiß zum Himmel; ebenso läßt die Thomaskirche der Augustiner-Eremiten hinter ihrer barocken Form den gotischen Kern erkennen. – Die Frühgotik setzte sich auch auf dem rechten Moldauufer, in der romanischen Altstadt, durch; etwa das Spital der Kreuzherren mit dem roten Stern auf der Altstädter Brückenseite, dessen spätere Bauten die mittelalterliche Anlage nicht mehr erkennen lassen. Weiter flußabwärts ist jetzt in seiner ursprünglichen Pracht der St.-Salvator-Chorraum im Agneskloster als Galerie wiedererstanden – ein klassisches Werk böhmischer Frühgotik um 1275, wahrscheinlich nordfranzösisch beeinflußt. Unweit davon das berühmteste frühgotische Baudenkmal in Prag: die zweischiffige sogenannte Altneusynagoge, die mit dem Tonnengewölbe ihres Vorraums, ihren engen Spitzbogenfenstern und Ziegelgiebeln, ihren Blattkapitellen eine überraschende Verwandtschaft mit den gleichzeitigen südböhmischen (und schwäbischen) Zisterzienserklöstern aufweist.

Von den über zehn Meter hohen und zwei Meter dicken Stadtmauern sowie den 13 Altstädter Toren der Zeit um 1300 ist kaum etwas erhalten; allein im Schulzenhaus (Nr. 404-I) hat man das Gallitor entdeckt. Die Ummauerung war Ausdruck von Sonder-

An seiner Nordostseite hat der Hradschin Burgcharakter behalten

recht, auch von bewaffneter Macht – die nicht nur gegen fremde Einfälle auf die Waagschale fiel, sondern auch gegenüber dem einheimischen Adel. Die Stadt ist Markt und Einnahmequelle, aber bietet den Herrschern häufig auch Schutz und Unterstützung gegen intrigierende Magnaten. Die deutschen städtischen Patrizier, in deren Händen das Stadtregiment liegt und die sich im umliegenden Land einkaufen, fühlen sich dem Adel ebenbürtig. Nach der Ermordung des letzten männlichen Przemysliden Wenzel III. (1306) kommt es zu Kämpfen, in die auch die städtischen Geschlechter eingreifen, aber ohne einen starken König bleibt ihr Potential ungenutzt. So unterstützen sie schließlich die von Zisterzienseräbten geführte luxemburgische Partei, die Johann, den Sohn Kaiser Heinrichs VII., auf den böhmischen Thron bringt. Im Dom von Speyer wird ihm die um vier Jahre ältere Erbin des Przemyslidenreiches, Elisabeth, angetraut.

Unter Johann von Luxemburg konnten die großen Adelsgeschlechter ihre Herrschaft noch ausbauen; der König, der sich in seinem Lande nicht durchzusetzen vermochte, erweiterte zumindest dessen Grenzen nach Nordosten: Die Oberlausitz und fast alle schlesischen Herzogtümer wurden ihm lehenspflichtig. Auch Prag erweiterte sich. Unter Johann entstand westlich des Hradschins der trapezförmige Markt der Burgstadt; ihre Wälle sind noch in der Loretogasse sichtbar. Ein steiler Weg an der Stelle der heutigen Rathaustreppe verband diese dritte Stadt mit der Kleinseite; das neue Strahower Tor wies den Weg am 1140 von Steinfeld/Eifel gegründeten Prämonstratenserkloster vorbei nach Westen.

Auch die Gotisierung der Altstadt ging weiter: die Dominikanerinnen von St. Anna bauten Kloster und Kirche unweit des Altstädter Brückenkopfes; in den siebziger Jahren des 19. Jahrhunderts wurden sie aufgehoben. Ihre eindrucksvollen Reste, die eine Druckerei beherbergen, warten auf eine Wiederherstellung. Weiter nördlich bauten die Franziskaner von St. Jakob eine (1689 ausgebrannte, dann barockisierte) 30 Meter hohe Konventskirche; Sakristei und Chor stellen einen Gipfel der Baukunst der Bettelorden dar. Unweit des sogenannten Zderaztores, am Bergstein (Perštýn), begründete Bischof Johann von Dražitz 1310 die zweischiffige Kollegiatskirche St. Ägidien: Der Hallenbau ohne Chor läßt unter dem barocken Mantel klar einen gotischen Kern erkennen. Im zweiten Viertel des 14. Jahrhunderts entstand auch die heute ebenfalls barocke Galluskirche inmitten des Gallimarktes.

Die intensive Bautätigkeit war wohl nicht nur Ausdruck eines weltabgewandten gotischen Strebens nach frommer Vervollkommnung. Weltliche Interessen spielten, wie immer, in die geistigen Auseinandersetzungen hinein. Bischof von Dražitz, übrigens bewußter Tscheche, der die Deutschen eine *nacio perversa* nannte, befand sich im Dauerstreit mit den fremden Bettelorden, die außerhalb seiner Jurisdiktion standen und als bessere Prediger dem Weltklerus Anhänger abspenstig machten. 1334 kam es zu einer regelrechten blutigen Auseinandersetzung zwischen Franziskanern und Pfarrklerus. Man einigte sich endlich auf päpstliche Anweisung auf den Kompromiß, daß die Ordensbrüder zu anderen Zeiten als der Pfarrklerus predigen und ein Viertel ihrer Einnahmen (aus Beichten, Begräbnissen usw.) dem jeweiligen Pfarrer abtreten sollten.

Nationale Fronten bilden sich aus den sozialen und kirchlichen Gegensätzen – oft ausgehend vom einheimischen Adel, dem die ausländischen Höflinge verhaßt waren, deren modischen Extravaganzen die Böhmen aber nacheiferten, wie Peter von Zittau stöhnte. Der ungeschliffene, kriegerische Landadel mochte ebensowenig das deutsche Stadtbürgertum, gewiß nicht ohne Neidgefühl gegenüber dem reichen Patriziat und seinem Luxus. Erste tschechischsprachige weltliche Literaturwerke sind aus der Zeit nach 1300 belegt, darunter eine Reimchronik (der sogenannte *Dalimil*), die den Königen und Herren empfiehlt, lieber einheimische Bäuerinnen als Deutsche zur Frau zu nehmen: Mit letzteren kommen fremde Sprache und fremde Sitte. Deutschfeindliche Spitzen enthalten auch weitere weltliche Werke, während die *Königsaaler Chronik* des Peter von Zittau eher die Herrschaft des räuberischen (tschechischen) Adels anprangert. In den Klöstern blüht die Illuminationskunst; ein hervorragendes Beispiel davon bietet das Passional der Äbtissin Kunigunde von St. Georg, einer Tochter Wenzels II. (um 1330). Auf seiner Titelseite werden erstmals der böhmische Löwe auf rotem Feld und der St.-Wenzels-Adler abgebildet.

Pater patriae

Burgpalast, Veitsdom, Moldaubrücke, das städtebauliche Riesenprojekt der Neustadt, die 1348 gegründete Universität, das Meer von Türmen – diese unverwechselbaren Anhaltspunkte des Prager Stadtbildes sind bis heute sichtbare Symbole von Karls IV. intensiven Bemühungen um den Ausbau seiner Hauptstadt. Man kennt seine Rechtskodifikationen, die Goldene Bulle von 1356 insbesondere, die die Nachfolge im Reich ordnete, seine Majestas Carolina, die die inneren Rechtsnormen der Länder der böhmischen Krone zusammenfassen, den Untertanen mehr Rechtsschutz gewähren, aber auch den Heimfall erbenloser Güter durchsetzen wollte, jedoch am heftigen Widerspruch des Adels scheiterte. Weniger weiß man von seinen großen Handels- und Kanalbauplänen, seinen kulturellen Aktivitäten; all das zeigt einen unerhörten Elan, eine Organisationsfähigkeit und Rationalität, zu der Karls »mittelalterliche« Züge – seine Gralsburgen und Reliquiensammlungen, seine mystische Religiosität und Fürsorge um die Kirche – auf den ersten Blick nicht recht passen wollen. In der Tat stand der Kaiser »modernen« Theoretikern des eigenständigen Staates, wie Marsilius von Padua, kritisch gegenüber; andere, wie Petrarca, bemängelten seinen fehlenden Willen zur Wiederherstellung eines echten Imperiums: »Als römischer Kaiser wirst du nur König von Böhmen genannt werden.«

Karl IV., Enkel des von Dante apostrophierten Luxemburgerkaisers Heinrich VII. und mütterlicherseits des von Minnesängern gerühmten Przemyslidenkönigs Wenzel II., fehlte es nicht an Selbstbewußtsein. Schon als Kind an den Hof des gleichnamigen französischen Königs Karl IV. gesandt und mit dessen Verwandter Blanche von Valois verheiratet, nimmt er in Paris die Atmosphäre der ausgehenden Ritterkultur auf, auch geistige Einflüsse: die Universität, nach deren Vorbild er später die Prager Gründung ausrichtet, die Predigten des Benediktinerabts Pierre Roger de Rosiers, der ihm das geistige Erbe des Augustinus nahebringt (sie bleiben in Kontakt, auch nachdem de Rosiers Papst Clemens VI. geworden ist).

1330 beruft König Johann den Sohn ab, der – eine Ausnahme unter den Herrschern des 14. Jahrhunderts – lateinisch, französisch, später auch italienisch, deutsch und tschechisch zu sprechen und zu lesen gelernt hat. Im Frühjahr 1331 wird Karl, 15jährig, Vertreter seines Vaters in dessen über Nacht zusammengewürfelter – und über Nacht wieder zerfallener – nord- und mittelitalienischer Herrschaft. Ob der junge Luxemburger dabei etwas von Giotto oder Petrarca bemerkte, muß bezweifelt werden: Petrarca selbst verglich damals Johann mit einem beutegierigen Wolf. Eher dürfte Karl klargeworden sein, daß ohne Unterstützung des Papstes in der großen Politik nichts durchzusetzen war. Er überstand einen Giftanschlag, eine Schlacht – und dankte der heiligen Katharina zeitlebens ihren Beistand –, auch Anschläge auf seine Moral (darüber erzählt er selbst ein Traumerlebnis, das ihn den lockeren Sitten der Umgebung seines Vaters entfremdete). Im April 1333 wurde das »böhmische« Heer bei Ferrara vernichtend geschlagen.

Damit war das lombardische Abenteuer der Luxemburger zu Ende, und Karl, ursprünglich auf den Namen Wenzel getauft, kehrte im Herbst ins Land seiner Mutter zurück – sie selbst war vor drei Jahren gestorben und lag im Kloster Königsaal bei Prag begraben. Als Markgraf von Mähren vertrat Karl den unruhigen Vater, der ständig von außen in die böhmischen Angelegenheiten hineinregierte, etwa mehrere von Karl freigekaufte Burgen und Königsgüter wieder verpfändete und auch ihn in seine Kärntner, Tiroler und polnischen Händel hineinzog. Nach einem vorübergehenden Zerwürfnis zwischen Vater und Sohn wurde Karl endlich 1341 als Nachfolger des völlig erblindeten Johann anerkannt.

Papst Clemens braucht die Luxemburger als Verbündete gegen den eigenwilligen, mit wiederholten Bannbullen gestraften Kaiser Ludwig den Bayern; Karl reist nach Avignon und erreicht die Erhebung des Prager Bistums zum Erzbistum sowie das Versprechen päpstlicher Unterstützung bei seiner eigenen Kaiserkandidatur. Damit löst sich Böhmen aus der Unterordnung unter Mainz (seit 973) – das mährische Olmütz und das neue Bistum Leitomischl werden Prag unterstellt, nicht aber Breslau, Regensburg und Meißen, wie Karl möchte. Am 21. November 1344 wird zugleich der Grundstein zur neuen Kathedrale auf dem Hradschin gelegt. Ludwig der Bayer, gegen den Avignon einen weiteren Bannstrahl schleudert, mit dem seine Untertanen sogar zum Aufstand aufgefordert werden, muß ohnmächtig zusehen, wie sich die Kurfürsten von ihm abwenden und (mit Ausnahme

Brandenburgs und der Pfalz, die von Verwandten Ludwigs beherrscht werden) den Markgrafen von Mähren zum deutschen König wählen.

Wilhelm Ockham macht sich noch über den Gegenkönig als *rex clericorum* lustig, der sich weder in Aachen noch in Köln, sondern nur in – Bonn krönen lassen konnte. Aber sein verketzerter kaiserlicher Gönner kommt noch im selben Jahr unbesiegt bei einer Bärenjagd ums Leben. Damit ist der Weg für Karl, dessen Vater im August bei Crécy ebenfalls gefallen war, sowohl im Reich wie in Böhmen frei. Auf dem Gallimarkt, wo 50 Jahre zuvor, 1297, auch sein Großvater Wenzel II. gekrönt wurde, setzt Erzbischof Ernst von Pardubitz am 2. September 1347 dem 31jährigen die zu diesem Zweck umgeformte Sankt-Wenzels-Krone aufs Haupt. Am anderen Tag gründet Karl vor dem Gallitor ein Karmeliterkloster (heute Torso der Kirche Maria Schnee).

Karl festigt in den folgenden Jahren durch erfolgreiche Diplomatie seine Stellung im Reich (unter anderem durch eine Heirat mit Anna von der Pfalz, der Tochter eines bisherigen Gegners, eine Heirat, die ihm eine Reihe oberpfälzischer Lehen einbringt). Im März 1348 schon legt er den Grundstein für die Prager Neustadt, die sich in einem weiten Bogen zwischen dem Wyschehrad und der alten deutschen Kaufmannssiedlung Sankt Petri um die Altstadt spannt. Eine massive, fast vier Kilometer lange Stadtmauer mit zahlreichen Türmen und vier Toren (dem Peterstor am Ende der Petersgasse, dem Bergtor am Ende der heutigen Hibernergasse, dem Prokopstor am Ende des Roßmarktes an der Stelle des Nationalmuseums, sowie dem Johannistor am Ende der Gerstengasse, an der Stelle des heutigen I. P. Pavlov-Platzes) soll in nur zwei Jahren erbaut worden sein; die Altstädter, zunächst verärgert über ihre Umschließung, erhalten gesicherte Durchfahrt, ja Eigentumsrecht an zweien der Tore.

Der 60 Meter breite und dreiviertel Kilometer lange Roßmarkt (der Wenzelsplatz) teilt die Neustadt in eine obere und eine untere mit je einem zentralen Markt (dem Heuwaagsplatz, heute Gorkiplatz, und dem acht Hektar großen Viehmarkt, dem heutigen Karlsplatz). Auf fast 350 Hektar verdoppelte sich die Fläche der Prager Städte, die nach dem Willen des Gründers ein Ganzes bilden sollten – aber keineswegs bildeten, ja es gab in den Prager Städten verschiedene Maße und Gewichte. Auch wenn mehrere ältere Ansiedlungen einbezogen wurden und lästige, lärmende, übelriechende Gewerbe aus der Altstadt auszogen, konnte der riesige Raum nicht gleich voll besiedelt werden; innerhalb von vier Jahren entstanden etwa 600 Häuser, doch blieben weite Flächen leer, insbesondere das Terrain südöstlich des Viehmarktes, Gärten und Felder, aus denen nur die Türme von St. Katharina und St. Apollinaris sowie der Karlshof emporragten – weithin sichtbare Orientierungspunkte bis heute.

Der Bau der Pfarrkirchen der oberen und unteren Neustadt, St. Heinrich und St. Stephan, zog sich bis ins 15. Jahrhundert dahin. Dagegen konnte die Marienkirche des Benediktinerklosters Emmaus in den Jahren zwischen 1348 (Gründung) und 1372 (Einweihung) vollendet werden. In das Kloster, das sich südwestlich, zur Moldau und zum Wyschehrad hin, an den Viehmarkt anschloß, wurden Mönche des vergessenen slawischen Ritus berufen; Karl erwirkte beim Papst die Erlaubnis zu seinem Gebrauch. Über seine Motive streiten die Historiker: Bewußtes Slawentum war es kaum. Kirche und Kloster sind bei einem Luftangriff am Ende des Zweiten Weltkrieges durch einen bösen Zufall zerstört, später mit einem nicht ganz unproblematischen Turmaufsatz wieder aufgebaut worden.

Zu den rätselhaftesten Bauten Karls IV. gehört der Zentralbau Mariä Himmelfahrt und Karls des Großen auf dem höchsten Punkt der Stadt, am Südrand über dem Botič-Tal. Der Kuppelbau auf einem Oktogon gehörte zum 1350 gegründeten Kloster der Augustiner-Chorherren, vielleicht der Aachener Grabrotunde Karls des Großen nachempfunden; wie die ursprüngliche, eingestürzte Kuppel aussah, wissen wir aber nicht. Auf Sadelers Stich von 1606 ist auf dem Viehmarkt ein weiterer interessanter zentraler Kirchenbau zu sehen – die 1791 abgerissene Fronleichnamskirche mit sternförmig angegliederten Kapellen und Zentralturm. In diesem wurden an hohen Feiertagen nach Karls Willen die Krönungsinsignien und Reliquien des Heiligen Römischen Reiches ausgestellt.

Verschwunden ist der monumentale Umbau des Wyschehrads, auf dem ein Königspalast, ein fünfschiffiger Dom und zahlreiche weitere Bauten entstanden: Die Hussiten und der Befestigungsbau des 17. Jahrhunderts haben nichts davon übriggelassen. Auf dem linken Moldauufer erweiterte Karl die Kleinseite bis zur –

noch heute stehenden – sogenannten »Hungermauer«, wodurch das Strahower Kloster auf dem Zionsberg sowie große Gartenflächen in die Stadtmauern einbezogen wurden. Die Kleinseite nahm schon jetzt den Charakter einer Residenzstadt an, in der hervorragende Persönlichkeiten ihre Paläste errichteten. Der Sächsische Hof steht noch heute in der Brückengasse; dahinter befand sich das Haus des Mainzer Erzbischofs. Auch vom stolzen Sitz der Prager Erzbischöfe ist nur noch ein gotischer Turm im Hof eines Hauses in der Brückengasse übrig; nach 1918 wurde für die junge Republik an seinem Platz ein Finanzministerium gebaut und der Platz davor nach Erzbischof von Dražitz benannt.

Auf dem Hradschin entstand im Anschluß an die Schaffung des Erzbistums unweit der romanischen St.-Veits-Basilika, die ihm allmählich weichen mußte, ein neuer Dom, dessen erster Baumeister, Matthias von Arras, den Chor mit einem Kranz von fünfseitigen Kapellen umgab. Nach seinem Tod (1352) setzte der erst 23jährige Peter Parler aus Schwäbisch Gmünd sein Werk fort; das Fenster-Maßwerk verläßt völlig die Arrassche Tradition, die Wände werden in Fenster aufgelöst. 1366 vollendet Parler zur Aufbewahrung der Krönungskleinodien die St.-Wenzels-Kapelle, für die sein Sohn Heinrich die Statue des Heiligen schuf, der in ihr in einer goldenen Tumba ruht. Aus der Parlerhütte sind auch das Grabmal der Przemyslidenherrscher im Dom sowie 21 Porträts des Kaisers und seiner Familie, kirchlicher Würdenträger und Baumeister des Doms auf dem Triforium der Domgalerie hervorgegangen. Hier löst sich die Plastik erstmals aus der Dienstbarkeit an der Architektur, atmet schon fast renaissancehaft einen Geist der individuellen Persönlichkeit. – Der Dom ist fast fünfhundert Jahre lang Torso geblieben. Erst in den letzten Jahrzehnten des 19. und Anfang des 20. Jahrhunderts haben ihn J. Mocker und K. Hilbert nach Kölner Vorbild akademisch-kühl, puristisch zu Ende gebaut. Man fühlt, daß dem Monumentalen der Geist fehlt, der seine ersten Erbauer beseelt hat.

Deren größtes Profanwerk entstand an der Moldau. Hier hatte seit dem 12. Jahrhundert eine romanische, nach Judith, der thüringischen Gattin des ersten Böhmenkönigs Wladislaw, benannte

Blick ins Chorgewölbe des Veitsdoms

21bögige Brücke gestanden – sie war etwa gleichaltrig mit ihrer Avignoner Schwester. 1342 war sie eingestürzt und mußte durch ein hölzernes Provisorium ersetzt werden. Parlers wuchtiger Neubau bezog nur wenig von der Judithbrücke, vor allem ihren Kleinseitner Turm, mit ein. Die Brücke wurde um 2,5 Meter breiter und 4 bis 5 Meter höher als ihre Vorgängerin; leicht gekrümmt, ist das über 500 Meter lange Gebilde aus Sandsteinquadern erst nach Peter Parlers Tod (1399) vollendet worden. Der Figuralschmuck am einzigartigen Altstädter Brückenturm mit den Statuen des Stifters und seines Sohnes sowie der Landesheiligen ist nur auf der Altstädter Seite erhalten. Das Werk hat in den folgenden Jahrhunderten mehrfach Schaden erlitten, nicht nur durch Kriegshandlungen: Noch 1890 fielen drei der 16 halbkreisförmigen Bögen in die angeschwollenen Wassermassen. Auf dem Brückenturm hingen zehn Jahre die abgeschlagenen Köpfe der 1621 hingerichteten Führer der böhmischen Stände; hier wurde 1648 gegen die Schweden, 100 Jahre später gegen die Preußen und abermals 100 Jahre später zwischen Prager Revolutionären und General Windischgrätz gekämpft; hier entstand im Anschluß an die Tragödie des Nepomuk eine großartige Heiligengalerie. Und dazwischen strömte das Leben unaufhörlich in beiden Richtungen: Kaufleute, Handwerker, Soldaten, Prozessionen, Krönungszüge, Krämer, Bauersfrauen...

Von Karls weiteren Werken muß noch die Gründung der ersten Universität nördlich der Alpen und östlich von Paris erwähnt werden. Schon die ehrgeizigen Przemysliden hatten daran gedacht, ihre Hausmacht durch einen geistigen Mittelpunkt zu stärken, aber erst Karl gelang der Durchbruch. Die 1348 gestiftete Landesuniversität sollte vier Fakultäten und eine gemischte Verfassung haben: Das demokratische Element stellten die Magister, das monarchische der Erzbischof als Kanzler, dem noch bis 1873 die Doktoranden persönlich vorgestellt werden mußten. Die Neugründung entwickelte sich schnell zum Anziehungspunkt für zahlreiche Studenten aus ganz Mitteleuropa. »Und das böhmische Land wurde wegen dieses Studiums sehr berühmt und gefeiert in fremden Ländern; doch verteuerte sich das Leben, da ihrer hier eine so große Menge zusammengekommen war«, schrieb der Chronist Benedikt (Krabice) von Weitmühl. Die Universität wurde zum Vorbild für spätere Gründungen wie Heidelberg,

Wien, Köln, Krakau; durch direkte Abspaltung von ihr entstand nach 1409 die Universität Leipzig.

Obwohl sie ausdrücklich zu dem Zweck gegründet war, den Landeskindern einen »gedeckten Tisch« zu sichern, so daß sie nicht mehr »in der Fremde um Brocken betteln« müßten, waren nur etwa ein Fünftel der Magister und Studenten Tschechen; auch die »Polen« aus Schlesien waren zumeist Deutsche. Deutsch war die Universität dennoch keineswegs, sondern in der Sprache lateinisch und dem Inhalt nach übernational-scholastisch. Die vier Universitätsnationen werden übrigens nicht vor 1360 erwähnt; noch später konnte die Universität durch Gründung von Kolleghäusern (1366) die bisherige Abhängigkeit von den Orden lokkern. Andererseits verselbständigte sich 1372 die juristische Fakultät. – Allmählich wuchs auch eine tschechische Intelligenz heran, die sich gegenüber den reicher mit Pfründen versehenen deutschen Magistern benachteiligt fühlte. Eine neue Schriftkultur strahlte von hier, von der erzbischöflichen und der kaiserlichen Kanzlei aus; um deren Leiter, den hochbegabten Musenfreund Johann von Neumarkt, sammelten sich geschulte Juristen; Johann übersetzte selbst Cicero und Augustinus ins Deutsche (er starb 1380 als Bischof von Olmütz). Stadtschreiber, Lehrer an städtischen und Pfarrschulen, Notare, Gerichtsschreiber, Vikariatsbeamte, Beamte des Landesgerichts, der Grundherrschaften usw. erweiterten die Trägerschicht der bisher auf den Klerus beschränkten Schriftkultur. Weltliche Motive drangen in die Literatur ein.

Die ungeheure Bautätigkeit, auch Karls Gebietskäufe, etwa der Mark Brandenburg, kosteten das Land natürlich viel Geld. Außer allgemeinen Steuern, die der Kaiser nur mit Zustimmung des Landtags und mit Hilfe des Adels erheben konnte, hatte der Herrscher Anspruch auf Sondersteuern aus königlichen Städten und Klostergütern; eine noch wesentlichere Einnahmequelle kam aus der Münze: Vor allem die Kuttenberger Silberbergwerke warfen hohen Ertrag ab. Während Karl gewissenhaft für die Vollwertigkeit und Beständigkeit des Prager Silbergroschens zu zwölf Hellern sorgte, zeigte er in mancher Hinsicht weniger Skrupel. Das gilt etwa gegenüber seinen jüdischen »Kammerknechten«, die natürlich auch zu seinen Einnahmen beitrugen. Zwar kassierte er etwa von den Bürgern von Eger ein Bußgeld für ihr Pogrom von 1350; anderen Stadträten ließ er für finanzielle Aushilfe Schuldscheine ausschreiben und stellte deren Tilgung durch ein – im voraus amnestiertes – Judenpogrom in Aussicht.

Es wäre überhaupt unredlich, sich nur für die Lichtseiten, den karolinischen Glanz, zu begeistern und nicht nach denjenigen zu fragen, die den unzweifelhaften Aufschwung auf ihrem Rücken tragen mußten – insbesondere den hörigen Bauern. Doch scheinen sich unter Karl zumindest ihre sozialen und wirtschaftlichen Verhältnisse nicht verschlechtert zu haben. Die größeren von ihnen konnten möglicherweise für den Markt der zahlreichen neuen Städte produzieren und ihre Naturalleistungen vorteilhaft in Geldabgaben verwandeln; viele der kleineren wanderten in die Städte ab, wo sie zwar die Masse der Stadtarmen vermehrten, aber, solange die Baukonjunktur anhielt, auch Arbeit fanden. Der Kaiser versuchte vergeblich – in seiner Majestas Carolina –, die schlimmsten Auswüchse herrschaftlicher Willkürjustiz abzuschaffen; immerhin hörten unter seiner Regierung die früher häufigen feudalen Fehden und fremden Einfälle auf, unter denen die Bauern am meisten zu leiden hatten. So war es gewiß mehr als Nostalgie, wenn in den folgenden Wirren die Zeit Karls als das Goldene Zeitalter Böhmens verklärt wurde.

Hus und die Folgen

Revolutionen entstehen weder aus dem Willen von Einzelpersönlichkeiten noch einfach aus der Verschlechterung der materiellen Lage der Bevölkerung. Die Krise beginnt meist von oben, oder, wie ein tschechisches Sprichwort sagt: Der Fisch stinkt vom Kopf her. Karl hatte sich den Päpsten unentbehrlich gemacht und sich in der Regel auf sie stützen können. Nun war ein Schisma ausgebrochen, und die beiden Päpste beschuldigten sich gegenseitig der Ketzerei; entschied man sich für einen von ihnen, hatte man die andere Hälfte der Christenheit gegen sich. Die Autorität der Kirche litt – gelinde gesagt. Die Zeit relativer Ruhe war jedenfalls vorüber.

Karl hatte es durch geschickte Diplomatie verstanden, seine Position im Reich auszubauen und schließlich unangefochten zu machen. Seinem 1361 in Nürnberg geborenen und bei St. Sebaldus getauften Sohn Wenzel, den Karl schon mit zwei Jahren krönen und mit neun verheiraten ließ, fehlte das Geschick, die Gegensätze auszubalancieren, potentielle Gegner zu isolieren oder an sich zu binden; man sagte, er verwechsele Zeremonien mit Regieren. Der böhmische Adel schließlich, den Karl mit Erfolg kurzgehalten hatte, rebellierte nun überall; in den neunziger Jahren entwickelte sich daraus ein regelrechter Kleinkrieg. Der innere Frieden der böhmischen Länder, der den großen Aufschwung ermöglicht hatte, ging damit verloren, zumal ambitiöse Angehörige der Luxemburger Dynastie – von Mähren und Brandenburg bis Ungarn – die Autorität Wenzels als Familienchef nicht anerkannten, sondern mit dem rebellischen Adel paktierten und den König schließlich gefangennahmen. Des Königs Günstlinge ließen ihren Herrn im Stich und, »alle ihnen wiederholt erwiesenen Wohltaten vergessend, suchten sie nicht durch die Tore (des Stadthofes), sondern hinten über die Mauern zu fliehen. Wäre in ihnen mannhafte Tapferkeit gewesen, hätten sie nicht Übel und Schande über sich gebracht. Allen ist jedoch bekannt, daß aus Scheiße nie Muskat wird«, heißt es drastisch, aber wahr in einer zeitgenössischen Quelle.

1400 wird Wenzel in Oberlahnstein von den dort versammelten Kurfürsten als römischer König abgesetzt; der Gegenkönig Rupert besetzt die böhmischen Lehen in der Oberpfalz, der Markgraf von Meißen fällt in Böhmen ein; 1402 wird Wenzel nochmals gefangengenommen: Jetzt billigt auch der Papst seine Absetzung. Dem gedemütigten, einst gehätschelten Kaisersohn bleibt nur der Bereich seiner direkten Herrschaft, vor allem die königlichen Städte und Burgen, der Wein, die Jagd, die schönen Baderinnen. In Wutausbrüchen – wir kennen schon den Streit mit Erzbischof Jenstein, der in dem Tode von dessen Generalvikar Johann von Pomuk gipfelt (1393) – sucht er den gordischen Knoten zu durchschlagen.

Unter diesen Umständen erlahmte die Bautätigkeit zwar nicht völlig, ging aber erheblich zurück. So erhielt die Teynkirche beim Altstädter Ring in den achtziger Jahren noch ein monumentales Nordportal mit einem wundervollen Figurentympanon, der Dachstuhl über dem Hauptschiff konnte jedoch vor dem Ausbruch der Hussitenstürme nicht mehr gelegt werden. Das Altstädter Rathaus wurde aufgestockt und ausgeweitet; auch die Kapelle im Rathausturm erfuhr eine Vergrößerung um einen Trakt, an den sich im Südwesten ein Erker Parlerscher Prägung anschmiegt (1381 geweiht, 1945 zerstört). Der Bau der ersten Rathausuhr wurde um 1400 begonnen. Aber insgesamt war die Zeit der großen Vorhaben vorbei.

Als 1380 die Pariser Sorbonne in einen schweren Konflikt mit dem König geriet und zahlreiche Professoren auszogen, dachte Wenzel, diese für Prag zu gewinnen. Auf dem Gallimarkt ließ er das Haus des Münzmeisters Rothlöw zum Hauptgebäude der Universität ausbauen. Hier, im Collegium Carolinum (Karlskolleg), wohnten auch zahlreiche Magister der artistischen und der theologischen Fakultät, hier fanden Disputationen und Versammlungen statt. Infolge des Streits zwischen König Wenzel und Erzbischof Jenstein gingen jedoch die Pariser Professoren schließlich nach Wien, wo ihnen Herzog Albrecht bessere Bedingungen versprach. Weiterer Hader führte zum Exodus vor allem deutscher Magister nach Heidelberg. Der aus der Südfront des Carolinums herausragende gotische Erker mit kleinen Säulen, Baldachinen und Wasserspeiern ist Teil der damals entstandenen Universitätskapelle; in der großen Aula werden, allen Tragödien und Peripetien der Prager Universität zum Trotz, noch heute ihre Absolventen promoviert.

Noch zwei Prager Gründungen der Zeit Wenzels IV. verdienen immerhin Erwähnung. Am Rande der Altstadt, neben dem heutigen Pulverturm, steht ein kurz vor dem Ersten Weltkrieg gebautes Gemeindehaus in üppigem Jugendstil. An dieser Stelle ließ Wenzel seinen Königshof errichten, den er dem Hradschin vorzog: 1402 bei seiner Gefangennahme verwüstet, diente er später dem »hussitischen König« Georg von Podiebrad als Sitz. 1631 kaufte Erzbischof Harrach den Hof und errichtete darin ein Priesterseminar, das die Gegenreformation vorantreiben sollte. Im 18. und 19. Jahrhundert wurde er zur Kaserne, die 1902 abgerissen wurde. Die andere Gründung – die Bethlehemskapelle in der Nähe der Ägidienkirche – war Ausdruck des Bestrebens um Sittenreform und Ansprache breiter Massen durch die Predigt; dem Zweck entsprach der schlichte, trapezförmige Bau. Die 1391 gestiftete Halle, die um 3000 Personen aufnehmen konnte, blieb ohne

In der Bethlehemskapelle predigte Johannes Hus

Turm; die Balkendecke wurde von zwei Säulen getragen. Hier predigte seit 1402 Johannes Hus.

Die Zeit der Unrast, des Niedergangs, des Autoritätsverlustes sicherte Kritikern an den Übelständen großen Zulauf. Es war nicht nur der große Reichtum der Kirche, die 17 großen Herrschaften der Prager Erzbischöfe, die über hundert Dörfer allein des Domkapitels St. Veit (es gab vier weitere Kapitel!), die 76 Kirchen und 24 Klöster in Prag und die über 3500 Pfarrkirchen auf dem Lande; es war auch der krasse Gegensatz zur gepredigten Demut und Armut, die privilegierte Stellung und die Sittenverderbnis des Klerus, vor allem aber die Kommerzialisierung der kirchlichen Praxis, der »Simonie« genannte Handel mit geistlichen Pfründen, die manchmal von Inhabern ohne Weihen an Stellvertreter verschachert wurden, wobei die besonders einträglichen Benefizien gegen entsprechende Gebühren von Rom oder Avignon direkt vergeben wurden, bis hin zum schwungvollen Handel mit Reliquien und Ablässen. Große Prediger wie der österreichische Augustiner Konrad Waldhauser oder der zum Chiliasmus neigende Mährer Jan Milíč aus Kremsier hatten die kirchlichen Mißstände schon unter Kaiser Karl gegeißelt und nach Umkehr und Buße gerufen. Ein Visitationsprotokoll des Prager Erzdiakonats von 1379 bis 1382 zeigt, daß die Vorwürfe nur zu berechtigt waren: Raffgier, Trunksucht, uneheliche Kinder, Unwissenheit des Klerus sind immer wiederkehrende Tatbestände. Ein dritter Prediger, der Pariser Magister Matthias von Janow, der auch Bibeltexte ins Tschechische übersetzte, verwarf schärfer als Milíč die verweltlichten Praktiken der Kirche, den Bilder- und Reliquienkult, sogar das Mönchswesen.

Die sublime Geistigkeit mußte sich nicht nur als Kritik und Reformwille nach außen wenden, sondern fand ihren Ausdruck auch als künstlerische und literarische Gestaltung. Der Hohenfurther und der Wittingauer Altar, die unzähligen holzgeschnitzten Madonnen, die illuminierte Wenzelsbibel, der *Ackermann aus Böhmen* des Johannes von Tepl, die vielen geistlichen Lieder und Bibelübersetzungen in beide Landessprachen sind nur einige aus der Zerstörung gerettete Beispiele einer später kaum mehr erreichten kulturellen Schöpferkraft und Meisterschaft. Die geistigen Energien drängten aber auch nach außen, wollten immer breitere Schichten erfassen. So entstand eben aus dem Kreis Milíčs – der selbst zum Widerruf gezwungen wurde und immerhin im Veitsdom begraben liegt – jener Gedanke einer tschechischen Predigtkirche, der schon erwähnten Bethlehemskapelle. Gotische Paradoxe? Der Name der 1954 als revolutionäres Denkmal wiedererrichteten Kapelle kam daher, daß die Stifter sich im Besitz der Reliquie eines der von Herodes ermordeten bethlehemitischen Kinder glaubten.

Zu den kirchlichen Mißständen kamen die gesellschaftlichen und wirtschaftlichen. Der Fernhandel stockte, auch infolge des unaufhörlichen Kleinkriegs im Lande, die niedrigeren Einnahmen der königlichen Kammer zwangen zum Anziehen der Steuerschraube und zur Verschlechterung der Münze. Auch der Adel suchte seine Einkünfte anzuheben. Prediger, aber auch Erzbischof Jenstein, prangerten die »Heimfall«-Praktiken der Obrigkeiten an, die beim Tode eines Untertanen von den Erben erhebliche Summen eintrieben. Ein Traktat zu diesem Thema hat auch Hus verfaßt: ein Zeichen dafür, wie aktuell die Frage geworden war.

Für Hus (1371–1415) entscheidend war die Begegnung mit den Schriften des englischen Reformators und Neuplatonikers John Wiclif, der die Rückkehr der Kirche zur evangelischen Armut gefordert und gelehrt hatte, wer in Sünde lebe, ob Kleriker oder Laie, gehe der Gnade Gottes verlustig, dürfe also auch kein Amt ausüben – wahrhaft revolutionäre Ansichten, zu denen die ketzerische Behauptung kam, daß sich das Brot beim Abendmahl nur symbolisch, nicht wahrhaftig, in Christi Leib verwandle (Remanenzlehre). Offen blieb, wer über den Lebenswandel, etwa des Klerus, entscheiden, auch, an wen die Kirche ihr Eigentum abgeben solle. Doch schien Wiclif eine Lösung anzudeuten, indem er Bibelübersetzungen in die Volkssprache förderte; allerdings lehnte er, wie später Luther die Bauernkriege, den englischen Volksaufstand von 1381 ab.

Noch vor 1400 gelangten Wiclifs Schriften nach Prag. 1403 kam es auf Gesuch des Erzbischofs zur Disputation über Wiclif an der Universität; Hus und einige seiner älteren tschechischen Kollegen nahmen sich seiner an, aber blieben in der Minderheit. Mit dem Streit um Wiclif verband sich ein philosophischer, nämlich ob die Begriffe den realen Dingen innewohnen (»Realismus«) oder aber bloße Namen sind (»Nominalismus«), sowie ein nationaler. Hier waren oft allzumenschliche Motive am Werk – etwa die materielle Sicherung der Magister und Studenten in den Kollegienhäusern. Mit der Gründung neuer Universitäten von Krakau bis Heidelberg hatte sich das böhmische Element an der Universität verstärkt; auch im Stadtbürgertum, vor allem in der Neustadt, drängten tschechische Aufsteiger in die bestehenden Institutionen nach. Soziale und theologische Gegensätze wurden so wiederum durch die nationalen verstärkt.

In einer Situation, in der König Wenzel die Einberufung eines allgemeinen Konzils zur Beilegung des päpstlichen Schismas unterstützte, glaubte die Mehrzahl der deutschen Magister, wie wir in anderem Zusammenhang gesehen haben, den Gehorsam gegenüber dem römischen Papst Gregor XII. beibehalten zu müssen; zugleich hielten sie starr am Anti-Wicliffismus fest. Daraufhin befahl Wenzel, der sich gerade in der Bergbaustadt Kuttenberg aufhielt, die böhmische Nation, womit nicht ausschließlich die tschechisch sprechende gemeint war, solle künftig in allen Universitätsgremien über drei, die gesamten Ausländer über nur mehr eine Stimme verfügen (»Kuttenberger Dekret«). Als sich die deutschen akademischen Würdenträger seiner Anordnung nicht fügen wollten, ließ er sie einfach absetzen und dem Rektor Henning von Baltenhagen die Universitätsinsignien abnehmen. Die Betroffenen reagierten mit dem Auszug aus Prag, die meisten gingen an die neugegründete Universität Leipzig.

Der kurzsichtige königliche Gewaltstreich vom 18. Januar 1409 gegen die »Zugewanderten ohne Einwohnerrecht« hat die Prager Universität nicht in eine tschechische verwandelt, wohl auch die Zahl der Studenten nicht wesentlich reduziert, aber auf die Dauer qualitätsmindernd gewirkt. Spätere politische Eingriffe in die von Karl IV. verfügte Autonomie, nationale oder ideologische Dekrete und Säuberungen, haben in der Nachfolge des Kuttenberger Dekrets immer wieder den akademischen Freiraum zerstört, haben wissenschaftliche Fragen zu Machtfragen werden lassen. Selten haben die Eingriffe auch nur der momentan siegreichen Partei genutzt.

Schon ein Jahr darauf mußte Hus, im Dezember 1409 zum Rektor gewählt, gegen die Konfiskation und Verbrennung von Wiclifs Schriften durch den Erzbischof als unzulässigen Eingriff in die Freiheiten der Universität protestieren; in einem Traktat, *De libris hereticorum legendis*, äußerte er, daß das Lesen von ketzerischen Büchern durchaus nicht schaden müsse. Hinter Hus stand immer noch die königliche Macht, während der Erzbischof Zbyněk von Hasenburg, der ursprünglich die Reformbewegung unterstützt hatte, nun auf orthodoxe Positionen einschwenkte, zeitweise sogar ein Interdikt (Verbot geistlicher Handlungen) über Prag erließ und 1411 einen Bann gegen Hus erwirkte. Die Maßnahmen wurden nicht beachtet, ja der König griff wie zwei Jahrzehnte zuvor zunächst energisch gegen die Anhänger des Erzbischofs ein. Zum Bruch zwischen Wenzel und Hus kam es 1412, als Hus scharf die Ablaßpraktiken des neugewählten Papstes kritisierte; der immer noch auf seiner römischen Königswürde bestehende Luxemburger konnte sich aber keinen neuen Konflikt leisten. Damals fielen auch manche Anhänger der Reform von dem inzwischen exkommunizierten Hus ab, der sich von der unwürdigen Kirche abwandte und sich auf ihr wahres Haupt Christus berief. Seine Antwort auf den verschärften päpstlichen Bann hing am Tor der Moldaubrücke; doch der König, der Ruhe haben wollte, forderte nun den unerschrockenen Prediger auf, Prag zu verlassen.

Vom Sitz südböhmischer adliger Gönner aus griff Hus wiederholt in den schwelenden Streit im Lande ein, verschärfte zudem seine Kritik an der realen Kirche als Gemeinschaft von Sündern mit dem Antichrist an der Spitze; erneut forderte er die freie Predigt des Evangeliums. Der Kanzler der Pariser Universität, Gerson, der an den Vorbereitungen des für Ende 1414 einberufenen allgemeinen Konzils in Konstanz teilnahm, fand am empörendsten seine Lehre, wonach ein Mensch, der in Todsünde lebt, auch der Herrschaft über seine Untertanen verlustig gehe. Am 11. Oktober 1414 brach Hus in Richtung Konstanz auf, um sich vor dem Konzil zu verantworten – allerdings in der Meinung, unter dem Schutze König Sigismunds, des jüngeren Bruders Wenzels IV., zu stehen. Im naiven Glauben an die Möglichkeit einer radikalen Kirchenreform meinte Hus, nur irrtümlich oder aufgrund böswilliger Einflüsterungen der Ketzerei beschuldigt zu werden; die Reformer von 1968 werden ähnlich gedacht haben, als man sie vor ein Warschauer Konzil lud und des Revisionismus bezichtigte.

Der Geleitbrief Sigismunds half dem verurteilten Ketzer wenig, der schon am 28. November in ein stickiges Gefängnis im Dominikanerkloster geworfen wurde. Die Untersuchungskommission war übrigens von böhmischen Gegnern Hus' reichlich mit Denunziationen versorgt, auch darin dürfte sich die Geschichte wiederholen. Vergeblich protestierten große Teile des böhmischen und mährischen Adels bei König Sigismund gegen die Verletzung des freien Geleits, vergeblich versuchten auch die Begleiter des Reformators, sein Schicksal durch eine öffentliche Anhörung zu wenden; das Konzil dachte nicht daran, mit Hus zu diskutieren. Ihm blieb nur die Wahl, zu widerrufen oder den Scheiterhaufen zu besteigen. »Auch bitte ich euch«, schrieb er in einem Abschiedsbrief vom 10. Juni 1415, »einander zu lieben, den Guten keine Gewalt antun zu lassen und *jedem die Wahrheit zu gönnen.*« Am 6. Juli wurde Hus der Priesterwürde entkleidet, verurteilt und der weltlichen Macht zur Bestrafung übergeben. Auf dem Weg zum Scheiterhaufen sah er seine Schriften brennen. Schon am Pfahl, von Pfalzgraf Ludwig aufgefordert zu widerrufen, erklärte er, in der evangelischen Wahrheit, die er gelehrt habe, heute fröhlich sterben zu wollen. Die Asche des gefährlichen Erzketzers wurde in den Rhein geworfen.

War dadurch die kirchliche Autorität gerettet? Sie war es nicht. Unter Hus' Namen bildete sich eine breite Volksbewegung, deren Spitze sich gegen die bestehende Kirche richtete; auch andere Impulse als die seiner Predigten flossen in sie ein. So führte Hus' Freund Jakobellus von Mies den Laienkelch, das Abendmahl *sub utraque specie*, unter beiderlei Gestalt, ein – ein Symbol der Rückkehr zur Urkirche, auch der grundsätzlichen Gleichheit zwischen Priester und Laien. Ausgehend von den Prager Kirchen St. Martin in der Mauer und St. Michael, erfaßt die Idee schnell große Teile des Landes. Anfang 1415 protestieren fast 500 Angehörige des böhmischen und mährischen Adels gegen die Einkerkerung des »guten und gerechten« Predigers von Bethlehem und verpflichten sich, auf ihren Gütern die freie Predigt des Wortes Gottes zu gestatten; als Autorität in Glaubenssachen sollte allein die Prager Universität entscheiden. Diese tat einen weiteren Schritt: Sie erklärte 1416 Hus zum heiligen Märtyrer und billigte im Jahr darauf den Laienkelch. Das Konstanzer Konzil verbot ihr daraufhin konsequent jede Tätigkeit.

Neustädter Rathaus am Karlsplatz, Ort des ersten Prager Fenstersturzes

Daß man sich nicht daran hielt, hing gewiß auch mit der Passivität König Wenzels zusammen, vor allem aber mit der Herausbildung eines neuen Radikalismus, einer von Wanderpredigern verbreiteten Endzeiterwartung: Die Welt mit ihren ungerechten Ordnungen werde untergehen und durch die Herrschaft Christi ersetzt werden, lehrte der deutsche Chiliast Nikolaus von Dresden in Prag. Große Prozessionen zogen durch das Land und die Städte, wobei sich Ängste, sozialer Protest, messianische Selbstgerechtigkeit zu einer explosiven Mischung verbanden. Der Kelch und die Empörung über den Konstanzer Scheiterhaufen gaben der allgemeinen Unrast, den sehr verschiedenartigen Bewegungen den Anschein einer Gemeinsamkeit – ihre Skala reichte von geistig-sittlichen Reformbestrebungen bis zu plebejischem Klassenkampf in religiösem Kleid, vom Raub der riesigen Kirchengüter durch den Adel und der Austreibung des deutschen Stadtpatriziats bis hin zu chiliastischem Kommunismus.

Gewiß hatte die Bewegung auch materielle Ursachen. Weit zurück lag die Zeit, als Prag Mittelpunkt des Reiches, Ziel fremder Großer und ihres Gefolges, auch geistiges Zentrum Mitteleuropas war. Der Transithandel und die Bautätigkeit waren erlahmt, der Kurs des Prager Groschens ging zurück, die Kuttenberger Silberbergwerke verfielen. Die wirtschaftliche und politische Unsicherheit ließ die soziale Lage der unterbürgerlichen städtischen Schichten äußerst labil werden, während das flache Land unter einem Kleinkrieg zwischen großen und weniger bedeutenden Adelsgeschlechtern litt. Der langfristige soziale Niedergang des zahlreichen Kleinadels mobilisierte diese Schicht, die in den folgenden Kämpfen überall als Organisator und militärischer Führer hervortrat. Noch bedeutsamer wurde die Überproduktion an geistlicher Intelligenz, die kaum mehr Aussicht auf einträgliche kirchliche Pfründen hatte und zu einem weiteren Katalysator revolutionärer Prozesse wurde. Von den etwa 1200 Weltgeistlichen in Prag (ohne weitere 360 Klosterinsassen) waren die meisten arm; ihre trostlose Existenz stach ab vom Luxus des hohen Klerus, der großen Pfründeninhaber. Es lag nahe, das Ideal der evangelischen Armut zu beschwören und den Reichtum der verweltlichten Kir-

Von Maria Schnee, der gotischen Karmeliterkirche, wurde nur der Chor vollendet. Wirkungsstätte Johanns von Seelau

che in der Bildersprache der Apokalypse zu verdammen. Die Radikalität der Volksprediger, die Bilderstürme inszenierten, das Abendmahl für Kinder einführten, die orthodoxen Priester vertrieben, brachte die gemäßigten Utraquisten oder Kalixtiner ins Schwanken, ja selbst den zögernden Wenzel zum Handeln. Aber sein Einschreiten erst ließ die lärmenden Volksversammlungen zu blutiger Gewalt greifen. Johann von Seelau (Jan Želivský), ehemaliger Prämonstratensermönch und radikaler Visionär, der Prediger von Maria Schnee, der von den Karmelitern verlassenen Neustädter Kirche, zog am 30. Juli 1419 an der Spitze eines bewaffneten Volkshaufens zunächst gegen die Stephanskirche, deren Gemeinde den Kelch ablehnte, und von ihrem verwüsteten Pfarrhaus zum Neustädter Rathaus auf dem Viehmarkt. Nach einer Auseinandersetzung mit den von König Wenzel gerade eingesetzten Ratsherren drang die wütende Menge ins Rathaus ein und warf sie, sofern sie nicht flüchteten, aus dem Fenster, auf die Spieße der Anhänger Seelaus. Der König, dessen Machtbasis völlig zusammengebrochen war, erregte sich darüber dermaßen, daß er bald darauf an Herzversagen starb.

Der Tod des Königs ist der letzte Auslöser für den Ausbruch der Revolution. Klöster und Kirchen fallen der Volkswut zum Opfer, Zehntausende ziehen auf Berge, die, wie man glaubt, vom allgemeinen Untergang verschont bleiben werden. Auf einem von ihnen, den sie nach dem biblischen Tabor benennen, wird eine chiliastische Gemeinde ohne Zinsnehmen und Eigentumsunterschiede gegründet, die im folgenden entscheidend ins revolutionäre Geschehen eingreift. Die Ablehnung des Eigentums und der städtischen Sittenverderbnis verbindet sich bei den Taboriten mit dem Haß gegen Liturgie, Bilderverehrung, Gelehrsamkeit. Auf ihr Gesuch beantwortet die Prager Universität in einem Gutachten die Frage nach der Zulässigkeit kriegerischer Gewalt in dem Sinn, daß Gottes Wahrheit mit dem Schwert verteidigt werden und das Volk diese Aufgabe durchaus auf sich nehmen dürfe. Aber wer kennt die Grenze zwischen Verteidigung und Angriff? Und was ist jene Wahrheit Gottes, die nach den Worten des Konstanzer Märtyrers »jedem gegönnt« werden sollte? Scheiterhaufen flammen zu Hunderten auf beiden Seiten auf: Beide Seiten streiten für Gott und die wahre Kirche.

Die Selbstermächtigung zu revolutionärer Gewalt stieß derart auf nicht minder resoluten Willen des Anwärters auf den böhmischen Thron, König Sigismund, das böhmische Ketzernest mit Feuer und Schwert auszurotten. Ein erster Kreuzzug (1420) einigt die radikalen und gemäßigten Hussiten und endet mit einem Debakel. Der Wyschehrad wird von den Pragern erstürmt, die königliche Besatzung des Hradschins ergibt sich, das Heer Sigismunds zieht sich geschlagen zurück. Die Reiterstatue des Feldherrn Jan Žižka auf dem Prager Veitsberg erinnert an den Sieg, der sich in den folgenden 14 Jahren stets von neuem wiederholen wird. Der Klerus und das zumeist deutsche Patriziat der Städte flüchten, ihre Häuser und Güter werden konfisziert und billig verkauft. Trotzdem bleibt ein Gegensatz zwischen der gemäßigt-utraquistischen Altstadt und der vom Handwerk bestimmten Neustadt, die unter dem Einfluß Seelaus dem taboritischen Radikalismus nahesteht. Doch wird der visionäre Volksführer schon 1422 im Altstädter Rathaus getötet, und auch Tabor unterliegt der Logik aller Revolutionen, dem Umschlagen nämlich von hochfliegenden Idealen von Askese, allgemeinem Priestertum und Sittenreform in militärische Disziplinierung, Eigentumsdifferenzen, Machtkämpfe, Raubzüge. 1422 bis 1424 ziehen zahlreiche Bauern, die unter dem Einfluß radikaler Parolen nach Tabor gekommen waren, wieder in ihre Dörfer zurück, unter die Herrschaft der alten, notabene katholischen, Obrigkeit. Auch wenn sie mit den Predigern vom Typus Seelaus sympathisierten und Haß gegenüber dem städtischen Luxus empfanden, waren sie doch kaum je eine treibende Kraft der Revolution; dies waren von Anbeginn Kleinadel und Bürgertum. Es gab bezeichnenderweise während der ganzen hussitischen Bewegung keinen einzigen Bauernaufstand gegen die Grundherren. Auch die Ergebnisse sprechen eine klare Sprache: Während der Adel und das Bürgertum der königlichen Städte die eigene Macht auf Kosten der Kirche erweitern konnten, blieb die soziale Lage der Bauern unverändert oder verschlechterte sich infolge der allgemeinen wirtschaftlichen Zerrüttung.

Prag hatte durch die revolutionären Ereignisse sein politisches Gewicht erheblich verstärken können; gleichberechtigt saßen die Vertreter der Prager Städte jetzt neben dem Adel im Landtag; 1421 wurde die Verwaltung von Alt- und Neustadt zusammengelegt, doch kam es in den folgenden Jahren zu häufigen, sogar blutigen Konflikten. In der inneren Verwaltung war neben die Ratsherren die Versammlung aller Vollbürger getreten. Die Macht hatte sich vom Hradschin in das Dreieck Rathaus-Teynkirche-Karlskolleg verlagert; doch wäre es wohl unzulässig, von einer frühbürgerlichen Revolution oder gar einer Demokratisierung der Gesellschaft zu sprechen. Ohne Zweifel waren etwa die aktive Teilnahme des Volkes, Frauen und Kinder eingeschlossen, am Gottesdienst, die Beseitigung von Luxus und Prostitution, ein konsequenter Biblizismus und der Zerfall des geistigen Monopols der Kirche wichtige Erfolge, doch blieb vom taboritischen Angriff auf die bestehende Feudalgesellschaft nicht viel übrig.

Gegen die Theorie einer frühbürgerlichen Revolution spricht schon der Niedergang der Städte: Die Einwohnerzahl Prags war auf ungefähr 28 000 geschrumpft, auch seine wirtschaftliche Bedeutung hatte Einbußen erlitten. Nicht nur die Fernhandelskontakte (Nürnberg–Krakau) waren unterbrochen, auch die zu den Nebenländern Mähren, Schlesien und der Lausitz, die unter Kontrolle Sigismunds standen. Große Teile Süd- und Westböhmens (die große Rosenberger Herrschaft, die Stadt Budweis, der Pilsener Landfrieden, der Karlstein) waren von den hussitischen Bruderschaften nie erobert worden. Zahlreiche Landstädte und Dörfer waren verwüstet, die Kriegshandlungen trotz aller militärischen Erfolge ein Aderlaß und letztlich ohne befriedigendes Ergebnis. Für Prag kam hinzu, daß die Universität als Hochburg der Häresie gemieden wurde; schwer wog auch, daß Kirche und Hof als Auftraggeber für Handwerk und Handel ausgefallen waren: Kleinseite und Wyschehrad lagen in Trümmern, der Hradschin und die Klöster waren verwüstet und verlassen, die Stadt verbauerte. Das deutsche Element war zwar nicht verschwunden, doch stark reduziert; in der Heiliggeistkirche am Rande des Judenviertels war eine deutsch-hussitische Gemeinde entstanden. Der gestärkte Adel erwies sich letztlich als der eigentliche Sieger.

Es war allgemeine Erschöpfung, die die kompromißbereite Seite – nach anderthalb Jahrzehnten Krieg und Bürgerkrieg – stärkte und 1434 bei Lipan über die Unversöhnlichen siegen ließ. 1436 konnte sich der ebenfalls ernüchterte Sigismund endlich zum König von Böhmen krönen lassen (die erste Krönung von 1420 war von den Hussiten nicht anerkannt worden). Der Preis der Krone war die Erfüllung der hussitischen Minimalforderungen, der vier

Prager Artikel (freie Predigt des Wortes Gottes, Laienkelch, Konfiskation der Kirchengüter, Bestrafung der Todsünden), wobei der hussitische Adel besonderen Wert auf Artikel 3 legte und die radikale Interpretation stillschweigend fallengelassen wurde. Die Vereinbarungen, die sogenannten Baseler Kompaktate, die die Anschuldigung des Ketzertums gegen die böhmische Nation zurücknahmen, wurden in Stein gehauen und an der Mauer der Fronleichnamskapelle Karls IV. auf dem Neustädter Viehmarkt angebracht. Bald waren sie vom Papst widerrufen.

Nicht nur der Geist der Gotik sträubt sich gegen Soll- und Haben-Bilanzen. Die Geschichte pflegt nicht zu fragen, ob sich ihre Bewegungen gelohnt haben. Man beseitigt die Schäden, und das Leben geht weiter. Hus' Glaube, daß die Wahrheit siegt, von seinem im Ersten Weltkrieg errichteten Denkmal auf dem Altstädter Ring herab verkündet, bleibt ein uneingelöster Anspruch.

Im 19. Jahrhundert hat man zwar den erfolgreich verdrängten, halbvergessenen böhmischen Märtyrer wiederentdeckt, aber vor allem zu Zwecken antiklerikaler und nationaler Propaganda umfunktioniert: Die Gesamtausgabe seiner Schriften fehlt bis heute. Als um 1890 Patrioten am neuen Nationalmuseum neben Plaketten für andere verdiente Böhmen auch Hus' Namen anbringen wollten, war das nicht durchzusetzen. Ein Angehöriger der böhmischen Hocharistokratie äußerte im Landtag, Hus selbst sei ja wohl nicht ohne Verdienste, doch hätten sich seine Anhänger in Räuber und Mordbrenner verwandelt. Der Ausspruch war ein Stich ins jungtschechische Wespennest; man begann für ein Denkmal des Reformators zu sammeln – eben jenes, das schließlich zum 500. Jahrestag seines Feuertodes als Kontrapunkt zur Mariensäule auf dem Altstädter Ring errichtet wurde. Der neue Staat von 1918 bekannte sich verbal zu Hus; man stürzte die Mariensäule als Symbol des Sieges der Gegenreformation um, baute einige Dutzend moderne Kirchen mit dem Kelch auf dem Dach und setzte die Parole »Die Wahrheit siegt« ins Staatswappen. »Tabor – unser Programm« hieß es dann auch später in mancher Festrede. Aber weder diese Beschwörungen noch die Wiederherstellung der Bethlehemskapelle, wohl auch nicht die Streitkolben an den Kragenspiegeln der tschechoslowakischen Offiziere, haben die Tschechen zum Volk des Jan Hus gemacht.

Prager Paläste

Repräsentation

Stadthäuser sind immer schon ein Distinktionsmittel gewesen, das Prestige dokumentieren, Macht und Geschmack repräsentieren sollte. Das Prestigezentrum des Herrscherhofes wird nachgeahmt, während man sich durch Bauluxus von der Umgebung abheben möchte; dabei tritt eine Kettenreaktion ein, die zu ruinösem Wettbewerb führen kann. Der Geltungsdrang ist oft größer als die finanziellen Möglichkeiten. Die Anziehung der Stadt ist natürlich besonders groß, weil man da, anders als auf dem Landsitz, ständig anderen vor Augen ist, eben repräsentieren muß. *Palatio* ist ursprünglich der Königspalast; aber die Stellung des Herrschers ist durch keine hohe Wand von der der großen Familien des Landes getrennt, und so ist auch der Palastbau keineswegs sein Monopol. Tatsächlich bezeichnen sich die Prager Herrenhäuser zunächst als »Hof« (*curia*) – auch wenn keine Wirtschaftsgebäude angeschlossen sind. Nun waren die doppelstöckigen romanischen Steinhäuser, deren Niveau zwei oder drei Meter unter dem heutigen Terrain lag, in der Regel wirklich von einem ummauerten Hof umgeben – eine durchaus sinnvolle Einrichtung in einer rechtlich ungesicherten und noch nicht befestigten Umgebung, die sich im 12. Jahrhundert »Mezigrady« (»Zwischen den Burgen«) nannte: Der Name »Prag« beschränkte sich damals auf die Hauptburg.

Aus jener Zeit um 1200 haben sich drei romanische Gewölbe eines großen Stadthauses in der Altstadt (Nr. 222 in der Kettengasse, Řetězová) erhalten. Wer der Erbauer war, wissen wir nicht, doch gilt es nach den späteren Besitzern als Haus der Herren von Kunstadt, die es im 15. Jahrhundert im gotischen Stil umbauten. Man hat früher die wenigen bekannten romanischen Höfe für vereinzelte Adelssitze gehalten; inzwischen sind an die siebzig romanische Steinhäuser gefunden worden, gewiß nicht alle gleich bedeutsam, aber doch Zeichen sozialer Distanz gegenüber der Masse der Holz- und Lehmbehausungen.

Aus der folgenden Bauperiode kennen wir schon ein anderes herrschaftliches Stadthaus, den »Sächsischen Hof«, ein französisches gotisches Kaufmannshaus, das, heute im Renaissancestil umgebaut, direkt an den Kleinseitner Brückenturm anschließt. Karl IV. hat es 1348 seinem sächsischen Schwiegersohn geschenkt, der oft in Prag wohnte; 1407 geriet es in den Besitz der Altstadt, die nebenan die Brückenmaut erheben durfte. Wir kennen auch einen anderen gotischen Palastbau, der mit Karls Vater Johann von Luxemburg in Verbindung gebracht wird: das Haus »Zur Glocke« am Teyn. Seine wundervolle, schloßturmartige ursprüngliche Gestalt, mit figurengeschmückten Sälen und Kapellen, ist bei der noch laufenden Rekonstruktion allmählich zum Vorschein gekommen.

Die meisten der romanischen und gotischen Herrenhäuser sind durch Abriß und Umbau aus dem Stadtbild verschwunden. Auf ältere Strukturen weist das schön restaurierte Manhardtsche Haus in der Zeltnergasse, der alten Handelsstraße vom Altstädter Ring zum Pulverturm, zurück (Nr. 595, Durchgang zur Stupartská). Hier saßen im 15. Jahrhundert die Herren von Plauen, militante Gegner des Königs Georg von Podiebrad, danach die Kostka von Postupitz, die die Sendbotschaften des hussitischen Königs nach Rom und Frankreich leiteten. Das um 1700 umgebaute Haus mit der Herkulesfigur am Eingang sowie einem Arkadenhof diente unter den Grafen Manhardt zu Bällen und Theateraufführungen reisender Komödianten – in dieser Tradition beherbergt es heute das Theaterwissenschaftliche Institut.

Die wenigen Beispiele gotischer Herrenhäuser deuten eines an: daß die einheimischen Adelsgeschlechter nur zögernd und ausnahmsweise Stadthäuser errichteten; sie fühlten sich wohl sicherer auf ihren festen Burgen. Erst die Renaissance bringt Adelspalais in größerer Zahl in die Stadt; noch später kommt die scharfe begriffliche Trennung zwischen Adelspalais und Bürgerhaus.

Die Geschichte der Prager Paläste beginnt eigentlich schon mit dem Ausbau der Burg unter dem ersten Böhmenkönig Wladislaw (Herzog Wladislaw II., 1140–1173), mit dem auch der Bau der Georgsbasilika und der Judithbrücke verbunden ist, auch die Gründung des Strahower und des Johanniter-Klosters. Der wichtige Verbündete Kaiser Barbarossas errichtete eine großzügige steinerne Pfalz mit Turm im Westen und Allerheiligenkapelle im Osten. Ein 50 Meter langer Saal, dessen Südwand zugleich auch die Burgmauer bildet, hat sich unterhalb der gotischen Palastbauten erhalten. Er diente später meist als Gefängnis; im Zweiten Weltkrieg waren hier die Krönungsinsignien aufbewahrt – 1945 suchte man lange vergeblich nach dem Schlüssel.

Karl IV. erwähnt in seiner Autobiographie den Sitz seiner Vorfahren als Ruine; tatsächlich ist die Pfalz 1303 niedergebrannt, wurde aber von Karl drei Jahrzehnte später erneuert und erweitert. Auf das bisherige Erdgeschoß, das Karl von außen zuschütten ließ, setzte er vier Säle eines neuen, gotischen Erdgeschosses und darüber ein breiteres Obergeschoß, in dem sich die eigentlichen Repräsentationsräume, auch der Zugang zur erneuerten Allerheiligenkapelle, befanden. Eine Freitreppe führte vom Burghof in den Empfangssaal, in dem Karl eine Porträtgalerie seiner kaiserlichen Vorgänger einrichtete. An der Westseite entstand ein Querflügel, an den sich eine befestigte Vorburg anschloß. Der Bau ging unter Wenzel IV. etwas asymmetrisch-verspielt weiter; unter anderem ließ dieser an der Ostseite einen weiteren Querflügel bauen. Aber weder Wenzel noch seine Nachfolger haben in den prunkvollen Räumen gewohnt, die nur mehr Repräsentationszwecken dienten.

Erst ein Jahrhundert später, unter der Regierung des schwachen Jagellonenkönigs Wladislaw II. (1471–1516), kommt es zu neuer Bautätigkeit. Sie währt nicht lange, denn Wladislaw, der 1490 auch die ungarische Krone gewinnt, residiert von da ab vorwiegend in Ofen. Seine Regierung bedeutet in Wirklichkeit die Herrschaft der großen Adelsgeschlechter, deren Reichtum durch neue Wirtschaftsformen (Brauereien, Teichwirtschaft, Marktproduktion für die Landstädte) ständig wächst und die auch versuchen, die Städte wieder aus dem Landtag zu verdrängen; den königlichen Rat beherrschen sie ohnehin, so daß der anekdotische Ausspruch gegenüber Wladislaw »Du bist unser König, und wir sind deine Herren« der Wahrheit ziemlich nahekommt.

Stehen einander der Hradschin als herrschaftliches Machtzentrum und eine verarmte Stadt, beide auch konfessionell geschieden, unversöhnt gegenüber? Lehnt die fromme utraquistische Bürgerstadt höfischen Luxus und repräsentative Architektur ab? Nichts dergleichen. Das nachhussitische Prag hatte ein hohes Maß an Selbstverwaltung erreicht; ein eigenes utraquistisches Konsistorium verwaltete die kirchlichen Angelegenheiten. Zwar blieb das Niveau der isolierten Universität vergleichsweise niedrig, aber es breitete sich allmählich eine eigenständige bürgerliche Kultur und Lebensweise aus; Anfänge eines national betonten Humanismus zeichnen sich gegen Ende des Jahrhunderts ab. Zu palastartiger Architektur reichte der bescheidene Wohlstand indes noch nicht.

Gleichwohl wurde der Bau der utraquistischen Hauptkirche am Teyn endlich abgeschlossen, mit dem Laienkelch als Wahrzeichen auf dem Dach; das Altstädter und das Neustädter Rathaus wurden umgebaut, am Übergang von der Alt- zur Neustadt ein prächtiger neuer Turm, der spätere Pulverturm, errichtet. Wassertürme an der Moldau versorgten die drei Städte mit Nutzwasser. Ein städtischer Turmuhrmeister sorgte für die Instandhaltung der Rathausuhr; 1487 erschien in Prag das erste gedruckte Buch (außerhalb Prags hatte es schon früher tschechische Drucke gegeben: 1468 eine Trojanische Chronik, 1475 ein utraquistisches Neues Testament, 1480–88 eine tschechische Gesamtbibel). Von dem polnischen König und seiner katholischen Umgebung gingen Bemühungen aus, das ketzerische Land wieder der römischen Kurie botmäßig zu machen; Prediger wurden verfolgt, vor allem die der Böhmischen Brüder, die sich völlig außerhalb der bestehenden Gesellschafts- und Kirchenordnung stellten, in freiwilliger Armut lebten, keine Gerichte anerkannten und eigene Priester wählten.

Dennoch war das Verhältnis zwischen dem insgesamt eher passiven Jagellonenkönig und der jetzt vorwiegend tschechischen Stadt kein allzu gespanntes: Ausdruck davon war der Stadthof Wenzels IV., in dem Wladislaw inmitten der Altstädter Bürger residierte. Es waren innerstädtische soziale Konflikte, kein Kampf gegen den König, die 1483 eine Wende herbeiführten und den Eindruck entstehen ließen, als seien die turbulenten ersten Tage der hussitischen Bewegung wieder gekommen. Beide Rathäuser wurden gestürmt, an mehreren Ratsherren Volksjustiz geübt, die eben erst wiederhergestellten Klöster und das Getto blutig heimgesucht. Die Besatzung des Hradschins kapitulierte, Wladislaw mußte die neuen Ratsherren aus dem Handwerkerstand bestätigen. Unter solchen Umständen wurde aber der Stadthof für ihn zu einem heißen Pflaster: Er kehrte auf den Hradschin zurück.

Über den winkligen Gassen des Zollhofs »Ungelt« die bizarren Türme der Teynkirche

Matthias Rejsek, seines Zeichen Rektor der Teynschule, mußte seine Arbeit am »Neuen Turm beim Königshof« (dem Pulverturm) einstellen, an dem er seit 1475 baute – ein monumentaler Eingang zur Altstadt, damals schon ohne jede militärische Bedeutung. Eines der Hauptwerke der Wladislawschen Spätgotik hat sich wohl gerade deshalb gut erhalten. Die größte Persönlichkeit jener Bauperiode Prags war aber nicht Rejsek, der sich fortan bescheideneren Bürgerhäusern widmete, sondern Benedikt Ried (Rieth, wahrscheinlich aus Piesting in Niederösterreich). Ried begann als Festungsingenieur und befestigte West- und Osttor des Hradschins durch Bastionen und zwei neue, zylinderförmige Geschütztürme. Den Hirschgraben beherrscht der sogenannte Daliborturm, dessen prosaische Funktion durch die Sage vom geigespielenden Gefangenen, dem gleichnamigen Ritter, auf beinahe unzulässige Weise sentimentalisiert wird (die »Geige« war ein Folterwerkzeug und lockte wohl andere Töne als ergreifende Weisen hervor). Smetana hat das Thema für eine seiner bekanntesten Opern aufgegriffen. Der Daliborturm hat noch viele andere bekannte und unbekannte Insassen beherbergt, bevor Joseph II. 1781 die Burggefängnisse aufhob; im 18. Jahrhundert etwa den bekannten Freimaurer Graf Sporck oder die schöne Gattenmörderin Frau Zahradka von Eulenfels – die übrigens keineswegs auf dem Hof des Burggrafenamtes hingerichtet wurde, sondern noch drei Jahrzehnte im Gefängnis des Neustädter Rathauses saß. – Prosaisch war auch die Aufgabe der übrigen Türme und Geschützbastionen, die bezeichnenderweise auch nach Süden, zur Stadt hin, im heutigen Kaisergarten errichtet wurden.

Rieds wichtigstes Prager Bauwerk (außerhalb Prags baute er später z. B. die wundervolle Kuttenberger St.-Barbara-Kirche) ist der über 60 Meter lange, 16 Meter breite und 13 Meter hohe Wladislawsaal im Obergeschoß des uns bekannten Burgpalastes Karls IV. Durch ihn erhielt der Palast einen völlig neuen Charakter; der 1502 vollendete Saal mit seinen hohen, rechteckigen Doppelfenstern und vor allem seinem kühnen, freischwingenden Deckengewölbe ohne Stütze nimmt in mancher Hinsicht Abschied von der Gotik und kommt der Renaissance nahe. Die sich überschneidenden und gekurvten, zu Blüten zusammenfließenden Rippen werden zu einem funktionslosen, nur mehr dekorativen Netz. Die Bestimmung des damals wohl größten Profansaals in Mitteleuropa war nicht ganz klar; später diente er abwechselnd zu Reiterturnieren, Königswahlen, Ständeversammlungen, diversen Festen, wurde aber auch zu Messe- und Jahrmarktzwecken degradiert. Auch heute wird er kaum genutzt, vielleicht fehlt der herrschenden Klasse Lebensfreude oder Lebensstil, möglicherweise beides. So verirren sich in seine gähnende Leere nur Touristen, obwohl die Machthaber den überdimensionierten Saal zum Ort gelegentlicher Wahlen des tschechoslowakischen Staatspräsidenten formell aufgewertet haben: Die Pracht der Vergangenheit und die Fanfarenklänge aus Smetanas *Libuscha* verdecken die relativ geringe Bedeutung des Aktes.

Am Ostflügel des Palastes baute Ried die sogenannte Reitertreppe, am Südwesteck eine zweite, schneckenförmige Treppe mit ansteigendem Rippengewölbe. Hier, an der Südseite des Hauptgebäudes, ist wohl schon im ersten Jahrzehnt des 16. Jahrhunderts der nach dem Thronfolger Ludwig benannte neue Flügel entstanden, in dessen zweitem Stock die Böhmische Kanzlei residiert, eine stets mit Angehörigen des eingesessenen Hochadels besetzte oberste Landesbehörde. Dort findet 100 Jahre später der bekannteste der diversen Prager Fensterstürze statt. Die leichtfertige Aktion wird den Dreißigjährigen Krieg auslösen und unabsehbare Folgen für das Land haben.

Geldmangel und politische Wirren haben ein weiteres großes Projekt Rieds verhindert: die Vollendung des Veitsdoms. Die unruhige Stadt, die mit dem Adel in ständigem Kampf liegt (1509 hält der König ein Strafgericht), sieht die bauliche Aufwertung der verhaßten katholischen Bastion mit Unwillen. Seit 1517 erhalten die radikaleren Kalixtiner Aufwind durch Luthers Reformation, die sich zu Hus bekennt; die hundertjährige kulturelle Isolation scheint durchbrochen. Doch wird man sich lange nicht einig, und die konservativ gewordenen Altkalixtiner verfolgen die neue Lehre. Sie unterstützen auch nach dem Tod des jungen Königs Ludwig Jagello in der Schlacht bei Mohács gegen die vordringenden Türken die Wahl Ferdinands I. von Habsburg (1526–1564), der erstmals die Alpenländer, Böhmen und Ungarn unter einer Krone vereinigt.

Ferdinand und seine jagellonische Gattin Anna fühlen sich in der mit wenig Wohnkomfort ausgestatteten Burg nicht wohl, aber das Geld reicht zunächst nur für kleinere Umbauten. Erst nach

1534 entsteht an der Nordseite des Hirschgrabens, von italienischen Baumeistern und Gärtnern (zumeist aus der Umgebung des Comer Sees) geplant, ein Ziergarten mit exotischer Vegetation; an seinem östlichen Ende bauen Paolo della Stella aus Melida und weitere, ständig gegeneinander intrigierende italienische Baumeister ab 1537 für die kranke Königin das Lustschloß Belvedere. Bis 1540 wird an den Arkaden des Erdgeschosses gearbeitet, auch die Reliefs dazwischen werden bis zum großen Brand der Kleinseite und des Hradschins 1541 fertig. Danach konzentriert sich die Bautätigkeit wieder auf den vom Feuer schwer heimgesuchten Burgpalast. Della Stella, Hans von Tirol, der Augsburger Baumeister, und später Bonifaz Wolmut, gebürtiger Konstanzer und ab 1556 oberster Burgarchitekt, reparieren und erweitern, schon ganz im Bann der Renaissance. Darin werden sie vom kultivierten Sohn des Königs, Erzherzog Ferdinand von Tirol, unterstützt, der als Statthalter die Bauaufsicht führt, Nachdruck auf Zweckmäßigkeit legt und katholischen Glauben mit Lebensfreude und humanistischer Bildung zu verbinden weiß. Er läßt auf dem Hradschin Küchen, Stallungen, ein Ballhaus bauen, dem unvollendeten Turm des Veitsdoms eine gewölbte Haube aufsetzen. Für seine bürgerliche Frau Philippine Welser aus Augsburg errichtet er, vielleicht nach eigenem Entwurf, das eigenwillige, sechsstrahlige Schlößchen Stern am Weißen Berg mit antik-römischer Stukkatur des Deckengewölbes. An dessen Parkmauer entscheidet sich bald, 1620, das Schicksal Böhmens.

Auch die Arbeiten am Belvedere werden wieder aufgenommen und schließlich einer der schönsten Renaissancebauten nördlich der Alpen vollendet. 1557 bis 1563 setzt Wolmut dem Schlößchen einen Oberstock auf, den ein hohes, gewölbtes Kupferdach krönt – ein umgestürzter, kieloben liegender Schiffsrumpf. Königin Anna, mit deren Namen das Belvedere verknüpft ist, stirbt schon 1547 und hat den einzigartigen Ausblick auf den Hirschgraben und die Türme des Hradschins, das Summen des Singenden Brunnens aus Bronze, das Lebensgefühl, das die Renaissancegärten atmen, nicht mehr genießen können.

Italienische Renaissance: der »singende Brunnen« und Sommerschloß Belvedere

Der Hochadel zieht in die Stadt

Ferdinand I. hatte bei seiner Wahl 1526 versprochen, zumindest zeitweise in Prag zu residieren. Ofen und auch Wien waren von den Türken bedroht, andererseits war Prag überwiegend nichtkatholisch und die böhmischen Stände eine unbequeme, aufsässige Gesellschaft, die eifersüchtig auf ihren Rechten bestand. Allerdings übertrafen die seit kurzem vereinigten Prager Städte noch immer in jeder Hinsicht die in Frage kommenden Alternativen. So hält sich der energische Habsburger, durch die Niederschlagung des Tiroler Bauernaufstandes und der österreichischen Stände bestens qualifiziert, zunächst viel in Prag auf. Dabei taktiert er vorsichtig und nutzt die Spaltungen zwischen Alt-und Neuutraquisten (Lutheranern) zur politischen Schwächung der Stadt; die neuen Ratsherren sind seine Leute oder fürchten ihn, Gegensätze werden geschürt, die labile Einheit zerfällt.

Böhmen sieht sich alsbald in ständisch-konfessionelle Machtkämpfe hineingezogen, für die es schon 100 Jahre zuvor einen allzu hohen Blutzoll entrichtet hatte. Das Land ist dabei, sich allmählich zu erholen, wünscht Ruhe und keinen Krieg, schon gar nicht auf kaiserlicher Seite gegen die evangelischen Glaubensgenossen: Gerade das aber hatte Ferdinand 1547 seinem Bruder Karl V. versprochen, der in schwerem Kampf gegen den evangelischen Schmalkaldischen Bund stand. Die Kaiserlichen siegen auch ohne die renitenten Böhmen bei Mühlberg, und Ferdinand I. nutzt den Erfolg zu einem beispiellosen Strafgericht, das vor allem die Prager trifft. Lange angestauter Zorn gegenüber der Ketzerhochburg siegt über die Staatsräson. Die Bürger müssen ihre alten Privilegien, ihre Waffen und Kassen abliefern, einige werden eingekerkert, zwei hingerichtet, andere des Landes verwiesen. Die städtische Selbstverwaltung wird königlichen Hauptleuten und Richtern unterstellt; der Altstädter Magistrat wird als Berufungsinstanz für andere Städte abgelöst, umfangreiche Konfiskationen kommen dazu. Die schwer errungene politische Machtstellung Prags ist damit gebrochen. Auch wirtschaftlich bleibt es angeschlagen.

Anders als die Städte hat Ferdinand I. den Adel klug geschont; seine Kräfte reichten auch nicht aus, eine tatsächliche Gegenreformation durchzuführen, und so hielt er lieber die beschworenen Kompaktate ein. Dennoch zogen in den fünfziger Jahren die Jesuitenpatres unter Petrus Canisius in Prag ein, mit dem ausdrücklichen Auftrag des heiligen Ignatius, sich die Gemüter nicht durch kämpferischen Übereifer zu entfremden; 1561 wird auch das Erzbistum wieder besetzt: Ausgangsstellungen für die spätere Offensive. Es gehörte zu Ferdinands Strategie, daß er die böhmischen Herren ermunterte, ihrem Geltungsdrang architektonischen Ausdruck zu geben. Die großen katholischen Geschlechter waren ohnehin seine Stütze; und ihr Beispiel, der dadurch entfachte Wettbewerb in Luxus, Prachtentfaltung, verfeinerter Lebensweise mochte sich in seinen Plänen als probates Mittel gegen die Lust am politischen Intrigieren erweisen. – Zwar blieb Ferdinand, der nach dem Rücktritt Karls V. die Kaiserwürde erlangte, Prag später fern, doch ist er an der Seite Königin Annas im Veitsdom begraben. (Alexander Collin hat ihnen 1589 einen Marmorsarkophag geschaffen.) Ersatz für den Abwesenden bot der kleine Hof seines Sohnes und Statthalters, der trotz seiner Mesalliance mit der Augsburger Kaufmannstochter auf die Herren attraktiv wirkte.

Vor allem der Zufall des großen Brandes von 1541 kam dem Einzug des Adels entgegen. Sogar innerhalb des Burgareals, am Südhang neben dem Georgskloster, konnten die Herren von Rosenthal (Rožmitál), Schwanberg, Rosenberg und Pernstein auf die romanische Burgmauer ihre neuen prachtvollen Häuser setzen. Das schönste war wohl das der südböhmischen Rosenberger (Wittigonen), das leider im 18. Jahrhundert, entsprechend seiner neuen Bestimmung, zu einem einförmigen theresianischen Damenstift umgeformt wurde. In der ersten Bauphase (1545–56) entsteht ein Palast mit Arkadenhof und Türmen, einem von Säulengängen durchzogenen Garten und von italienischen Künstlern prächtig geschmückten Innenräumen. 1573 kauft Wilhelm von Rosenberg auch das angrenzende Haus der Schwanberger, wodurch der Umfang seiner Residenz der königlichen nahekommt, mit ihr in Pracht und Geschmack wetteifert. Der Rosenberger, auch oberster Landesbeamter, fühlt sich ganz als Renaissancemagnat; seine Feste ziehen den Hof und die internationale Welt an. Er stirbt 1592 kinderlos. Das aus dem rosenbergischen Haus hervorgegangene Damenstift dient heute dem tschechoslowakischen Innenministerium. Den Herren stehen ohne Zweifel ungeahnte Einsichten in das Leben der Bevölkerung zur Verfügung – außerdem eine der schönsten Aussichten, die es gibt. Das angrenzende Pernsteinsche Haus (Nr. 3-IV), von Carlo Lurago barockisiert und 1627 bis 1945 im Besitz der Fürsten Lobkowicz, ist eben kostspielig restauriert worden. So kann man die Aussicht auf die darunter wie auf einem Teller liegende Stadt zumindest aus dem dort 1987 eröffneten Geschichtsmuseum genießen. Der benachbarte Staatssicherheitsdienst dürfte den Ort der rauschenden Feste der Rosenberger kaum freigeben.

Auf der Westseite des heute zugeschütteten Burggrabens, der auf dem Stich von Sadeler (1606) noch sehr gut sichtbar ist, hat der Oberste Kämmerer Johann von Lobkowicz auf den Steilhang ein anderes Palais gesetzt. Der Baumeister, »Augustin der Wälsche« (Agostino Galli), hat in Kombination toskanischer und einheimischer Tradition ein mit Arkaden, Spitzgiebeln, Lünetten und Sgraffiti geschmücktes Haus gebaut, dessen Wohnflügel, der Stadt zugewandt, das Panorama genießt, während ein anderer Trakt quer dazu auf den Burgring zuläuft. Das Palais des eifernden Führers der ultrakatholischen Partei und angeblichen Kronprätendenten, der gegen Rudolf II. intrigierte, wurde 1593 vom Kaiser konfisziert und Lobkowicz zu lebenslanger Haft verurteilt (er starb 1607 im Elbogener Kerker). Das beschlagnahmte Haus ging vorübergehend in die Hände des letzten Rosenbergers Peter Wok über. Seit 1719 saß hier die spät ins Land gekommene oberfränkische Familie Schwarzenberg – sie gab dem Palais seinen Namen. Das heutige militärgeschichtliche Museum, das zum Unterschied von den drei weiteren angrenzenden Palais seine ursprüngliche Gestalt erhalten konnte, zeugt vom Sieg des neuen Stils, der sich zögernd auch bei Bürgerhäusern durchsetzt. Er ist kein bloßer Import, wenn auch oft an italienische Baumeister gebunden geblieben. Auf der Kleinseite entsteht eine ganze »wälsche« Kolonie, zunächst aus Angehörigen der Bauhütten und anderen Handwerkern. 1571 gründen sie unterhalb des Laurenzibergs eine eigene Kongregation, die später Spital, Friedhof und Kirche erhält. Das Areal dient heute als italienisches Kulturinstitut.

Ein weiteres großes Renaissancepalais entstand nach 1550 an der Neuen Schloßstiege (Nové zámecké schody), zunächst durch den Umbau mehrerer gotischer Häuser, für die mächtigen südböhmischen Herren von Neuhaus. Die der Schloßstiege zugewandte Front hat ihren ursprünglichen Charakter bewahrt. In mehreren Bauperioden entstand, zuletzt unter dem kaiserlichen Baumeister Ulrico Aostalli (bis 1589), ein vierflügeliger Komplex mit hohen Giebeln und der bereits üblichen Sgraffitofassade; zwischen den zwei Höfen befindet sich ein Flügel mit den Empfangssälen. 1602 erwarb es Wilhelm Slawata, ein von der Böhmischen Brüdergemeinde zum Katholizismus konvertierter, ambitiöser Herr, der 1618 von seinen evangelischen Standesgenossen zum Tode verurteilt und aus dem Fenster der Böhmischen Kanzlei geworfen wurde (er überlebte wunderbar den Sturz in die Tiefe und schrieb seine Memoiren). 100 Jahre später, unter einem neuen Besitzer, der Familie Kolowrat, wurden die Renaissancetrakte durch den Ankauf mehrerer Nachbarhäuser zur Spornergasse hin erweitert, wo – unter der Bauleitung Giovanni Santinis – ein Barockpalais angefügt wurde; sein Portal wird von zwei Adlern aus der Werkstatt Matthias Brauns getragen – das Emblem der Kolowrats. 1768 kam das Palais in den Besitz der aus Tirol zugewanderten reichsgräflichen Familie Thun-Hohenstein. Der heute als italienische Botschaft genutzte Gebäudekomplex erinnert immerhin an eine stattliche Zahl italienischer Baumeister.

Gesinnungs- und Schicksalsgenosse Slawatas war Jaroslaw Bořita Martinitz – der Herr eines weniger bedeutenden, aber in seiner vollen Anmut wiedererstandenen Hauses am Nordostende des Burgrings (Nr. 67). Bei der Wiederherstellung des Eckhauses wurde 1971 reicher Sgraffito-Figuralschmuck mit biblischen Motiven freigelegt, der zum Teil auch auf der Hofseite erhalten ist. Die Martinitz zählten zu den eifrigsten Katholiken und Gegenreformatoren. Jaroslaw hatte schon 1609 die Unterschrift auf Kaiser Rudolfs Toleranzedikt, dem sogenannten Majestätsbrief, verweigert und überlebte den Sturz aus der Böhmischen Kanzlei trotz seines Leibesumfangs und wohl nur durch Fürbitte der angerufenen Jungfrau. Ein anderer Martinitz, 1652 bis 1672 Oberstburggraf, wurde von dem patriotischen Jesuiten Balbín als Renegat angegriffen. Ohne Zweifel lohnte es sich, auf der Seite der Sieger vom Weißen Berg zu stehen. Immerhin beweisen die bemalten Balkendecken guten Geschmack. Das Haus ist, im 19. Jahrhundert zum Armenasyl verkommen, heute Sitz der Prager Oberbaubehörde.

Die Anziehungskraft diesseitig-lebensbejahender Renaissancekultur gerade auf die großen katholischen Familien ist bedenkenswert, wenngleich sich der Renaissancegeist nicht ganz auf diese beschränkt. Auf dem Kleinseitner Ring, an der zur alten Spornergasse ansteigenden Nordostseite, fällt ein etwas vergammeltes vierstöckiges Stadthaus mit polygonalen kleinen Ecktürmen, Barockgiebeln, Stützpfeilern und Laubengängen auf. Hier erwarb einer der reichsten böhmischen Standesherren, Sigismund Smiřický, zu Beginn des 17. Jahrhunderts eine fast quadratische Bauparzelle, die er innerhalb von zehn Jahren mit einem großen Renaissancebau ausfüllte; daß etwas von der älteren Bebauung übriggeblieben war, zeigen die unregelmäßigen Laubengänge. Am 22. Mai 1618 trafen sich bei dem jungen Albrecht Johann Smiřický, der übrigens mit Moritz von Oranien verschwägert war, einige Hitzköpfe aus den protestantischen Ständen, um den spektakulären Prager Fenstersturz, gewissermaßen schon ein altböhmisches Vergnügen, zu beschließen. Einige Jahre später befand sich das Riesenvermögen der Smiřický, samt der Stadt Gitschin, in der Hand eines entfernten Verwandten: Albrecht von Waldstein. Der Palastcharakter des nach 1763 barockisierten und aufgestockten Hauses ist heute nicht mehr erkennbar; typische Prager Pawlatschen, Balkonumgänge, verunzieren den Zentralhof des Mietshauses »U Montagů«.

Der Renaissancestil schlägt nun auch Lücken in die gotische Altstadt, wovon das Arkadenhaus des ehemaligen Steuereinnehmers Granowsky im Ungelthof am Teyn zeugt (nach 1560). Über der Loggia hat der Aufsteiger von einem italienischen Künstler mythologische Wandmalereien anbringen lassen, deren verwitterte Reste auf ihre Restaurierung warten: Die Prager Atmosphäre läßt sie zur Sisyphusarbeit werden. – Beispiele erhaltener Renaissance-Bürgerhäuser sind das sgraffitogeschmückte Haus »Zur Minute«, am Altstädter Rathaus (um 1600), das gleichzeitig entstandene Haus des Prager Bankiers Teufel von Zeilberg in der Melantrichgasse (Nr. 463); auch das nahe »Bärenhaus« (Nr. 475, das Geburtshaus Egon Erwin Kischs, um 1590). Auch das Rathaus der – zur königlichen Stadt erhobenen – Burgstadt (nach 1601) ist ein bescheidenes Zeugnis für das Eindringen des neuen Stils in das Bürgertum.

Das Land hatte sich wirtschaftlich erholt, wenn auch der Ertrag der Silbergruben (und der Wert des Silbers) sank und die Ausfuhren sich auf Rohstoffe, landwirtschaftliche Produkte, Leinen und Tuche beschränkten. Insbesondere war der Wohlstand der privilegierten Hofkaufleute gestiegen, die gegenüber der übrigen Bürgerschaft steuerlich begünstigt waren; vom Luxuskonsum waren auch andere städtische Gruppen abhängig. Als Kaiser Rudolf, der Sohn Maximilians II., 1583 seinen Hof von Wien nach Prag verlegte, entstand damit eine erhebliche Einnahmequelle auch für Künstler und Handwerker. Sie sprudelte fast drei Jahrzehnte lang, obwohl der Kaiser schließlich zwei Millionen Gulden Schulden hatte. Hoch verschuldet waren auch die großen Standesherren – die Rosenberger und Schwanberger bis hin zu ihren protestantischen Gegnern, den Thurn, Schlick und Kaplíř; der neue Lebensstil war kostspielig. Doch nur die größten Familien konnten sich ihn leisten: Von etwa 1600 Adelsgütern in Böhmen (19 davon gehörten dem König, 80 der katholischen Kirche) verfügten über 500 nur über je 20 Untertanen, waren also nicht viel mehr als Großbauernhöfe. Ein weiteres Drittel hatte bis zu 100 Hörigen, was kaum Luxusausgaben ermöglichte. Ein Dutzend besaß mehr als die Hälfte des bebauten Bodens oder bezog Renten aus ihm.

Die Bautätigkeit im rudolfinischen Prag, dessen Einwohnerzahl wieder auf 60000 gestiegen war (Rom, Amsterdam und London zählten um 100000), läßt sich keineswegs mit der karolinischen vergleichen und hatte auch an Rudolfs Verschuldung nur einen geringen Anteil. Der Kaiser hatte den alten Burgpalast den Landesbehörden und dem Handel überlassen: Ein Stich Sadelers zeigt den Wladislawsaal als Jahrmarkt! Er selbst hatte sich von Ulrico Aostalli am Hirschgraben einen neuen Trakt errichten lassen, in dem er seine Sammlungen unterbrachte. 1597 war die Galerie fertig, 1606 der 48 Meter lange Spanische Saal oberhalb der Burgstallungen. Kostspieliger war die uns schon bekannte Kunst- und Sammelleidenschaft des Kaisers. Zu seinen 3000 Bildern gehörten Werke von Leonardo und Tizian, von Michelangelo und Albrecht Dürer. 1619 wurde der Wert der Sammlungen auf 17 Millionen Gulden geschätzt. Die Schweden, die noch kurz vor Friedensschluß 1648 den Hradschin plünderten, haben von den Beständen der Kunstkammer nicht viel übriggelassen. Teuer war der Ankauf von Tulpen, Zypressen, spanischem Jasmin, Oleander und Ölbäumen für die kaiserliche Orangerie, zu der auch eine geheizte Voliere gehörte. Der Kaiser ließ sich als »Gott der Gärten« apostrophieren und erhob seinen Hofgärtner Bardell in den Adelsstand.

An Sakralbauten hat die Renaissance übrigens in Prag wenig Interessantes geschaffen. Die Jesuiten, die sich bei St. Clemens am Altstädter Brückenkopf niedergelassen hatten und erfolgreich mit der utraquistischen Universität konkurrierten, aber das Prager Publikum auch mit Theatervorstellungen im Clementinumshof anzogen, errichteten dort seit 1578 eine recht traditionelle Salvatorkirche. Eine andere Salvatorkirche haben deutsche Protestanten aus der Altstadt gebaut, ebenfalls in einem Kompromißstil (halbrunde Bögen auf gotischer Grundlage); die Kirche nahe der Langen Gasse (Dlouhá) wurde 1614 eingeweiht. Manieristischen Charakter hat die elliptisch-ovale Wälsche Kapelle, die sich orthodox-katholische italienische Handwerker in den neunziger Jahren am Clementinum errichteten; wahrscheinlich war der päpstliche Architekt Mascherini der Urheber des Projekts. Neue, nämlich barocke Wege weist allein die deutsch-protestantische Dreifaltigkeitskirche in der heutigen Karmelitergasse auf der Kleinseite, die nach dem Vorbild der römischen Trinità del Monte errichtet, später von den Karmelitern umgebaut und zu Ehren des Sieges am Weißen Berg in St. Maria de Victoria umbenannt wurde. Die an der Stelle einer Johannes-Hus-Kapelle gebaute Kirche birgt das unsägliche wundertätige Prager Jesuskind, ein Geschenk der Polyxena von Lobkowicz. Sogar Maria Theresia hat dem berühmten *Bambino di Praga* ein selbstgenähtes Samtkleid gewidmet. Aber sein Ruf ist dahin.

Zu Beginn des 17. Jahrhunderts sind die religiösen Fragen, mit ständischen verknüpft, weiterhin die bewegenden. Das leidliche Nebeneinander der Konfessionen, im erzwungenen Majestätsbrief Rudolfs II. (1609) festgeschrieben, wird durch ehrgeizige Klüngel immer wieder durchbrochen. Die Partei um den spanischen Gesandten intrigiert, die Stände stellen ein eigenes Heer auf; Anfang 1611 will eine Söldnertruppe des Passauer Bischofs das Gleichgewicht zugunsten der Katholischen umstürzen, aber Rudolf zögert mit der Beschießung des rechten Moldauufers. Das

Ludwigsflügel der Burg mit Böhmischer Staatskanzlei. Der Fenstersturz aus dem zweiten Stock löste den Dreißigjährigen Krieg aus

mißglückte Passauer Abenteuer, bei dem, wie wir schon gehört haben, allein die Kleinseite geplündert wird, kostet Rudolf II. den Thron. Sein Bruder Matthias, der noch das nach ihm benannte Westtor zur Burg bauen läßt, residiert in Wien; die Statthalter nimmt er aus dem Kreis der schärfsten Protestantenfresser.

Die bekannten Ereignisse vom Mai 1618, die zum Ständeaufstand und – nach dem Tode von Kaiser Matthias 1619 – zur Wahl Friedrichs von der Pfalz zum König führen, haben die Prager Städte keineswegs uneingeschränkt mitgetragen. Man kannte den Adel und mißtraute ihm mit Recht. Nur das evangelische Stadtpatriziat stand voll hinter der Direktorialregierung. Gegenüber städtischen politischen Forderungen blieben die Direktoren ihrerseits kalt, aber man brauchte Geld und kam den Wünschen schließlich etwas entgegen. Die meisten Bürger waren trotzdem nicht gerade begeistert – wer investiert schon gerne in ein unsicheres Unternehmen? Manche von ihnen, wie der Kaufmann de Witte, liehen sicherheitshalber sowohl den Kaiserlichen wie den Ständen. Bürgerliche Revolution? Man vertrieb die Jesuiten, konfiszierte einige Güter, garantierte aber in der Verfassung der neuen böhmischen Konföderation auch die Rechte der Katholiken. Der Vergleich mit den Niederlanden trägt kaum: Schon die prekäre wirtschaftliche Lage der böhmischen Städte, die Schwäche des Bürgertums, der ständische Egoismus des führenden Adels, der sich auf ausländische Unterstützung verließ, deuten die Perspektivlosigkeit des Aufstandes an.

Auch die calvinistische Umgebung des neuen Königs, die einen Bildersturm im Veitsdom veranstaltete und sogar das Kruzifix auf der Karlsbrücke in die Moldau stürzte, trug nicht eben zur Einmütigkeit der Konföderierten bei; Bauernaufstände im drangsalierten Lande waren bezeichnenderweise gegen beide Seiten gerichtet. Die böhmischen Truppen waren schlecht bezahlt, ausgerüstet und verpflegt. Am 8. November 1620 brach nach nur zweistündiger Schlacht auf dem Weißen Berg der Aufstand praktisch zusammen: Der »Winterkönig« befand sich schon anderentags auf der Flucht nach Breslau (sie ist auf einem bekannten Holzrelief Bendls im Veitsdom festgehalten). Die Nebenländer Mähren, Schlesien und Lausitz schlossen alsbald Frieden mit dem Sieger, doch auch die böhmischen Stände hofften, wie 1547 glimpflich behandelt zu werden. Kaiser Rudolf hatte 1610 verbindlich erklärt, daß es keine

Konfiskationen aus politischen Gründen mehr geben werde. Aber was gelten schon Versprechungen in der Politik? Hier herrscht Machiavelli.

Glanz und Elend der Sieger

Im Frühjahr 1621, lange nachdem die plündernden Bayern abgezogen, aber bevor noch aller Widerstand im Lande gebrochen ist, entscheidet Ferdinand II., Ingolstädter Jesuitenzögling, nach Beratung mit seinem Beichtvater, 27 der »Prinzipalrebellen«, davon 17 Bürger, exemplarisch zu bestrafen. Die Untersuchungskommission leitet der mährische Konvertit Karl von Liechtenstein, die Ruhe in der Stadt sichert ein anderer Konvertit, der Obrist Albrecht von Waldstein. Am 21. Juni erfolgt das Blutgericht vor dem Altstädter Rathaus: Der deutsche Graf Kaspar Schlick, von seinem Glaubensgenossen, dem sächsischen Kurfürsten Johann Georg, ausgeliefert, macht den Anfang; dem Universitätsrektor Jessenius wird die Zunge herausgeschnitten, bevor der Henker den Todesstreich führt. Die Köpfe von zwölf Direktoren werden, allen Aufrührern zur Warnung, auf dem Parlerschen Brückenturm aufgespießt. Und das Volk versteht die Lektion: Es duckt sich und übt sich in Mimikry, auch in Zynismus.

Zur Blutjustiz kommen umfangreiche Konfiskationen, mit denen sich die kaiserliche Partei ihre Treue bezahlen läßt; auch fremde Abenteurer und erfolgreiche Militärunternehmer sind unter den Beutegeiern. Nicht nur die Liechtenstein und Lobkowicz, auch die Waldstein, Buquoy, Verdugo, sogar der skrupellose Sekretär Michna (»von Waitzenhofen»), ja der calvinistische Kaufmann de Witte (»von Lilienthal«) und der jüdische Geldverleiher Baschewi (»von der Treuenberg«) kommen zu ungeheuren Vermögen. Auf fünf bis acht Millionen Meißner Schock wird der Wert der adligen, auf zweieinhalb Millionen der Wert der städtischen Konfiskationsmasse geschätzt, aber sie verpufft restlos. Ein Konsortium streckt dem bedürftigen Kaiser Geld vor, erhält dafür ein Jahr das Münzrecht – und mißbraucht es gründlich zur Prägung minderwertigen Geldes. Waldstein war nur einer, der aus dem Betrug Millionengewinne machte. 1623 bleibt der Münze ein Zehntel des ursprünglichen Wertes. Das Nachsehen beim Staatsbankrott hat das an den Bettelstab gebrachte Land. 1627 wird die Verneuerte Landesordnung verkündet, der zwar noch kein Absolutismus vorschwebt, die aber sogar einzelnen katholischen Herren zu weit geht. Danach werden Böhmen und Mähren – nicht Schlesien und die Lausitz, wo die alten Ständeordnungen in Kraft bleiben – zu habsburgischen Erbländern; die höchsten Landesbeamten sind nur dem Herrscher verantwortlich, die Landtage dürfen nur mehr über dessen Forderungen verhandeln, er erteilt auch das Incolatrecht der Landstandschaft. Die Böhmische Hofkanzlei hat jetzt ihren Sitz in Wien, fortan ist allein die katholische Religion im Lande zulässig. Rudolfs Majestätsbrief ist tot, Toleranz wird zum Fremdwort in Böhmen, Gewissenszwang und Denunziantentum die Norm.

Die Calvinisten und die Böhmischen Brüder waren schon lange aus dem Lande ausgewiesen. Im Frühjahr 1622 folgen ihnen die übrigen nichtkatholischen Priester einschließlich der von Rom bis dahin gebilligten Utraquisten. Die Universität wird den Jesuiten ausgeliefert. Nichtkatholische Bürger werden vor Sonderkommissionen zitiert und vor die Wahl gestellt, der alleinseligmachenden Kirche beizutreten oder auszuwandern; etwa 620 Prager Familien, meist aus dem gehobenen Bürgertum, ziehen das unsichere Los der Emigration vor, der Rest paßt sich den neuen Spielregeln an, geht zur Messe, bemächtigt sich der Positionen der Emigrierten. Auch ein Prager Haus mag »eine Messe wert« gewesen sein. Genuß von Vorteilen und neue Gesinnungstüchtigkeit hängen wohl, wie später immer wieder, ziemlich eng miteinander zusammen. 1631, während des sächsischen Einfalls, als man endlich die Köpfe der vor zehn Jahren Hingerichteten vom Altstädter Brückenturm herabnimmt und Emigranten hoffen, daß ihre Stunde gekommen sei, fallen zwar manche »Normalisierte« wieder um, aber die Masse mißtraut mit Recht der Befreiung und zeigt den hinter fremden Bajonetten zurückgekehrten ehemaligen Mitbürgern die kalte Schulter.

Am Nordostrand der Kleinseite, am alten Sandtor, reckt sich, von Nebengebäuden und hohen Mauern umgeben, ein herrschaftlicher Palast von wahrhaft monumentalen Ausmaßen. Schon die frühbarocke, monotone Fassade strahlt den Wunsch, zu imponieren, aus, distanziert durch Massigkeit und drei mächtige Portale. Der Erbauer, Albrecht von Waldstein (Wallenstein), kaiserlicher Generalissimus und Herzog von Friedland, Erbe des großen Vermögens der Smiřický und Nutznießer des Münzschwindels von 1622, kaufte und enteignete 1621 in der Nachbarschaft von St. Thomas 26 Häuser, dazu das gotische Sandtor (die Stadt hatte sich um einige hundert Meter erweitert) sowie mehrere Gärten, um darauf seinen Palastbau zu setzen – eine isolierte Domäne jenseits der Stadtgemeinde. 1623, inmitten der politischen und geistigen Umbrüche, der allgemeinen Unsicherheit, beginnt Wallenstein mit einem Bau, der teils von ihm selbst geleitet wird und höchsten Luxus, auch Zeugnisse handwerklichen Könnens, konzentriert. Der Tessiner Baumeister Andrea Spezza und eine Reihe weiterer italienischer Handwerker und Künstler werden vom Generalissimus zu hektischer Eile angetrieben; er scheint zu ahnen, daß ihm nicht viel Zeit übrigbleibt. 1627 wird die *Sala terrena* vollendet, eine monumentale Gartenhalle mit Deckenmalereien nach Motiven aus der Ilias; es folgt der prunkvolle, doppelgeschossige Rittersaal im Haupttrakt mit einer Apotheose des Besitzers als Höhepunkt architektonischer Egozentrik. Adriaen de Vries schmückt den Garten mit manieristischen Bronzefiguren; Fontänen, Grotten, Volieren, ein Teich und eine Reitschule werden bis 1630 vollendet. Im selben Jahr wird Wallenstein als Oberbefehlshaber abgesetzt; der Bankier de Witte, der sein ganzes Vermögen in die militärischen Unternehmungen des Generalissimus gesteckt hatte, erhängt sich in seinem Kleinseitner Haus.

Wallenstein hat den Luxus seines Palastes nicht lang genießen können; 1631 ziehen die Sachsen in Prag ein (aber schonen das Haus des abgesetzten Feldherrn). Im Dezember erhält er erneut das Generalat, und im Mai 1632 verdrängt er die sächsischen Truppen aus Böhmen. Nach der Schlacht bei Lützen begräbt der Friedländer im Februar 1633 im Kloster Strahow (wohin man kurz zuvor auch den Ordensgründer Norbert von Prémontré überführt hatte) den gefallenen Feldmarschall Pappenheim (seitdem kennen auch die Böhmen ihre »Pappenheimskys«) und seinen eigenen Neffen Berthold von Waldstein; zugleich hält er ein blutiges Strafgericht über Deserteure: 16 Offiziere werden am Altstädter Ring an derselben Stelle und von demselben Henker Mydlář hingerichtet wie zwölf Jahre zuvor die 27 Führer der Stände.

Ein Jahr später wird Wallenstein in Eger auf kaiserlichen Befehl als Verräter ermordet. Sein Riesenvermögen – allein das Herzogtum Friedland in Böhmen ist 118 000 Hektar groß – wird konfisziert und gerät erneut in fremde Hände – oft seiner Offiziere, die ihn rechtzeitig verrieten: Piccolomini, Tiefenbach, Desfours, Morzin, Gallas, Collalto. Heute werden im Hauptsaal des Waldsteinpalais Preise für loyale Künstler und Kulturschaffende verteilt: Die Logik der Unterwerfung unter die siegreiche Macht gilt wie nach der Schlacht am Weißen Berge. Nachkommen haben zuweilen eine andere: Eine mehr als 90jährige Gräfin Waldstein, die nach 1948 mit ihrer noch älteren Kammerfrau zwei Räume des konfiszierten Hauses bewohnen durfte, soll den kommunistischen Kulturminister, der ihr einige wertvolle Möbelstücke abkaufen wollte, stolz und resolut aus ihrem zusammengeschrumpften Lebensraum gewiesen haben. Und ein anderer Waldstein ist Benediktinerabt in Ettal.

1627 bis 1656 hat sich die böhmische Adelsgesellschaft radikal verändert. Man findet insgesamt 417 neue Namen, darunter kaiserliche Offiziere wie Buquoy, Marradas, Aldringen, Clary, aber auch andere Zugewanderte wie Colloredo, Trauttmansdorff, Eggenberg, Nostitz. Strukturell betrachtet wird die Gruppe der großen Grundeigentümer gestärkt (5 Prozent der Adelsfamilien verfügen jetzt über 55 Prozent der Untertanen bzw. des Bodens, der auf 573 Familien geschrumpfte Ritterstand – das Element der Unruhe – besitzt nur mehr 10 Prozent des Bodens). Vom nationalpolitischen Gesichtspunkt ist die neue, kosmopolitische Oberschicht dem kaiserlichen Hof zugewandt, dem sie ihren Aufstieg verdankt, aber auch alteingesessene tschechische Geschlechter unterscheiden sich in Gesinnung und Verhalten nicht allzusehr von den Parvenus.

Ein besonders rücksichtsloser Emporkömmling: Wallensteins Sekretär Paul Michna »von Waitzenhofen«. Unweit des Aujezder Tors auf der Kleinseite hatte wahrscheinlich Aostalli dem Burggrafen von Karlstein, Kinský (damals noch Vchynský), ein dreigliedriges Renaissancehaus gebaut, das der Kammersekretär und kaiserliche Proviantmeister Michna 1624 zusammen mit der anliegenden Mühle erwarb. Der Garten kam billig: Er hatte dem exilierten Heinrich Matthes Thurn gehört. Ein zweigeschossiger

Loggiengang mit Chiaroscuro-Fresken, dem Hof und dem Garten zugewandt, zeugt von der Orientierung der Besitzer aufs Private, aber erst der Ehrenhof mit Einfahrtportal, auf dem das Wappen des frischgebackenen Grafen prangt, ist Michnas Werk, ebenso wie die Reitschule und der Lagerraum für Heeresvorräte.

Die nächste Generation (der Gründer ist 1630 gestorben) hat Geschmack oder Glück mit dem Baumeister, wahrscheinlich Francesco Caratti aus Bissone, der außerhalb Prags für Wenzel Eusebius von Lobkowicz, Herzog von Sagan und Statthalter in Schlesien, das wahrhaft fürstliche Raudnitzer Schloß entwarf. Vor 1645 hat Caratti an der Gartenfront des Michna-Hauses eine verspielt-dekorative Stirnwand entstehen lassen, die sich an italienischer Villenarchitektur des 16. Jahrhunderts orientiert; der Saal im Obergeschoß mit reicher Stuckverzierung zählt zu den gelungensten böhmischen frühbarocken Interieurs. (Eine Nebenlinie der Michnas hat im 18. Jahrhundert wieder Glück mit einem Baumeister: Kilian Ignaz Dientzenhofer baut für sie in der Neustadt unweit des Karlshofes die zauberhafte Villa Amerika – heute das Dvořák-Museum.) Das Kleinseitner Michna-Palais, dessen Garten bis zur Kampa-Insel reichte, ist unter späteren Eigentümern nochmals umgebaut worden, war dann lange Zeughaus und verkam, bis es 1921 von der nationalen Turnerschaft Sokol gekauft und als »Tyrš-Haus« für ihre Zwecke modernisiert wurde. Diese Tradition setzt auch das Institut für Körpererziehung fort, das das Palais des Heereslieferanten heute nutzt. Gegen Sportstudenten, die sich in den Prunksälen und unten am Bach tummeln, kann man wohl nichts haben.

Die Černín (Czernin) von Chudenitz waren ein verzweigtes, alteingesessenes Geschlecht, dessen großer Reichtum allerdings erst mit den Konfiskationen nach 1620 und der Tätigkeit Hermann Černíns als Wallensteins Heereslieferant zusammenhängt. Sieben große Herrschaften und zwölf Meierhöfe erbt Humprecht Johann 1646. Humprecht unternimmt Kavaliersreisen nach Venedig, Rom, Paris, heiratet die Hofdame Diana da Gazoldo aus Mantua, wird 1661 kaiserlicher Botschafter in der Lagunenrepublik. Es fehlt dem Ehrgeizigen der repräsentative Sitz; die Wahl fällt aus praktischen Gründen auf Prag, obwohl man auch eine Demonstration gegenüber den abwesenden Herrschern hineingedeutet hat. Wallenstein ist Maßstab, wie das ursprüngliche Vorhaben verrät, dessen Haus zu kaufen. Schließlich baut man auf einem abfallenden Bergrücken westlich der Burgstadt innerhalb der nach dem Krieg aufgeworfenen Marienbastionen. 18 Meter über dem Niveau des Veitsdoms ist es, gegenüber dem Ambit der Santa Casa di Loreto, dem zu Ehren des Sieges vom Weißen Berg gestifteten neuen Heiligtum mit dem berühmten Glockenspiel.

Als Architekten kann Černín den Erbauer des Lobkowiczschen Schlosses in Raudnitz, Francesco Caratti, verpflichten – wir kennen ihn schon als Baumeister der Michna. Nach seinem Plan entsteht seit 1669 wieder ein isoliertes, geradezu titanisches Riesenobjekt, dessen Hauptzweck Repräsentation ist. Die Vicenzaer Vorbilder (Palladio) werden zu einer 136 Meter langen, dreigeschossigen Monumentalfront mit 30 monoton sich wiederholenden Halbsäulen potenziert; drei Querflügel schließen sich zu Arkadenhöfen. 1677 stirbt Caratti, 1682 auch der Bauherr; weder der doppelgeschossige große Saal noch die Treppe noch die Kapelle sind abgeschlossen. 1685 bis 1690 leitet G. B. Maderna die Bauarbeiten – er baut aber gleichzeitig ein Palais für die Černíns in Wien, das Geld geht aus, und so zieht sich die Vollendung der »großen Scheune«, wie Kaiser Leopold nicht ohne heimlichen Neid höhnte, bis weit ins 18. Jahrhundert. Erst nach 1717 malt Wenzel Reiner die Decke des Hauptsaals aus, die inzwischen eine vielbewunderte Bildergalerie birgt, 1718 ist eine großartige Treppe fertig; nach 1720 werden Stukkaturen und Innenausstattung der Hauskapelle fertiggestellt. Aber 1733, beim Tode Joseph Černíns, der sich selbst als böhmischen Patrioten bezeichnete, bleiben noch zahlreiche Vorhaben unausgeführt.

Schon bald darauf, im Ersten Schlesischen Krieg, leidet der Palast unter Artilleriebeschuß; spätere Einquartierungen und das Desinteresse der Erben lassen ihn vollends verkommen. 1851 schließlich wird er dem Fiskus verkauft und auf eine geradezu vandalisierende Weise zur Kavalleriekaserne umgebaut. 1924 nimmt man sich des völlig heruntergekommenen Gebäudes an; das Projekt Pavel Janáks rettet noch vorhandene Substanz, nutzt aber nur teilweise die erhaltenen ursprünglichen Baupläne, zielt nicht auf Rekonstruktion, sondern setzt moderne Elemente auf die Reste der barocken Strukturen. Der neue Hausherr, Eduard Beneš, Außenminister der ČSR, möchte mit seinem prächtigen Sitz das Renommee des neuen Staates stärken, aber schon 1935 räumt er das

Palais zugunsten des Historikers Kamil Krofta, der 1945 an den Folgen seiner KZ-Haft stirbt. Im März 1939 zieht der abgehalfterte Reichsaußenminister von Neurath als Hitlers Reichsprotektor ein, dann sein Stellvertreter Heydrich und Staatssekretär Frank. Der Palast bringt keinem Glück. Der erste wird in Nürnberg zu 15 Jahren Gefängnis verurteilt, Heydrich stirbt 1942 als Opfer eines Attentats, Frank 1945 am Galgen. Der Hausherr nach 1945, Jan Masaryk, Sohn des Staatsgründers, stürzt hier in der Nacht vom 9. auf den 10. März 1948 unter ungeklärten Umständen aus dem Fenster seiner Dienstwohnung auf den Hof des Palais – Mord oder Selbstmord? Der neue, kommunistische Außenminister Clementis wird schon 1952 in einem Monsterprozeß zum Tode verurteilt und hingerichtet.

Sind die Nachkommen der gedemütigten und ausgepreßten Bauern, deren Schweiß das Haus der Černín ermöglicht hat, nun dessen Herren? Ich fürchte, es gibt keine derartige historische Gerechtigkeit. Das tschechische Volk, wie man sagt, das neutralste der Welt, weil es sich nicht einmal in seine eigenen Angelegenheiten einmischt, hat mit Sicherheit im Černín-Palais nicht das Sagen. Außenminister Bohuš Chňoupek, einst Moskauer Korrespondent der slowakischen Jugendzeitung *Smena*, soll seit jener Zeit einen direkten Draht nach Moskau besitzen. Nur fehlt an seinem Telefon die Sprechmuschel.

Weniger dramatisch sind die Schicksale weiterer Palais, die wir nur mehr kurz skizzieren wollen. An der Ausmündung der Jesuitengasse, der heutigen Husgasse, zum Altstädter Marienplatz (Primátora Vacka) steht ein mächtiges Eckhaus, dessen zwei Portale von vier Herkulesfiguren getragen werden. Dem in die enge Gasse eingeklemmten Haus fehlt der Abstand, aus dem man seine dynamisch aufgelockerte, heute abblätternde Fassade bewundern könnte; in der Tat hatte der Erbauer mit dem Abriß der gegenüberstehenden Häuser gerechnet. Das weit bescheidenere Haus, das hier noch im 17. Jahrhundert stand, hatte dem Mitverschworenen Wallensteins, Wilhelm Kinský, gehört, der mit seinem Generalissimus 1634 in den Tod ging. Wallensteins wendiger Nachfolger, der vom Pferdeknecht zum Generaladjutanten aufgestiegene Tridentiner Johann Matthias Gallas, erwarb nach 1634 das konfiszierte Haus zusammen mit Liegenschaften, darunter Friedland und Reichenberg, im Wert von einer Million Gulden. Aber erst der Enkel des Generals, selbst böhmischer Landesmarschall und kaiserlicher Botschafter in Venedig und London, zuletzt 1719 Vizekönig von Neapel, kaufte die umliegenden Häuser auf und errichtete ab 1708 ein für die damalige Altstadt völlig überproportioniertes Prunkgebäude; für dessen Bau konnte er den berühmtesten Architekten der Zeit, Johann Fischer von Erlach, gewinnen.

Der Erbauer des Wiener Palais Eugens von Savoyen und der Karlskirche kombinierte in seinem Entwurf italienisch-barocke sowie neuere französisch-klassizistische Einflüsse und erzielte auch durch die Einfügung von plastischen Elementen, Portalen und Balkonen, einen ungewöhnlichen Gesamteindruck. Die Karyatiden, Balkonsockel, Vasen, die ursprünglich dreizehn Figuren an der Attika stammen von Matthias Braun, den Fischer und Gallas von Salzburg nach Prag gebracht hatten. Das Gebäude krönt ein nach 1727 mit Figuren, Stuck und Deckengemälde (von Carlo Carlone) ausgeschmücktes Treppenhaus, das wohl zu den schönsten, nicht nur in Prag, gehört. Der erste Bauherr hat die Vollendung seines Palais nicht mehr erlebt; 1756 starben die Gallas in männlicher Linie aus, und den Besitz erbte eine Nebenlinie, die sich Clam-Gallas nannte. In ihrem großen Haus wurde im späten 18. Jahrhundert viel musiziert und Theater gespielt; hier debütierte 1796 der junge Beethoven. 1811 gründete die Familie (im Dominikanerkloster bei St. Ägidien) das erste Konservatorium der Monarchie. Das Clam-Gallassche Haus diente dann verschiedenen Zwecken, so hat der Soziologe Alfred Weber vor dem Ersten Weltkrieg darin seine Vorlesungen gehalten. Seit 1945 wird es schließlich als Stadtarchiv genutzt; in seinen stuckverzierten Spiegelsälen beugen sich die Forscher über verstaubte Archivalien – ich selbst habe oft in ihnen gesessen und mich durch ihre Pracht vom Studium ablenken lassen. Neuerdings deuten Bretterverschläge an, daß man mit Restaurierungsarbeiten beginnt: Es ist höchste Zeit.

Nicht so prunkvoll das Haus der Nachfahren eines anderen Wallensteinschen Protegés: Ottavio Piccolomini aus Siena, der sich den Verrat an seinem Oberbefehlshaber mit dem Eigentum

Weltlicher Repräsentationsbau (Palais Clam-Gallas, rechts) neben jesuitischer Trutzburg (Clementinum)

von Wallensteins Schwager Adam Trčka (Terzky bei Schiller) bezahlen ließ. Das Haus in der Sporckgasse auf der Kleinseite gehörte ursprünglich den Martinitz, ging aber 1655 an Piccolomini über. Santini de Bossi hat dem zur Straße hin sehr einfachen Palais eine gegliederte Gartenfassade mit aufgesetztem Giebel gegeben, deren verspielter Zauber dem Innenhof bis heute geblieben ist.

Ein anderer kaiserlicher General, dessen Aufstieg mit dem Sturz Wallensteins verbunden ist, war Rudolf Colloredo-Wallsee, der auch 1648 die Verteidigung Prags gegen die anstürmenden Schweden leitete. Fünf Bürgerhäuser und ein Weinberg mußten dem nach außen nüchternen Palais an der Kleinseitner Marktgasse (Tržiště) weichen, das sich jedoch nach hinten zu vier tiefen Flügeln ausweitet. Auch hier die typische Abgeschlossenheit der Welt der neuen Magnaten, die nach Westen in einen Terrassengarten aufsteigt, als Krone darüber die weithin sichtbare Gloriette. Treppe, Garten und Atlanten am Bogen der Durchfahrt sind erst das Werk eines späteren Umbaus, wahrscheinlich nach einem Projekt des in Wien geschulten Giovanni Alliprandi aus dem Valle Intelvi, Kleinseitner Bürger und Festungsbaumeister, der auch weiter aufwärts (1703–07) für den Grafen Přehořovský einen Palast mit einem vielbeachteten, zylindrisch ausgebuchteten Ehrenhof und einem Terrassenpark auf dem Hang des Laurenzibergs gebaut hatte. Nur ein kleiner Teil von diesem wurde Bestandteil des Botschaftsgeländes, als bundesdeutsche Diplomaten sich in den siebziger Jahren auf der Suche nach einem passenden Sitz für das verkommene Přehořovský-(Lobkowicz-)Palais gegenüber dem Wälschen Spital entschieden.

Die Palais wechselten mehrfach ihre Eigentümer; das Haus der Colloredo kam 1794 an die Grafen Schönborn, die es später teilweise in ein Mietshaus verwandelten; deshalb konnte Franz Kafka 1917 darin wohnen (und im August desselben Jahres in seinem Zimmer im zweiten Stock mit Blick auf die Gasse seinen ersten »Blutsturz« erleiden). Nach 1918 verkauften es die Schönborns an die Regierung der USA, die auch heute im Palais ihre Botschaft unterhält. George Kennan hat hier als Attaché die Münchener

Die barocke Spornergasse, links das Geburtshaus Jan Nerudas, dahinter Přehořovský-Palais und Laurenziberg

Krise erlebt. Auf der Gloriette weht jeden Tag das Sternenbanner über Prag, manchem Spaziergänger im Seminargarten zum Trost.

Nicht immer nur Machtdemonstration aufgestiegener Condottieri, Beweis der Ebenbürtigkeit durch prunkvolle Repräsentation, hat beim Bau der zahlreichen Stadtpalais Pate gestanden. Die schlesische Familie Nostitz hatte sich 1628 auf der Kleinseite eingekauft. Sammelleidenschaft, die von Büchern und Bildern bis zum Kunstgewerbe reichte, brachte den Oberstkämmerer Johann Hartwig Nostitz dazu, 1658 bis 1660 seine beiden älteren Häuser zu einem massiven Palastviereck zu erweitern, wobei erst die Hauptfront nordwärts zum Malteserplatz hin gerichtet wurde. Bald nach Vollendung des wahrscheinlich auch von Caratti projektierten Hauses wurden darin die großen Sammlungen des Onkels von Johann Hartwig untergebracht. Galerie und Bibliothek, die einen Rembrandt und die Originalhandschrift von Kopernikus' Hauptwerk in ihrem Inventar anführten, waren Mittelpunkt des später noch erweiterten und um ein Rokokoportal sowie eine figurengeschmückte Attika ergänzten Palastes.

Die in Prag heimisch gewordene Familie, die das Haus noch bis 1945 besaß, hat im 18. Jahrhundert nicht nur die Musen, sondern auch die tschechische Wiedergeburt gefördert; als Bibliothekare und Erzieher wohnten in der anliegenden Reitschule und im Gartenhaus hinter dem Mühlbach namhafte Wissenschaftler wie Josef Dobrovský und Franz M. Pelzel, die ohne die 15 000 Bände der Nostitzschen Bibliothek und die gräfliche Unterstützung kaum imstande gewesen wären, ihren philologischen und historischen Forschungen nachzugehen. Ein Prager Oberstburggraf Franz Anton Nostitz-Rieneck hat 1781 bis 1783 in der Altstädter Rittergasse, neben dem alten Carolinum, ein Nationaltheater erbauen lassen, »Patriae et musis« über dem Eingang, später Stände-, heute Tyltheater genannt. Er hat »Nation« und »Vaterland« nicht eng territorial und schon gar nicht sprachlich verstanden, sondern seinen Landespatriotismus in ein breiteres Ganzes eingebunden. Und so begann man denn mit Lessings *Emilia Galotti* als Eröffnungsvorstellung. Die berühmteste Uraufführung des Nostitzschen Theaters war wohl Mozarts *Don Giovanni* am 29. Oktober 1787. Die große Nostitzsche Bibliothek hat unter dem Namen des berühmten Slawisten Dobrovský weiterhin ihre Heimstätte am Malteserplatz; den anderen Teil des Hauses nutzt die niederländische Botschaft. Der Nostitzsche Garten, in dem sich der »Blaue Abbé« gerne aufzuhalten pflegte, ist jetzt zum Kampa-Markt hin geöffnet worden, außer Dobrovský hat man darin auch dem kommunistischen Schulminister Nejedlý, einem Musikhistoriker und Masaryk-Biographen, eine Büste aufgestellt.

Eine andere Familie, die ihren Reichtum auch in Kulturschöpfungen zu verwandeln wußte, waren die alteingesessenen Sternberg. Ein Sternberg, 1618 Oberstburggraf, war von den Aufständischen beim Fenstersturz verschont worden. Die katholische Familie hatte in den folgenden Jahren ihren Besitz erheblich erweitern können: Wenzel Adalbert, Großmeister des Kreuzherrenordens, war im 17. Jahrhundert einer der reichsten Männer Böhmens und konnte es sich leisten, den aus Dijon stammenden römischen Maler und Architekten Jean-Baptiste Mathey zu engagieren; dessen vorklassizistische Werke leiten eine Wende in der Prager Architektur ein. Mathey hatte bereits im Auftrag von Erzbischof Waldstein, der ihn aus Rom berufen hatte, das Erzbischöfliche Palais auf dem Burgplatz umgebaut und Einfluß auf das 1689 bis 1691 entstandene Toscana-Palais der Grafen Thun genommen, das denselben Platz im Westen abschließt. Für die Familie Sternberg errichtete er zunächst nördlich von Prag ein Prachtstück von Sommerschloß mit einer wundervollen Figurentreppe, die den Kampf der Giganten darstellt. Die römische Villa mit dem großen Festsaal, den der Antwerpener Abraham Godyn mit Deckengemälden ausschmückte, ist inzwischen von der über das Moldauknie hinauswuchernden Stadt umklammert worden. Das gegenwärtig etwas vergammelte Schlößchen Troja wird nur mehr von Besuchern des angrenzenden zoologischen Gartens und sporadischer Ausstellungen zur Kenntnis genommen. Wer weiß schon, daß das Deckengemälde eine Apotheose der friedensstiftenden Kaiseridee darstellt oder daß der Freiherr vom Stein hier 1808 auf der Flucht vor Napoleon gewohnt hat?

Mathey, der außerdem den kuppelbekrönten Kubus der Kreuzherrenkirche auf dem Altstädter Brückenkopf und wahrscheinlich das Verniersche Palais (später »Deutsches Kasino«, heute »Slawisches Haus«) auf dem Graben projektiert hat, war auch am Bau des Palais Sternberg auf dem Hradschin beteiligt, doch ist das ursprünglich von Domenico Martinelli entworfene Haus neben dem Erzbischöflichen Palais (aber vom Burgplatz abgewandt) schließlich im Geist des Wiener Hochbarock, möglicherweise von Giovanni Alliprandi, errichtet worden. Es birgt heute die alteuropäischen und modernen französischen Sammlungen der Nationalgalerie.

Ein Kaspar Sternberg, bedeutender Botaniker und Mineraloge, der mit Goethe korrespondierte und mit Alexander von Humboldt befreundet war, sowie sein eher historisch interessierter Vetter Franz standen im frühen 19. Jahrhundert an der Wiege des Vaterländischen oder Nationalmuseums, das die gesamte wissenschaftliche Tätigkeit im Lande organisierte; Kaspars Sammlungen bilden den Grundstock des naturwissenschaftlichen Kabinetts in dem Neorenaissance-Gebäude, das den Wenzelsplatz krönt; der Name des gräflichen Landespatrioten prunkt an der Fassade. Auch sein Vetter erwarb sich Verdienste um die böhmische Wissenschaft; ohne ihn wäre Palacký kaum böhmischer Landeshistoriograph und »Vater der Nation« geworden.

Droben auf dem Hradschin, in den Sälen des Palais Sternberg mit dem zylinderförmigen Risalit, hing bis 1976, als die Sammlungen der Nationalgalerie ins restaurierte Georgskloster umzogen, unter vielen Rubens ein Bild der Maria Maximiliane Sternberg von Karel Škréta. Die junge Gräfin posierte ihm 1665 als Schäferin. Die Verbindung der böhmischen Hocharistokraten mit dem tschechischen Volk ist wohl kaum eine tiefe und dauerhafte gewesen, wie dieses aus einer Laune entstandene Gemälde andeutet. Man hat es ihnen heimgezahlt: Schon die Bodenreform nach 1918, mit »Wiedergutmachung des Weißen Berges« begründet, hat ihren immensen Reichtum stark beschnitten und viele der ohnehin stark mit Wien verbundenen Familien gezwungen, ihre Prager Stadtpalais aufzugeben. 1945 war dann die ambivalente Geschichte des böhmischen Adels vollends abgeschlossen.

Die Sternbergs hatten unten auf dem Kleinseitner Ring noch ein drittes, bescheideneres Haus, das aus zwei älteren Renaissancehäusern zusammengewachsen ist. In einem von ihnen brach 1541 jener Brand aus, der die Kleinseite zerstörte und den Adel ermutigte, sie in seine Residenzstadt zu verwandeln. Das Marienbild an der Fassade erinnert an die Tage nach der Schlacht am Weißen Berg, als der Eigentümer es in Panik zum Zeichen seines katholischen Glaubens dort angebracht hatte – wie spätere Generationen Fahnen dieser oder jener Couleur. Ob es die tapferen Bayern von der Plünderung abgehalten hat, ist nicht überliefert. Das Haus, in dem eine Zeitlang türkische Gesandte wohnten, die mit ihren Kamelen die Prager in Erstaunen versetzten, beherbergte die große Sternbergsche Bibliothek, später die Galerie patriotischer Kunstfreunde. Heute befindet sich darin, vielleicht in Erinnerung an den gräflichen Naturforscher, ein geologisches Institut.

Paläste für das Volk

Der dreißigjährige Krieg hat Prag schwer getroffen; seine Einwohnerzahl war 1649 auf 26400 gesunken. Stiche aus der zweiten Jahrhunderthälfte zeigen die Stadt von mächtigen Ziegelwällen eingeschlossen; auf dem Wyschehrad, der in eine Zitadelle umgewandelt wurde, ebenso wie zwischen Laurenziberg und Strahower Kloster kann man noch einige der insgesamt 39 Bastionen erkennen, die nach dem neuesten Stand des Fortifikationsbaus errichtet wurden. Festungsartig waren auch manche Gebäudekomplexe in der Stadt, von den massiven Palais des neuen Militäradels, den hermetisch nach außen abgeschirmten Klöstern bis zu den Jesuitenstiften. Ein beeindruckendes Zeugnis ist vor allem das riesige Viereck des Altstädter Clementinums, dessen Kolleghaus von der Luragohütte anstelle von 32 Bürgerhäusern zur Hochburg der Gegenreformation ausgebaut wurde – auch eine Demonstration doktrinärer Härte und Überlegenheit. Zwar laden die langen Korridore und der weinbewachsene Hof der Prager Universitätsbibliothek eher zum Dialog ein, doch haben die heutigen ideologischen Gralswächter auch von der Militanz der Jesuiten gelernt. In den Kellern stauen sich lange Regale der *libri prohibiti*. Die Patres, in deren Händen sich die Zensur befand, gingen mit kalt berechnender Konsequenz und eiserner Disziplin vor. Der tschechische Romancier Jiří Šotola hat 1969, Gegenwartserfahrungen evozierend, in einem packenden historischen Roman die persönlichkeitsbrechenden Praktiken der jesuitischen Kaderorganisation geschildert.

Die Societas Jesu, die Speerspitze der *Ecclesia militans*, hat die alte Karlsuniversität übernommen (sie heißt jetzt *Carolo-Ferdinandea*) und ihr die eigenen Lehrpläne aufgezwungen, nicht immer nur unterdrückend, sondern durchaus auch zu humanistischer Gelehrsamkeit und mathematischen Studien anregend. Sie verläßt sich aber nie auf bloße Argumente, sondern weiß, daß der Geist schwach und auf äußere Stützen angewiesen ist. Daher auch die Monumentalität ihrer Bauwerke, die immer auch einschüchtern, gefügig machen möchten. So baut man seit 1658 schon an einem zweiten jesuitischen Kolleghaus: Carlo Luragos Langhaus mit der St.-Ignatius-Kirche beherrscht bald die Ostseite des Neustädter Viehmarktes (Karlsplatz). Nur zehn Jahre später beginnt G. D. Orsi inmitten des Kleinseitner Rings, anstelle eines Dutzends kleiner Bürgerhäuser und einer romanischen Rotunde, die Arbeit an einem dritten – dem klotzigen, überhöhten Profeßhaus, das den Platz zweiteilt. Jesuitische Gymnasien und Konvikte kommen hinzu. Fromme Stiftungen ermöglichen den Bau, und die Patres, die als Erzieher und Beichtväter immensen Einfluß ausüben, bringen die Quellen des ausgepowerten Landes immer wieder zum Fließen.

Es war aber kaum die Macht der neuen Herren allein, die Alternativlosigkeit der Lage, das gebrochene Rückgrat des auch wirtschaftlich stagnierenden Bürgertums, die Degradierung des Landvolkes zu Zugtieren, die der Gegenreformation den durchschlagenden Erfolg sicherte. Die tschechische nationalliberale Tradition kennt nur das »Dunkelzeitalter«, das »Temno« Alois Jiráseks, das Wüten des Paters Koniáš, das allerdings im 20. Jahrhundert von den Anhängern eines georgischen Ex-Seminaristen noch übertroffen wird. Gewiß zogen seit den zwanziger Jahren des 17. Jahrhunderts eifernde Missionare unter militärischer Assistenz durch das Land, bekehrten unter Zwang, verbrannten ketzerische Bücher (Ketzermandate werden noch im 18. Jahrhundert wiederholt erneuert). Einsichtigere Kirchenmänner hatten indes bald begriffen, daß Druck durch innere Überzeugung ergänzt werden müsse, sollte nicht eine Nation von Heuchlern heranwachsen. Das Schwergewicht wurde schnell auf die vollständige Besetzung von Pfarrstellen mit verläßlichen Priestern gelegt sowie auf die Indoktrinierung der Jugend, die sich ja nie wehren kann und durch begeisternde Parolen ihren Eltern oft entfremdet wird.

Die grüne Kuppel der Niklaskirche und das jesuitische Profeßhaus auf dem Kleinseitner Ring

Auch die Habsburger, deren Herrschaft nunmehr unangefochten war, machten versöhnende Gesten, wie die Prager Krönung Ferdinands III. 1652 oder die Erneuerung einiger städtischer Privilegien. Den Soldaten waren geistliche Orden auf dem Fuß gefolgt: Karmeliter zogen ins Altstädter Galluskloster – das später sinnigerweise zum Parteigeschichtlichen Institut und noch später zum Haus der sowjetischen Kultur umgewandelt wird; irische Franziskaner, Hiberner genannt, zu St. Ambrosius am Pulverturm (sie haben das unbestreitbare Verdienst, die Kartoffel in Böhmen heimisch gemacht zu haben). Paulaner zogen bei St. Salvator in der Altstadt ein, Benediktiner gegenüber zu St. Niklas. Dominikaner zu St. Ägidien, spanische Benediktiner ins Emmauskloster, Lütticher Ursulinen zu St. Josef auf der Kleinseite: Alle missionieren, predigen, erziehen, schmücken ihre Kirchen, veranstalten Feste, Prozessionen, Wallfahrten.

Kirchen, Plätze, die Karlsbrücke füllen sich mit Heiligenfiguren, Altarbildern, Deckengemälden, Pest- und Mariensäulen; der neue, »apologetische« Stil ist bald nicht mehr nur fremder Import, sondern schlägt im Lande Wurzeln, wird akzeptiert. Das Lebensgefühl wandelt sich, und mit ihm weicht die frühere Strenge und pompöse Verherrlichung der siegreichen Gegenreformation einer theatralischen Anschaulichkeit; der bedrückende, statische Ernst macht der Bewegung und dem überzeugenden Gefühlsausdruck Platz. Es gibt wieder große Kunst und große Künstler, die Bildhauer Johann Georg Bendl, Matthäus Wenzel Jäckel, Ferdinand Maximilian Brokoff und Matthias Bernhard Braun, die Maler Karel Škréta, Wenzel Lorenz Reiner und Peter Johann Brandl. Schon die Namen zeigen den Einzug deutscher und tschechischer Talente in die Prager Werkstätten und Bauhütten statt des bisherigen Monopols der Italiener. Ihre Werke sind oft von geradezu verzückter Emotionalität wie Brauns »Traum der Luitgard« auf der Karlsbrücke, von rührender Menschlichkeit, wie Bendls »Schutzengel« (heute im Städtischen Museum) oder Jäckels St. Anna, ebenfalls auf der Karlsbrücke. Sie lenken die Volksfrömmigkeit, aber geben ihr auch echten Ausdruck.

Dann der geniale Baumeister Kilian Ignaz Dientzenhofer. Sein Vater Christoph aus dem bayerischen Rosenheim hatte sich in Prag niedergelassen und 1685 die Kleinseitner Witwe Marie Aichbauer geheiratet. Deren ebenerdiges Haus hinter dem Nostitz-Palais (Nr. 465-2) wurde von Christoph Dientzenhofer aufgestockt und später auch von Kilian Ignaz und seinen beiden Töchtern bewohnt. Dieser hat wie kein anderer das barocke Gesicht Prags geprägt: Nennen wir nur die überzeugende Barockisierung der gotischen Thomaskirche auf der Kleinseite, den Kuppelbau von St. Niklas in der Altstadt (mit dem später abgerissenen Benediktinerkonvent), die zierliche Johann-Nepomuk-Kirche auf dem Felsen hinter dem Viehmarkt und schließlich die Vollendung der riesigen Kleinseitner Niklaskirche, an der 1704 bis 1711 schon Christoph Dientzenhofer gebaut hatte. Ihre grüne Kuppel, daneben der asymmetrische, schlanke Glockenturm, seitdem weithin sichtbare Dominante der Kleinseite, überragt das Profeßhaus wie die umliegenden Profanbauten und fügt sich zusammen mit den Türmen der Karlsbrücke zu einem Bild von besonderer Schönheit.

In ihr, scheint es, haben die Jesuiten den äußeren Sieg in einen inneren verwandelt und Monumentalität, die einen ganz klein werden läßt, zu einem dramatischen und dennoch harmonischen Gesamtwerk werden lassen. Es vollendet den Sieg der Institution, läßt ihn in echte Kultur umschlagen, an der auch das Volk teilhat. Nicht nur als demütige Brokoffsche Mohren, die am Morzin-Palais in der Spornergasse auf ihren Schultern die herrschaftliche Pracht tragen müssen, sondern als Teilnehmer an einem heilsgeschichtlichen Drama.

Von den großartigen Bauten des Hochadels und der Kirche sticht das Bürgerhaus der Zeit durch Armut und Anspruchslosigkeit ab. Aber der Siegeszug des Barock ist unaufhaltsam und bemächtigt sich nach verheerenden Pest- und Brandkatastrophen (1680 und 1689) der Stadt in neuen Wellen, von denen ganze barocke Straßenzüge wie die Spornergasse oder die Südseite des Altstädter Rings bis heute zeugen. Die horizontale Strenge der Baumasse wird in ein Meer von Krümmungen, Kuppeln, Vorsprüngen, Ausbuchtungen aufgelöst. Man lernt teilzuhaben am Glanz der barocken Repräsentation, sieht in ihr Symbole einer Ordnung, der man sich fügt. Vor allem die Kirche versucht, das Fremde, Aufgezwungene dieser Ordnung durch Anknüpfen an ältere, einheimische Tradition zu mildern, zu verdecken, vergessen zu machen. Das ist der Sinn der Barockisierung alter gotischer Heiligtümer, die durch Wallfahrtskirchen und unzählige Heiligenstatuen von der Stadt auf das Land übergreift. Böhmische Heilige wie Wenzel, Adalbert, Ludmilla, Prokopius und vor allem der neue Landespatron Johann von Nepomuk sollen aussöhnen, Identifizierung bewirken. Ihr Kult wird nicht nur von oben betrieben, sondern auch von frommen Laienbruderschaften, die seit langem insbesondere die Heiligsprechung des angeblichen Beichtigers anstreben: Sein Bronzestandbild, dessen hölzernes Modell von dem Konvertiten Johann Brokoff und von Matthias Rauchmüller stammt, steht schon seit 1683 über der Moldau. Rom läßt sich Zeit, aber 1729 ist es soweit. Hus ist vergessen, und die Herzen fliegen dem neuen Landespatron zu. Das erst ist der volle innere Sieg der Gegenreformation.

Der Barock ist, allen progressistischen Behauptungen zum Trotz, mit dem böhmischen Volk zusammengewachsen, hat es geprägt in seinem Sinn für Poesie und Musik, seiner Melancholie, seinem Primat des Schönen vor dem Rationalen, wohl auch in seiner Anpassungsfähigkeit an herrschende Machtstrukturen. »Musik, Musik, das Mägdelein mild / Sie blieb allein noch deinen Söhnen«, dichtete Moritz Hartmann 1844. Antonín Dvořák hat das Motiv in seine Oper *Der Jakobiner* aufgenommen.

Der Kirche aber, die für die ganze Ordnung verantwortlich zeichnete, hat man es fast ebenso heimgezahlt wie dem Adel.

Juden, Deutsche, Literaten

Juden und Deutschen ist bekanntlich manches gemeinsam. Vor dem Prager Hintergrund ist es schon die Tatsache, daß beide Gruppen die Geschichte der Stadt wesentlich mitgestaltet haben, nach den Katastrophen unseres Jahrhunderts aber verschwunden sind und ihre einstige Rolle aus dem Bewußtsein der tschechischen Bevölkerung verdrängt wird. Der in deutschem Namen verübte Holocaust hat eine über diese Parallelität hinausgehende deutsch-jüdische »Liebesaffäre« vergessen lassen, die gerade in Prag besonders heftig war; daß es Zeiten gegeben hat, wo die Prager Juden in der deutschen Kultur aufzugehen schienen, ja manchmal geradezu militante Vorkämpfer des Deutschösterreichertums waren: Nicht einmal der Antisemitismus ließ sie vor dieser Identifizierung zurückschrecken. – Ein Phänomen für sich war der deutsch-jüdische Prager Literat; Karl Kraus witzelte, daß es in Prag überall »brodelt und werfelt, kafkat und kischt«; aber jener eigenartige Typus ist nicht auf diese vier Namen zu reduzieren. Auch er nur mehr Geschichte.

Jüdisches Prag

Wenzel Hájek (Hagecius) behauptet in seiner phantasievollen Böhmenchronik, »die Juden« hätten »den Christen« 995 im Kampf gegen die Heiden beigestanden; zum Dank dafür habe man ihnen gestattet, sich auf dem linken Moldauufer (also der späteren Kleinseite) niederzulassen. Ganz erfunden ist die Geschichte nicht, denn auch Cosmas erzählt, daß die Juden unter Herzog Hostivit den Tschechen gegen ein deutsches Heer geholfen haben sollen. Romantische Legenden legen den Beginn jüdischer Ansiedlung in noch grauere Vergangenheit: Die Fürstin Libuscha habe ihr Kommen prophezeit und ihren Sohn Nezamysl aufgefordert, sie gastfreundlich aufzunehmen. Nicht genug damit: Beim Bau der Altneusynagoge sei man auf Reste einer noch älteren Synagoge gestoßen, die aus der Zeit unmittelbar nach der Zerstörung

Jerusalems (70 n. Chr.) herrühre und eine Kopie des Jerusalemer Tempels darstelle.

Auch wenn das Erfindungen sind, liegt die jüdische Präsenz in Prag tatsächlich ein Jahrtausend zurück. Ibrahim Ibn Yakub, der 965/66 als Mitglied einer Sendbotschaft des Kalifen von Cordoba an Otto I. nach Böhmen kam, fand in der »aus Stein und Kalk erbauten Stadt Fraga« einen lebhaften Markt vor, den Slawen, Russen, Mohammedaner, Juden besuchten, um ihre Waren zu tauschen. In Prag selbst fertigte man Sättel, Zaumzeug und Schilde sowie dünne Tüchlein, die als Zahlungsmittel galten (während Gold und Silber als Waren aufgezählt werden). Das zumindest stimmt: Das tschechische Wort für »zahlen«, *platit*, ist von »*plátno*«, Leinwand, abgeleitet. Gewiß sind die Nachrichten des Cordobaners nicht allzu verläßlich: Aus Stein waren im damaligen Prag nur einige Bauten auf dem Hradschin. Aber der rege Handelsverkehr entlang der *Via publica*, die aus dem Osten kommende Bernsteinstraße, die etwa mit der Breiten Gasse (Široká) die Furt der Moldau erreicht, um dann auf der anderen Flußseite westwärts gegen Strahow aufzusteigen, sind keine Erfindungen Ibrahims.

Es ist kein Zufall, daß die Prager Judenstadt später um die Breite Gasse kristallisiert. Jüdische Kaufleute haben hier wohl zunächst Warenlager errichtet, die vom Herzog geschützt waren; der Chronist Cosmas erwähnt noch ein zweites Zentrum jüdischer Ansiedlung, vielleicht unterhalb des Hradschins, vielleicht auch an der Abzweigung der West-Ost-Straße nach Süden, zum Wyschehrad (Opatovice). »Nirgendwo wirst du dich mehr bereichern«, wird Fürst Břetislaw nach derselben Chronik 1090 empfohlen, »als unterhalb der Prager Burg und in der Wyschehrader Gasse. Dort gibt es Juden, die viel Gold und Silber besitzen, dort sind die reichsten Kaufleute aus allen Völkern.«

1096 werden die Empfehlungen beherzigt. Fanatisierte Kreuzfahrer wollen die Ungläubigen zwar vor allem bekehren, die Männer wehren sich tapfer, aber ihre zweite Niederlassung, wo immer sie war, muß aufgegeben werden. Die Kreuzfahrer reißen auch den internationalen Handel an sich; vielleicht deshalb verliert die Breite Gasse an Bedeutung zugunsten des neuen großen Markt-

Die frühgotische Altneusynagoge überstand alle Katastrophen der Prager Judengemeinde

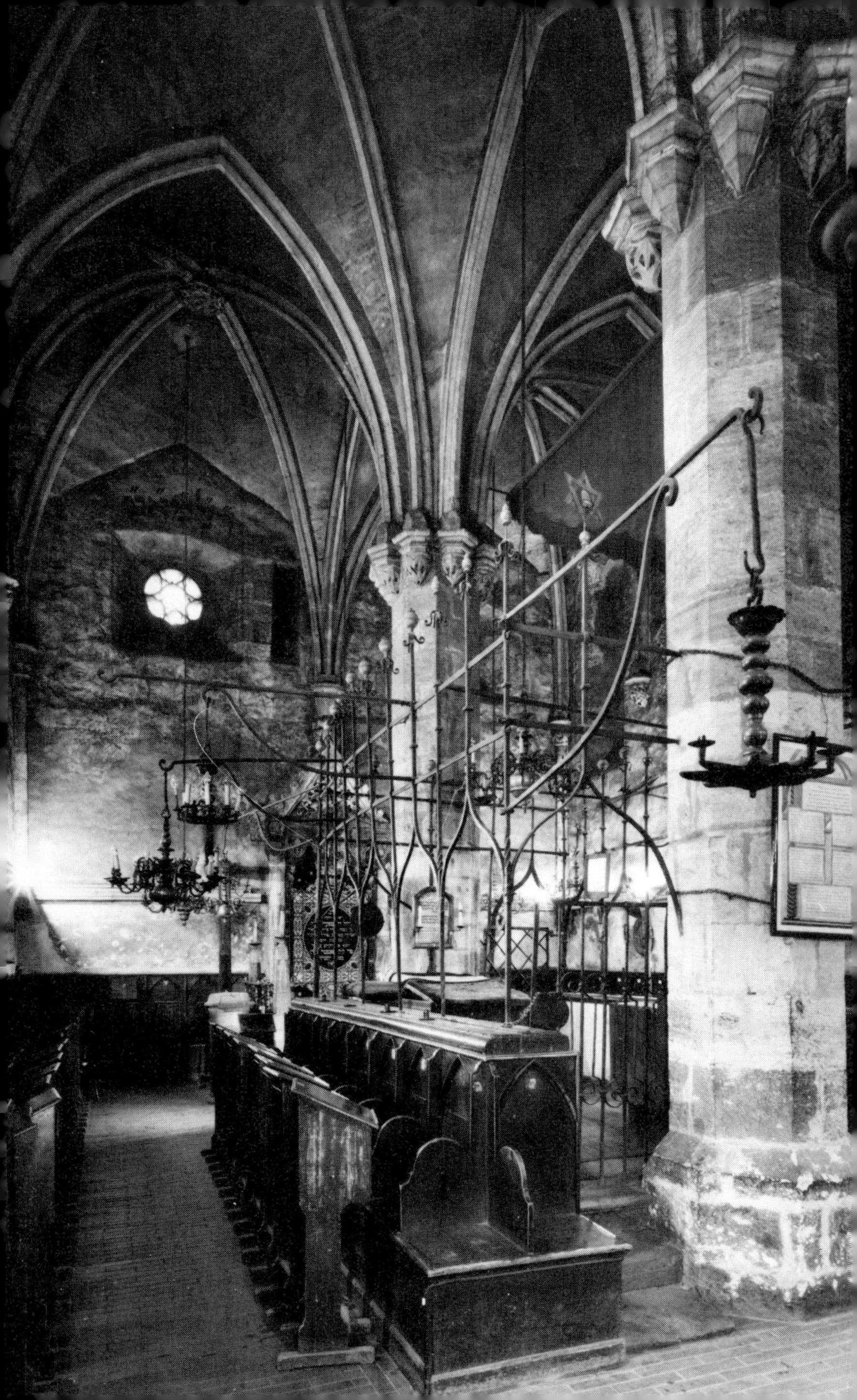

platzes (des Altstädter Rings) sowie der neuen Zufahrtsstraßen: der Langen und der Zeltnergasse. Dazwischen liegt der herzogliche Zollhof am Teyn. In der Mitte des 12. Jahrhunderts nimmt schließlich die steinerne Judithbrücke dem alten Stapelplatz an der Furt (am heutigen Vorfeld der Mánesbrücke) die zentrale Lage. Jetzt erst setzt auch ganz die ethnische Segregation ein, obwohl Juden noch im 13. Jahrhundert häufig verstreut unter der übrigen Bevölkerung leben, Waffen tragen und die slawische Landessprache verwenden, wie aus tschechischen Glossen in hebräischen Schriften der Zeit hervorgeht.

Seit dem 11. Jahrhundert entstehen im Bereich der jüdischen Ansiedlung Synagogen als Zentren nicht nur des Kultes und der Lehre, sondern auch der Selbstverwaltung und Gerichtsbarkeit. Die eine, am westlichen Eingang zur Breiten Gasse (die Vorläuferin der heutigen Pinkassynagoge, mit den Namen der 77297 ermordeten böhmischen Juden an der Wand), die andere, die »alte Schul«, am östlichen Ende derselben Gasse, auch Spanische Synagoge genannt, ebenfalls in späteren Umbauten erhalten, für sephardische Anhänger des Jerusalemer Ritus – die wahrscheinlich in der Judenstadt der Przemyslidenzeit überwogen. Der Ruhm Prager Rabbiner (Jizchak Or Zarua) und das Wachstum der Stadt bringen aber auch zahlreiche Zuwanderer aus dem deutschsprachigen Raum – Worms, Speyer, Regensburg; für sie entsteht um 1280 die Neue (seit dem 17. Jahrhundert »Altneue«) Synagoge. Sie stand ursprünglich auf einem Hügel und überragte die umliegenden Häuser – schwer vorstellbar nach der sogenannten Assanierung der Judenstadt und der Errichtung der großen Mietshäuser im bürgerlichen Prunkstil der Jahrhundertwende. Westlichen Einfluß beweisen die Anlehnung an die Wormser Synagoge, der Vorraum für die Frauen, die nicht am Gottesdienst teilnehmen, der eingemauerte Thoraschrein im Osten, die Bimah in der Mitte, aber auch das frühgotische Doppelschiff, die achtseitigen Pfeiler, die Blattkapitelle.

Die Entwicklung der mittelalterlichen Stadt, deren Ausdruck die Ummauerung in den dreißiger Jahren des 13. Jahrhunderts und die Fixierung der Stadtrechte bis 1287 waren, führte zur stärkeren Ausgrenzung der jüdischen Bevölkerung. Ursprünglich den fremden Kaufleuten praktisch gleichgestellt, werden die Juden seit dem Laterankonzil von 1215 geächtet. Als fürstliche »Kammerknechte« sind sie aus dem zünftig geregelten städtischen Organismus ausgeschlossen und dürfen sich nur mit dem verpönten Geldhandel befassen. Als Wucherer jedoch werden sie in geschlossene Viertel eingesperrt und müssen die gelbe Farbe und den Spitzhut mit breiter Krempe tragen. Erst jetzt entsteht das eigentliche Getto, das man nur durch einige wenige Tore betreten kann. Eines stand in der heutigen Valentinsgasse hinter der Philosophischen Fakultät, ein anderes vor der Heiliggeistkirche, ein drittes am Ende der Goldenen (Maisel-)Gasse; aber auch auf der gegen Überschwemmungen aufgeschütteten Flußseite gab es mehrere Pforten.

1254, nach mehreren schweren Pogromen durch den aufgehetzten Pöbel, erließ Przemysl Ottokar II. eine Judenordnung, die Schutz gewähren sollte: Legt ein Christ Hand an einen Juden, soll ihm die Hand abgeschlagen werden, wird ein Jude ermordet, soll der Täter hingerichtet und sein Eigentum eingezogen werden. Die Privilegien, zu denen Selbstverwaltung durch einen 27köpfigen Judenrat sowie die niedere Gerichtsbarkeit gehörten, wurden von späteren Herrschern immer wieder bestätigt; gewiß nicht aus Sympathie, sondern in Erwägung der Nützlichkeit und Einträglichkeit der Juden. In der Prager Judengemeinde, der obersten Behörde aller böhmischen Juden, kam die Judensteuer aus dem ganzen Lande zusammen, eine nicht unerhebliche Einnahmequelle für die Kammer. Außerdem befand man sich in einem Dilemma: Darlehensgeschäfte waren von der Kirche verboten, erwiesen sich dennoch als notwendig für die aufstrebende Stadt.

Die Kirche war die treibende Kraft bei der Ächtung, und Synoden wie die von 1349 unterstrichen wiederholt die Ausgrenzung und Kennzeichnung der Juden, die zur Sühne der Kreuzigung Christi ewiger Knechtschaft unterworfen, unter Sachenrecht gestellt wurden, deren Leib und Besitz ihrem »Beschützer« also jederzeit zur Verfügung standen. Zugleich gestattete ihnen aber der Kaiser ausdrücklich das Zinsnehmen und bürgte für die Rückzahlung, sofern es ihm nicht gefiel, die Forderungen als Geschenk – für die Altstadt – zu annullieren, wie es im Jahr 1362 geschah. 1366 hat Karl IV. nach den Worten des Chronisten »den Scholaren Judenhäuser geschenkt und in diesen Magisterkollegien gegründet«. Es ist kaum anzunehmen, daß er das Haus des Juden Lazarus in der Joachimsgasse, in dem das erste Kolleghaus seiner Universität entstand, gekauft hatte.

Einige Jahre später, schon unter Wenzel IV., zu Ostern 1389, brachen fanatisierte Pöbelhaufen wieder in die Judenstadt ein. Ein lateinisches Spottgedicht über die »Passion der Prager Juden« beschreibt die blutigen Ereignisse. Einem Anführer des Pogroms, Jesko Quadratus, legt das Gedicht die klassischen Worte in den Mund: »Es ist gut für uns, daß alle Juden ohne Unterschied für das Christenvolk sterben sollen, damit nicht die ganze Nation untergehe.« Die Ratsherren suchten den Sturm von der Judenstadt abzuwenden, doch der Heilige Geist verwirrte wohl die abgesandten Büttel, so daß sie statt dessen im Namen des Königs und der Ratsherren zur Plünderung und zum Mord an den Juden aufriefen. Am Eingang zur Judenstadt kam es wahrscheinlich zu einem Zusammenstoß, doch die Volkshaufen drangen auch durch andere Pforten, von der Moldauseite, ein.

»Sogleich erhoben sie grausam die Hand gegen die ungetreuen Juden und verschonten weder deren Sachen noch Leiber. Sie teilten dann untereinander ihre Kleider, soviel jeder ergattern konnte..., und nahmen nicht nur Kleider, sondern auch alle ihre Schätze und Geräte mit sich. Alle, die aber dort anwesend waren, erhoben ihre Hände und schlugen sie ohne Gnade, schnitten ihnen nicht nur Ohren, sondern auch Köpfe, Hände und Beine ab... Und als es spät am Abend war, kam ein großes Beben über die Judenstadt. Die Steine der Gräber sprangen entzwei, wurden auf ihren Friedhöfen zerschlagen, die Gräber von den Christen geöffnet, und dennoch sind keine der Leiber der Juden auferstanden... sie ordneten also alles mit Schwert und Feuer; nur einige wenige der edleren Kinder brachten sie aus dem glühenden Feuer, und diese führten dann barmherzige, treue Christen durch die Wiedergeburt der heiligen Taufe aus dem Dunkel des Wahns des jüdischen Unglaubens zum Licht des wahren und orthodoxen Glaubens...« Andere, heißt es in dem Gedicht, blieben verstockt und töteten sich (»wie Judas«) samt ihren Kindern. Die Altstädter Ratsherren versuchten dann zumindest die geraubten Gegenstände einzusammeln, »nicht aus Reinheit ihres Gewissens, sondern zitternd vor Angst vor der Majestät des Königs«. Man verbrannte die Erschlagenen, »damit die durch das Fett der Wucherer verdorbene Luft nicht die Gemeinde anstecke«, und warf dabei wohl auch noch einige Überlebende ins Feuer; der Volkshaufen wütete weiter und ließ auf der Suche nach Schätzen keinen Stein auf dem anderen. Schließlich stellten die Ratsherren Wachen auf und versiegelten die Pforten.

Soweit ein Zeitdokument, dessen erschreckender Anschaulichkeit nichts hinzuzufügen ist. Rabbi Avigdor Karo, ein Arzt, hat dem Ereignis eine hebräische Elegie gewidmet; sie bestätigt und ergänzt das christliche Pamphlet aus der Perspektive der Angegriffenen. Sein Grabstein vom 23. April 1439 ist der älteste auf dem Alten Jüdischen Friedhof. König Wenzel, der die Juden als sein Eigentum betrachtete, soll das bei dem Pogrom geraubte Gold zugunsten seiner Kammer eingezogen und außerdem den Ratsherren eine Buße von 20000 Schock auferlegt haben. Den Neustädter »Judengarten« garantierte er als Ruhestätte und Asyl »auf ewige Zeiten«. Die Ewigkeit währte nicht lange. Avigdor Karos Elegie wurde bis ins 20. Jahrhundert am Versöhnungstag in der Prager Altneusynagoge gesungen – ein Menetekel.

Wie schnell das Leben in die verwüstete Judenstadt zurückkehrte, wissen wir nicht. Die 138 Häuser hatten unzählige Kellergewölbe, Hinterhöfe, Durchgänge, die Zuflucht boten und es vielleicht ermöglichten, zu überleben. Die Hussiten hoffen zunächst auf Bekehrung, der Prediger Jakobellus von Mies schlägt vor, den Juden Landwirtschaft und Handwerk zu gestatten, sie wirtschaftlich und rechtlich einzugliedern, auch um damit dem Haß die Spitze abzubrechen. Der Versuch scheitert, die Abneigung bleibt. Die Juden von Komotau erleiden lieber den Feuertod, als zum hussitischen Glauben überzutreten; auch das Prager Getto wird erneut geplündert. Man kapselt sich wieder ab, die Rechtslage bleibt unverändert – erst 1827, 400 Jahre später, dürfen Juden christlichen Zünften beitreten. Nur die Judensteuer wird jetzt von den Gemeindeältesten der Altstadt erhoben.

Seit dem späten 15. Jahrhundert verlieren die Juden allmählich das Geldhandelsmonopol; das kirchliche Wucherverbot wird umgangen, auch der Zinssatz gesenkt. Die Judenstadt orientiert sich um und entwickelt, ausgehend von dem geduldeten Handwerk und Handel für den eigenen Bedarf, ein breitgefächertes Wirtschaftsgefüge, das im 16. Jahrhundert die Gettoschranken durchbricht. Nicht nur gesuchte Ärzte gibt es jetzt, Bäcker, Fleischer, sondern auch Buchdrucker, Glasbläser, Goldschmiede (oft sind es italienische Juden); es entstehen große Werkstätten, in denen Pelze, Stoffe, Leder, Schuhe verarbeitet oder repariert werden; jüdische Händler kaufen landwirtschaftliche Produkte auf, verlegen auch die Erzeugnisse christlicher Zünfte, schließen mit diesen und dem Adel langfristige Lieferabkommen, exportieren auf ausländische Märkte. Neue Spannungen führen 1541 zur Ausweisung der gesamten Prager Judenschaft, die jedoch 1549 wieder in der Stadt ist (es handelt sich um etwa tausend Personen). Die wirtschaftliche Funktion der Judenstadt erweist sich als unverzichtbar, und seit den sechziger Jahren des 16. Jahrhunderts wächst ihre Bedeutung immer mehr, auch die Beziehungen zum Kaiserhof, der sie mit Privilegien honoriert.

Ein Zeichen des Wohlstandes und der Verflochtenheit mit der Stadt ist die sogenannte Pinkassynagoge, die 1536 auf den Grundmauern eines romanischen Gebäudes aus dem 11. Jahrhundert errichtet wurde; die spätgotische Architektur, wahrscheinlich aus der Hütte Benedikt Rieds, geht – wie bei den meisten Prager Bauten der Zeit – stellenweise in Renaissance über. Eine Anekdote verbindet den Bau mit einem makabren Scherz: Die Diener eines Magnaten warfen einem Juden den krepierten Affen ihres Herrn ins Fenster – im Magen des Tiers fand der Gründer der Synagoge die vielen Golddukaten, die der Magnat ihm zum Spielen gegeben hatte. Gleich woher der Reichtum des Bauherrn kam, Aaron Meshulam, genannt Munka Hořovsky, konnte sich teure Baumeister leisten, ihm gehörten große Teile der Judenstadt. Auf seinem Grabstein aus dem Jahr 1550 wird er, der wohl gerade erst aus der Vertreibung Zurückgekehrte, in ungewollter Ironie »Herr des Landes« genannt. Mit seinem Namen ist der Druck zahlreicher reichgeschmückter hebräischer Bücher verbunden – die Druckerfamilie Gerson, die seit 1514 fast alle böhmisch-hebräischen Bücher des 16. Jahrhunderts herausbrachte, hat in ihrer Mehrzahl in seiner Nähe, an der Pinkassynagoge, die letzte Ruhe gefunden. Deren wenig sensibler Umbau im 17., 18. und 19. Jahrhundert wird unwichtig angesichts der Namen der Ermordeten an den Wänden der Gedächtnisstätte am Ausgang der alten Breiten Gasse.

Die Krähen schreien auf den hohen Friedhofsbäumen. Lastwagen und Straßenbahnen fahren an der Uferstraße, der »Straße des 17. November«, an der Mauer entlang, hinter der man auf einer Fläche von 11 000 Quadratmetern ebenso viele Grabsteine gezählt hat. Der Garten der Toten, ein Fünftel der Fläche des gesamten Gettos, hat erst allmählich durch Ankauf umliegender Gärten seine heutige Form erhalten. Seine Anfänge hängen wahrscheinlich mit der Entscheidung König Wladislaws aus dem Jahr 1478 zusammen, den etwa dreieinhalb Hektar großen alten »Judengarten« in der Neustadt, zwischen der heutigen Jungmanngasse und der Spálená, aufzuheben und zu bebauen. Die nach dem König benannte Vladislavova führt quer durch den ehemaligen Friedhof; die tschechische Landesregierung residiert, sicher ohne es zu ahnen, seit 1968 auf den Knochen der Prager Juden. Ruht deshalb kein Segen auf ihren Taten?

Der neue Friedhof ist inzwischen zum »Alten« geworden. In seiner Mitte das meistbesuchte Grab mit dem rosamarmornen Renaissancedenkmal, das sich portalförmig zu einem Traubensymbol erhebt. Hier ruht der ehrwürdige, sagenumsponnene Hohe Rabbi Löw (Liwa Ben Bezalel, 1512–1609). Löw, gebürtig aus Posen und dort auch mehrfach tätig (1592–97 als Oberrabbiner), war vor allem berühmter Talmudlehrer, Religionsphilosoph, daneben auch Mathematiker, Astronom und Verfasser vielgelesener Kommentare, schließlich Richter und Prediger. Seine Schriften sind zumeist seinem Schwiegersohn Jizchak Kohen in die Feder diktiert. Vom Typ her war Rabbi Löw weniger Mystiker und einsamer Grübler als Praktiker, Erzieher, Erzähler von Gleichnissen. Sein Ruhm war wohl bereits zu Lebzeiten groß, wie schon die Tatsache beweist, daß der spanisch erzogene Kaiser Rudolf ihn in Privataudienz empfing, um sich die Geheimnisse der Kabbala erklären zu lassen. Aber zum Wundertäter und Schöpfer der Kunstfigur des Golem aus belebenden Buchstabenkombinationen (dem »Schem«) wurde er erst im 18. Jahrhundert gemacht. Die uralte Sage ist seit dem babylonischen Talmud gewandert, bis sie in Goethes *Zauberlehrling* einging und zur klarsichtigen Parabel von den Kräften wurde, die der Mensch zwar entfesseln, aber nicht mehr bändigen kann.

Auf dem Marienplatz, wo nach 1630 bei Maria an der Lake von Jesuiten obligatorische Judenpredigten in Hebräisch gehalten wurden, hat man vor dem Ersten Weltkrieg ein neues Rathaus errichtet. An einem Eck hat Ladislav Šaloun die Figur des legendären Eisernen Ritters plaziert, am anderen eine gekonnt-jugendstilige Rabbinerfigur, der ein nacktes Mädchen – als Todesengel –

»eine Rose darreicht, aus welcher ihn der Tod anweht«, wie der Autor der Statue erläutert. Mir kommt sein Rabbi fast wie ein furchterregender, häßlicher Magier aus der Welt der Vampyre Gustav Meyrinks vor, nicht wie der historische Liwa Ben Bezalel, den ich mir durchaus lächelnd und Anekdoten erzählend vorstellen kann. Nach dem Golem, dem Paul Wegener 1914 und 1920 zwei berühmte Filme widmete und der zum Beschützer der Juden gegen den verhetzten Pöbel umstilisiert wurde, suchte auf dem Dachboden der Altneusynagoge, wohin sich bis dahin niemand getraut hatte, der »rasende Reporter« Egon Erwin Kisch. Er fand nur Gerümpel.

Die engeren Beziehungen zum Hof Rudolfs II. besaß aber wohl Löws Zeitgenosse Marcus Mordechai Maisel, Primas der Judenstadt, Finanzier und Hoflieferant, der 1598 zum Dank für seine finanzielle Hilfe im Türkenkrieg vom Kaiser das ungewöhnliche Privileg erhielt, frei über sein Eigentum zu verfügen. Als er 1601 starb, hielt sich Rudolf nicht an seine eigene Urkunde und ließ den Besitz Maisels, der kinderlos verstorben war, einziehen. Die über eine halbe Million Gulden waren der leeren Hofkasse äußerst willkommen, und was bedeutete schon das einem Juden gegebene Privileg? Maisel hatte sich – zumindest seiner Gemeinde gegenüber – großzügiger verhalten. Schon in den sechziger Jahren des 16. Jahrhunderts hatte er am Rande des Friedhofs die »Klausensynagogen« bauen lassen – in einer von ihnen hatte wahrscheinlich Rabbi Löw sein berühmtes *Beth Hamidrash* (Haus des religiösen Studiums). Heute befindet sich darin eine Ausstellung von Zeichnungen ermordeter Theresienstädter Kinder. Bald folgte der Bau des Rathauses in der Belelesgasse, die heute nach Maisel benannt ist, gleichzeitig der der angrenzenden Hohen Synagoge gegenüber der »Altneuen«, und schließlich mit besonderer Pracht die Errichtung der Maiselsynagoge, deren ursprüngliche Form wir nach mehreren Bränden und Umbauten nicht mehr erkennen können; sie soll auf 20 steinernen Säulen geruht haben und mit Steinmetzarbeiten reich verziert gewesen sein. Maisel widmete ihr einen Tempelvorhang und eine König-David-Fahne.

Nach dem ausgesprochenen Willen der Organisatoren des Massenmordes kann man all diese »Überreste der Kultur einer untergegangenen Rasse« in den zu Museen umfunktionierten Synagogen besichtigen. Die als Schandfleck empfundene Judenstadt selbst hatte man aber schon nach 1893 abgerissen und in ihren verwinkelten Wirrwarr völlig neue Straßenzüge geschlagen mit historisierenden Bürgerhäusern, deren Türmchen, Erker, Balkone und Renaissancegiebel Tradition suggerieren möchten und doch nur protzige Verlegenheit ausstrahlen.

Im 17. Jahrhundert wächst die Judenstadt ungeachtet der allgemeinen Stagnation. Der nobilitierte Jakob Baschewi, uns bereits als Partner Wallensteins bekannt, erwirbt eine Reihe von Häusern aus christlichem Besitz am Dreibrunnenplatz in der Nähe des Altstädter Rings, wo er sich ein stattliches Renaissancehaus errichtet. Das Getto dehnt sich auch östlich an der Heiliggeistkirche und nordwärts, der Moldau zu, aus, in der verrufenen Gegend der Freudenhäuser (Na hampase), der »Saliterei«, des Henkerhofs und der Richtstätte, wo sinnigerweise heute die Juristische Fakultät steht. Der Genius loci hat aber keine ungebrochene Tradition: Bis ins 19. Jahrhundert stand da die Mikwe, das Badehaus.

Die Ausweitung bleibt nicht ohne Proteste und Versuche, die übervölkerte Judenstadt wieder auf ihre mittelalterlichen Grenzen zu reduzieren. Die wirtschaftliche Rückwärtsentwicklung von der kaiserlichen Residenzstadt zur heruntergekommenen Provinzmetropole schürt auch ein Klima von Neid und Aggression, obwohl die Juden 1648 bei der letzten Schwedenbelagerung an der Seite der Studenten tapfer mitgefochten und dafür unter anderem die hohe Vergünstigung erhalten hatten, an dem Maiselschen Rathaus einen kleinen Glockenturm anzubringen. Doch soll man vom Land der siegreichen Gegenreformation gegenüber den Verrätern Christi Duldung und Nächstenliebe erwarten? Auf der Karlsbrücke steht neben zahlreichen Denkmälern barocker Frömmigkeit auch ein Denkmal barocker Intoleranz: ein Kruzifix, über das eine Aufschrift belehrt, es sei errichtet von einem »wider das Heylige Creutz schmähenden Juden« (*in Sanctam Crucem blasphemi Iudaei*). A. D. MDCXCVI. Schlimmer die Geschichte vom jüdischen Knaben Simon Abeles, der aus eigenem Willen die Jesuitenpatres aufgesucht und sich auf die Taufe vorbereitet haben soll, aber – angeblich – vom eigenen fanatischen Vater ermordet wurde. Der Täufling wurde mit Pomp in der Teynkirche begraben, der Vater dem Inquisitionsgericht übergeben.

Solche Begebnisse zeigen die Mauer von Vorurteilen und Wahnvorstellungen, die die Einwohner des Prager Gettos umgibt. Schon ihre Zahl ist auf beängstigende Weise gewachsen. 1655 zählt man in Prag 1492 Juden über 20 Jahre, bald sind es noch mehr, trotz des berüchtigten Familiantengesetzes von 1726, das in jeder Familie nur dem ältesten Sohn zu heiraten gestattete, und das erst nach dem Tod des Vaters. In ganz Böhmen gab es 8541 solche »Familienstellen«, in Mähren 5106 (zum Vergleich: im gesamten damaligen Preußen 1245). Von der auf 2335 Familien angewachsenen Prager Judenschaft ernährten sich etwa 50 Prozent vom Handel, oft mit Rohstoffen und Erzeugnissen von adligen Gutsherrschaften, aber auch mit Gebrauchsgegenständen für Jahr- und Wochenmärkte (Tandelmarkt bei St. Gallus); 27,5 Prozent waren Handwerker, 22,5 Prozent Bedienstete, zu denen auch die 63 Schulmeister zählten, nicht jedoch die 60 bis 70 Freiberufler: Ärzte, Apotheker, Hebammen und Spaßmacher.

Die meisten der Einwohner der Judenstadt waren – entgegen der gängigen Vorstellung – arm und abhängig von den Hausbesitzern, von denen sie im Prinzip jederzeit weggeschickt werden konnten. In den Händen der Hausbesitzer, die allein Aufenthaltsgenehmigung und Handelsberechtigung besaßen, lagen die Selbstverwaltung, die Wahl des Gemeindevorstehers und des Rabbiners, auch die Steuerverteilung. Allerdings galten als »Hausbesitzer« fast 1200 Familienväter (bei etwa 300 Häusern!). Die »Realteilung« nahm oft groteske Formen an: Bei der späteren Assanierung gehörte etwa das Haus Nr. 140 29 Eigentümern; von denen, heißt es, seien 26 verschollen gewesen. Das war das Ergebnis spät-österreichischer Freizügigkeit, aber auch in der frühen Neuzeit gab es Bewegung.

Die durch eine Pestepidemie (1680) und einen Großbrand (1689) fast vernichtete Judenstadt näherte sich in den ersten Jahrzehnten des 18. Jahrhunderts, vor allem durch Zuzug Vertriebener, schnell der magischen Grenze von 10 000 – ein Viertel der Einwohnerschaft Prags; die großen deutschen Gemeinden wie Frankfurt oder Worms blieben erheblich unter 2000 Köpfen, nicht viel größer die polnischen, wie Brody, Lemberg oder Lissa.

Die beengte Lage, die hohe Konzentration zwangen zu wirtschaftlicher Rationalität, zu Erfindungsgeist, Disziplin und Konsumverzicht – Voraussetzungen des späteren »jüdischen Wirtschaftswunders«, aber auch Anlaß zu ständigen Beschwerden und Klagen der Prager Zünfte über unlautere Konkurrenz durch minderwertige Waren. Der Zweite Schlesische Krieg ließ den Kessel des angestauten Judenhasses vollends explodieren. 1744 marschierten die Preußen vor Prag auf, beschossen es vom Veitsberg und vom Letnáberg, aber schienen die Judenstadt zu schonen. Noch bevor sie die von den Österreichern aufgegebene Stadt besetzen konnten, zogen verhetzte Pöbelhaufen ins Getto, raubten, schlugen, zerstörten, bis der preußische General von Einsiedel für Ordnung sorgte. Die Preußen, nicht eben großzügige Gegner, erlegten der schon im Ersten Schlesischen Krieg schwer mitgenommenen Stadt enorme Kontributionen auf, plünderten die Häuser der Geflohenen und – verkauften wohl einiges von dem Raub in der Judenstadt; ein Grund mehr, die Juden des Einvernehmens mit dem Landesfeind zu bezichtigen. Ende November zogen die Preußen ab, und wieder ergoß sich tagelang der Volkszorn über die Juden. Nicht genug damit. Drei Wochen später verfügte Maria Theresia, »daß künftig kein Jud mehr in dem Erbkönigreich Böhmen geduldet werden soll... An dem letzten Monatstag Januari des bevorstehenden 1745. Jahres solle kein Jude mehr inner derer wo k. Prager Städten sich befinden, wo in widrigen dieselben mit militärischer Hand hinausgeschafft werden sollten.«

Der Termin wurde wegen des besonders harten Winters bis zum 31. März hinausgeschoben, nachdem die meisten Prager Juden die Stadt bereits verlassen hatten und im Lande umherirrten, das sie bald ganz verlassen sollten. Es war gewiß nicht in erster Linie menschliches Mitgefühl, das 1748 die teilweise Rücknahme der Ausweisung bewirkte. Die böhmischen Standesherren hatten in vorteilhaften Verbindungen zu jüdischen Pächtern und Kaufleuten gestanden, die man jetzt austreiben wollte; Absatz und Kredit stagnierten auch in der Stadt. Die Statthalterei war besorgt wegen der ausfallenden Judensteuer; Interventionen aus dem Ausland kamen hinzu. Nur wenig mehr als die Hälfte der Prager Juden kehrte ins verwüstete Getto zurück. Hiobsschicksal: Schon 1754 lagen die meisten der wieder hergerichteten Häuser der Judenstadt nach einem großen Brand in Schutt und Asche.

Endlich, 1780, scheint die Stunde der Freiheit zu schlagen; der

Kaiser Joseph, bei dessen Geburt die Prager Juden einen feierlichen Umzug veranstaltet hatten, leitet eine hektische Revolution von oben ein, die mit dem Mittelalter Schluß machen will: Leibeigenschaft der Bauern, Adelsherrschaft, Verfolgung der Protestanten, kirchliche Gängelung des Geisteslebens, zünftige Einschränkung der Wirtschaft, Diskriminierung der Juden, all das soll der Vergangenheit angehören. Aufklärung wird per Dekret verordnet, einheitlich von einem Zentrum aus geleitet. Die äußerliche Kennzeichnung der Juden entfällt, Bart und gelber Fleck, das Ausgehverbot an Sonn- und Feiertagen vor 12 Uhr, die Leibmaut und die doppelten Gerichtstaxen, die jüdischen Passierscheine. Aufgehoben auch das Verbot, an öffentlichen Belustigungen teilzunehmen, bei Christen Logis zu nehmen. Juden dürfen Gesellen und Meister werden, dürfen herrschaftlichen Landbesitz pachten und bearbeiten, dürfen inländische Universitäten besuchen. Andererseits sollen die hebräische und die sogenannte jiddische Sprache aus dem öffentlichen Gebrauch verschwinden, also müssen ab 1784 auch die Geschäftsbücher in der Landessprache (in der Regel deutsch) geführt werden. Bei jeder jüdischen Hauptsynagoge soll auf Kosten der Gemeinde eine deutsche Hauptschule errichtet werden, anderenfalls müssen die jüdischen Kinder die nächste christliche Schule besuchen – was man tunlichst vermeidet. Um dem Dekret nachzuhelfen, wird ab 1786 für Heiratsbewilligungen – außer gut 20 weiteren Urkunden – ein Normalschulzeugnis gefordert.

Die Schule soll der jüdischen Bevölkerung ein für sie neues Gefühl eingeben, nämlich die Liebe zum gemeinsamen Vaterland. Das bedeutet zunächst einen habsburgischen Patriotismus, daneben auch einen deutschsprachigen Bohemismus; insofern gehen starke Wirkungen von der josephinischen Aufklärung auf das jüdische Denken aus. Bestandteile des kaiserlichen Umerziehungsplanes, der ansonsten die Zahl der tolerierten jüdischen Familien keineswegs erhöhen wollte, waren ferner die Aufhebung des autonomen jüdischen Gerichtswesens, die Namensänderung und die Militärdienstpflicht. Alle diese Verordnungen bedeuteten einen gravierenden Eingriff in die traditionelle jüdische Gesellschaft und wurden nicht immer mit Begeisterung aufgenommen. Was man noch nicht sehen konnte: Die Germanisierung, nicht zuletzt die obligatorischen deutschen Namen, bildete im 19. Jahrhundert eine Belastung der Beziehungen zum tschechischen Milieu; den lästigen, langen Kriegsdienst konnten Wohlhabendere in der Regel auf die armen Glaubensgenossen abwälzen.

Die bescheidenen Schritte zur jüdischen Emanzipation stießen, verständlich genug, innerhalb der jüdischen Gemeinden auf Widerstand bei den Orthodoxen. Widerstand aber auch von außen: Schon 1782 erschien in Prag eine 79 Seiten starke Schrift, die den Titel trägt: *Über die Unnütz- und Schädlichkeit der Jüden in Böheim, Mähren und Österreich.* Der Verfasser, Ignaz Klingler, gewiß kein Freund der Juden, glaubt diese immerhin geeignet für den Beruf des Manufakturunternehmers und Großhändlers. In der Tat haben in den folgenden Jahrzehnten jüdische Unternehmer Handel und Industrie in den habsburgischen Ländern entscheidende Anstöße gegeben: als Baumwoll-, Woll- und Tuchfabrikanten, als Geschäftspartner des feudalen Großgrundbesitzes, im anschließenden Handel mit Agrarprodukten, der Zucker-, Stärke-, Öl-, Leder- und Likörherstellung, der Zündholz- und Papierindustrie, wobei sich die Kombination von Produktion, Handel und Bankgeschäft als besonders erfolgreich erwies.

1807 schrieb ein Vertreter der Prager jüdischen Aufklärung, Ignaz Jeitteles, daß von 58 Leinwand- und Kattunfabriken in Böhmen 15 in jüdischer Hand seien und daß jüdische Fabrikanten 1000 von 7000 Prager Fabrikarbeitern beschäftigten. Jeitteles folgerte, die »industriösen Erfolge« der Juden seien der Beweis dafür, daß religiöser Glaube und bürgerliche Pflichterfüllung nie kollidierten. Das war allerdings zu einfach gesehen: Gerade der schnelle wirtschaftliche Aufstieg zahlreicher jüdischer Unternehmer und Bankiers hat im Zeitalter des Frühindustrialismus eine explosive Mischung aus alten Vorurteilen und neuem Antikapitalismus entstehen lassen. Daran änderte die sich wandelnde jüdische Einstellung zur Umwelt wenig. So hat Jeitteles' Vater Baruch 1813 zusammen mit anderen wohlhabenden Prager Juden ein Privatlazarett für verwundete Soldaten errichtet, sich bei deren Pflege angesteckt und ist als Samariter und österreichischer Patriot gestorben.

1787 hat man den Alten Jüdischen Friedhof geschlossen. Ein Jahrhundert später wurde die Judenstadt abgerissen. Wieder nicht ganz ein halbes Jahrhundert später hat man 40 000 Prager Juden ermordet.

Deutsch-tschechisches Wechselspiel

Auch die Geschichte der Prager Deutschen läßt sich nicht unbefangen erzählen; zu viel ist, vor allem in unserem Jahrhundert, von und an Deutschen geschehen, als daß man ohne Voreingenommenheit und Zorn berichten könnte. Palacký, der große romantische Geschichtsschreiber, hat den Inhalt der böhmischen Geschichte als »ständige Begegnung und Auseinandersetzung« zwischen Deutschtum und Tschechentum definiert, wobei er dem Deutschtum das kämpferisch-hierarchische, den Tschechen das friedlich-demokratische Prinzip unterstellte, gegenseitige Befruchtung, Synthesen aus beiden Grundideen aber für notwendig und sinnvoll hielt.

Diese Geschichtsauffassung ist unhaltbar, nicht nur deshalb, weil aus *Begegnung* zwischen Deutschen und Tschechen *Kampf* wird; man hat in Böhmen meist um anderes gestritten als um Volkstum, und die Angehörigen der beiden Sprachgemeinschaften standen zumeist in beiden Lagern. Außerdem lebten sie in erträglicher Nachbarschaft, wie der Umstand, daß ungefähr ein Drittel der Tschechen deutsche Namen und ebenso viele Deutsche aus Böhmen tschechische Namen trugen, anschaulich beweist. Wo gibt es schon Phänomene wie die Tatsache, daß die tschechische Gräfin Dubsky unter dem Namen Marie von Ebner-Eschenbach zur deutschen und die deutsch erzogene Betty Pankl als Božena Němcová zur tschechischen Schriftstellerin wurde? Immer wieder erzählt man die Geschichte vom Treffen tschechischer und deutscher Sozialdemokraten, bei dem der Sprecher der Tschechen Němec (= Deutscher) hieß und der der Deutschen – Czech.

Wenn man von kirchlichen und dynastischen Beziehungen absieht, den Bindungen an Regensburg und Mainz, den deutschen kirchlichen Würdenträgern, der Freundschaft zwischen Otto III. und dem heiligen Adalbert, den deutschen Frauen der Przemyslidenherzöge, der Lehensbeziehung Böhmens zum Reich, dann waren die deutschen Anfänge in Prag den jüdischen nicht unähnlich. »Ich nehme die Deutschen, die unter der Burg Prag leben, in meine Gnade und meinen Schutz auf und will, daß sie, wie sie als Volk verschieden sind von den Tschechen, so auch geschieden seien von den Tschechen in Recht und Brauch. Ich gewähre daher ihnen zu leben nach dem Gesetz und nach dem Rechte der Deutschen, das sie seit den Zeiten meines Großvaters, des Königs Wratislaw, innehaben... Und wisset, daß die Deutschen freie Leute sind.« So Herzog Sobieslaws Deutschenprivileg aus der Zeit um 1174/78.

Am Ostrand der Neustadt, wo die Erste Tschechoslowakische Republik zwei repräsentative Ministerialgebäude errichtete (in einem von ihnen hat heute das ZK der KPČ seinen Sitz) und wo beim Gelände des abgerissenen Ernest-Denis-Bahnhofs der Massenverkehr nord- und südwärts fließt, stand seit dem 11. Jahrhundert eine deutsche Kaufmannssiedlung, deren Name sich bis heute in Form von »Těšnov« (= Deutschenhof) erhalten hat. Von der lärmenden Schnellstraße in die Petersgasse abbiegend, stehen wir auf der alten Handelsstraße nach Osten, die an St. Clemens und Castulus vorbei zur Breiten Gasse in der Judenstadt führt. Der Abbruch einiger alter Häuser hat erst in unserer Zeit das ursprünglich romanische Peterskirchlein freigemacht, das Zentrum einer bedeutenden Marktsiedlung war. Diese ständig von Überschwemmungen bedrohte Siedlung (deshalb »Poříč« = Flußgebiet) verlor seit dem 13. Jahrhundert an Bedeutung und sank zur Handwerkervorstadt mit Mühlen und Badehäusern an der Moldau ab.

Der Schwerpunkt des Handels hatte sich zum Altstädter Ring verlagert, um den sich eine kosmopolitische Gemeinschaft mit eigenem Marktrecht gruppierte; seit 1230 wird – wir wissen es schon – dieses Zentrum des Prager Suburbiums auch ummauert, wobei die Peterssiedlung draußen bleibt. Unzweifelhaft ist die Zeit nach 1200 das Jahrhundert der großen – nicht ausschließlich, aber vorwiegend deutschen – Kolonisation und Städtegründungen. 50 Städte entstehen noch im 13. Jahrhundert in Böhmen und Mähren, bald sind es an die 150, darunter reiche Bergstädte wie Iglau und Kuttenberg. Auf ihnen ruht die Macht der böhmischen Könige.

Der tschechische Adel, der sich trotz der neu zugelegten deutschen Namen seiner Stammsitze vor allem als »Gefolgschaft des heiligen Wenzel« empfindet, nimmt durch Städtegründungen und die Berufung von Siedlern ebenfalls an der fieberhaften Landerschließung teil – der Herrenstand, untereinander und mit dem Herrscher rivalisierend, stärkt seine Position. Auch die rechtlichen und wirtschaftlichen Verhältnisse der einheimischen Bevölkerung bessern sich dadurch. Ein weiterer wichtiger Akteur beim Kolonisationswerk ist die Kirche, nicht nur die bekannten »Rodeorden« der Zisterzienser, Prämonstratenser und Benediktiner. Inmitten dieses großen »Gründefiebers«, inmitten eines immer dichteren Netzes von Marktbeziehungen liegt die Hauptstadt; rückwirkend zieht der große Bedarf des städtischen Konsumzentrums weite Kreise auf dem umliegenden flachen Land.

Ursprünglich außerhalb der Altstadt liegt der uns schon bekannte Gallimarkt, dessen Lokator Eberhard, Bergbauunternehmer und königlicher Münzmeister, vorwiegend Süddeutsche beruft; der Deutsche Ritterorden läßt sich bei St. Benedikt nieder, in seinem Umkreis deutsche Kaufleute und Handwerker. 1257 gründet Przemysl Ottokar II. die Kleinseite unterhalb der Burg und besiedelt sie mit Deutschen aus dem Norden – sie verwalten sich nach Magdeburger Recht. Deutschen Charakter nimmt nicht zuletzt der Przemyslidenhof an. Wenzel II., selbst Minnesänger, wird in der bekannten Heidelberger Liederhandschrift auf dem Thron, von Sängern und Spielleuten umgeben, dargestellt; Heinrich von Meißen, Ulrich von Eschenbach, Heinrich von Freiberg besingen ihn, finden an seinem Hof eine Heimstätte; hohe deutsche Geistliche üben großen Einfluß aus, werden mit Stiftungen beschenkt, ziehen deutschen Klerus nach. Der Böhmenkönig nimmt das Schenkenamt bei der deutschen Königswahl wahr – was der *Sachsenspiegel* (um 1230) allerdings noch anficht. Doch die böhmische Kurwürde bürgert sich im 13. Jahrhundert ein, wird durch den königlichen Rang der böhmischen Fürsten nur unterstrichen, wird auch böhmischerseits nicht als Abhängigkeit, sondern als Vorzug empfunden: Die Böhmen, erklärt der Chronist Cosmas von Prag, seien dem Kaiser stets treu gewesen, ließen aber nicht zu, daß er sich in Landesangelegenheiten einmische.

In der Tat ist Böhmen durch die Kolonisierung kein *deutsches* Land geworden. Da ist zunächst der Adel, der den sprunghaften Aufschwung der Städte durchaus mit gemischten Gefühlen betrachtet; der neue Machtfaktor kommt dem König zugute, mindert also das eigene politische Gewicht. Der Mißmut, gestärkt durch den Zustrom ausländischer Würdenträger bei Hof und an den Spitzen der Landeskirche, schlägt sich in Ablehnung, ja Haß

Kleinstadt-Idylle mit volkstümlicher Nepomuk-Darstellung

gegenüber »den Deutschen« nieder. Die Thronwirren nach dem Tode Przemysl Ottokars II. (1278) sowie nach dem Tode des letzten Przemysliden (1306) führen zum Eingreifen fremder Heere und haben gewiß den Ausländerhaß geschürt, der nicht nur im *Dalimil* (um 1310) zum Ausdruck kommt. Allerdings wird meist zwischen eingesessenen Deutschen und Zugewanderten unterschieden.

Herzog Oldřich (Udalrich), der laut *Dalimil* ein tschechisches Bauernmädchen zur Frau erkor, erklärt, nachdem er den Adel darauf hingewiesen hat, daß sie alle aus dem Bauernstand herstammen, eine deutsche Fürstin bringe nur »die Spaltung der Zunge und alsbald die sichere Verderbnis des Landes«. Der *Dalimil*, durch seine scheinbar moderne Gleichung von »Zunge« und »Nation« von späteren Sprachnationalisten aufgegriffen, ist in Wahrheit Ausdruck eines Adelskonservatismus, dem »deutsch« soviel bedeutet wie »Neuerungen«.

Aber auch die Städte sind kein homogenes Ganzes. Das deutsche Patriziat, das die Handwerkerzünfte kurzhält, die Autorität des königlichen Richters beschneidet, das eigene Vermögen in Landbesitz anlegt, in den tschechischen Landadel einheiratet, ja in den Kampf um die böhmische Krone eingreift, wird allmählich in seiner Gesinnung böhmisch; böhmische Patrioten sind auch die deutschen Zisterzienseräbte, vor allem der Königsaaler Chronist Peter von Zittau. Klöster und Städte sitzen inmitten tschechischer bäuerlicher Bevölkerung, die über Wochenmarkt, Dienstboten- und Tagelöhnerarbeit, kleines Handwerk in die Stadt drängt, zäh nach oben strebt. Welt- und Ordensgeistlichkeit werden von tschechischen Aufsteigern durchsetzt. Bischof Johann von Dražitz gründet das Raudnitzer Augustinerstift ausschließlich für Söhne tschechischer Eltern. Sicher gab es deutsches »Kulturträger«-Gefühl und altböhmische Abwehrtendenzen. Aber es wäre gewiß falsch, beides zu verabsolutieren, sich etwa die Mentalität der nachrückenden Tschechen als quasi klassenkämpferisch und bloß neidvoll gegenüber den deutschen *beati possidentes* vorzustellen. Nicht nur hat nach dem Wort eines tschechischen Historikers (Jaroslav Goll) die teilweise Germanisierung der Tschechen ihre vollständige verhindert: Es gibt durchaus Dankbarkeit gegenüber deutscher Vermittlung fortgeschrittener westlicher Kultur, auch holen die Schüler den Vorsprung schnell auf; es genügt, den deutschen *Ackermann aus Böhmen* mit dem alttschechischen *Tkadleček* zu vergleichen.

Die Regierungszeit Karls IV. beschleunigt die tschechische Aufholbewegung, die – parallel zur Vereinigung der böhmischen und der römisch-deutschen Krone durch eine Herrscherpersönlichkeit – einmündet in einen von beiden Sprachvölkern gleichwertig mitgetragenen kulturellen, wirtschaftlichen und politischen Aufschwung ohnegleichen. Wir kennen schon die Leistungen der karolinischen Glanzperiode Böhmens, die die alten Gegensätze verdeckt, ja überbrückt durch Hinwendung zu gemeinschaftlichen Werten, durch eine großartige Synthese von West und Ost, der Staatsidee St. Wenzels und Karls des Großen. Der deutsche Frühhumanist Johann von Neumarkt an der Spitze der sprachprägenden kaiserlichen Kanzlei wirkt neben dem tschechischen Erzbischof Ernst von Pardubitz; tschechische Studenten empfangen neben Studenten aus Meißen, Ungarn, Schlesien, Franken, Österreich in Prag Bildung, Wissen, die Geistigkeit der Zeit; tschechische Handwerker und Künstler lernen von Deutschen, Welschen und Franzosen. Ansätze zu Bibelübersetzungen in beide Volkssprachen werden parallel unternommen, am prachtvollsten die von dem Prager Patrizier Rotlöw in Auftrag gegebene deutsche Wenzelsbibel, die schließlich in der Wiener Hofbibliothek alle Stürme übersteht. Das tschechische Element überwiegt von Anbeginn in Karls Neustadt, dringt aber immer stärker auch in die Altstadt. Unverstandene wirtschaftliche Zusammenhänge und soziale Interessenlagen komprimieren sich dann in der Zeit des Niedergangs zu nationalen Frontbildungen.

Aber die Reformbewegung im 15. Jahrhundert geht von beiden Sprachvölkern aus: Waldhauser ist Oberösterreicher, Milíč Mährer, Janow Böhme (Milíč predigt tschechisch, deutsch und lateinisch); auch die Stiftung der Bethlehemskapelle ist keine nur tschechische Angelegenheit, und die Königin Sophie, eine bayerische Prinzessin, gehört zu Hus' ergebenen Schülern. Zwar wird die hussitische Revolution schließlich zur tschechischen Nationalbewegung, die große Teile der deutschen (konservativ gewordenen) Oberschicht vertreibt, aber radikale deutsche Waldenser (Nikolaus und Peter von Dresden) sind neben englischen Lollarden (Peter Payne) maßgeblich an ihrer ideologischen Ausformung beteiligt, ja der Heerführer Prokop der Große ist ein Prager Deutscher. Hussitische Manifeste finden in halb Europa Verbreitung und wohl auch Sympathie: »Aus allen Landen flohen die Frevler zu ihnen.« 1425 und 1426 werden deutsche Hussiten wie Johannes Drändorf und Peter Turnow verbrannt. Andererseits bringen demagogische Vereinfacher – und brandschatzende Kreuzfahrer – die Gegensätze auf die irreführende Formel: *tschechisch* gegen *deutsch*, einmal auserwählte Streiter Gottes gegen die Anhänger des Antichrist; auf der anderen Seite heißt es: Exekutoren der wahren Lehre gegen das Volk der Ketzer.

Ein hussitisches Manifest bezichtigt die Deutschen und Ungarn als »unserer Zunge grausamste Feinde«, als Schmäher des böhmischen Volkes, vor allem aber als Feinde der Wahrheit Gottes, für die Hus den Märtyrertod erlitt. Schon 1419 beschließen die utraquistischen Städte, »daß in den Städten keine Deutschen in ein Amt einzusetzen seien, wo Tschechen herrschen könnten und zu herrschen verstünden«. »Deutsch« steht jetzt für »Verräter der Reform«; aber das tschechische Element ist unabhängig von der ideologischen Befrachtung im Vordringen. Auch im schriftlichen Verkehr des Hochadels setzt sich die tschechische Sprache durch, sogar in die Korrespondenz der Luxemburger und der schlesischen Fürsten dringt sie ein. All das bedeutet keineswegs, daß das Deutschtum aus Böhmen verschwunden ist: Schon das ständige Bestehen der Städte auf tschechischen Sprachkenntnissen der Ratsherren zeigt die Anwesenheit eines beträchtlichen deutschen Bevölkerungsanteils; dem hussitischen König Georg von Podiebrad dienen Deutsche als Ratgeber; Martin Mair formuliert 1460 das berühmte Podiebradsche Friedensprojekt.

Dennoch hat die Revolution die große Synthese zerstört, auf die nicht erst Karl, sondern schon seine przemyslidischen Vorfahren gezielt hatten. Zwar haben die Kreuzheere den Widerstand der Hussiten nicht brechen können, zwar sind tschechischer Adel und tschechisches Bürgertum Herren des Landes; aber die böhmische Reformation ist nicht Auftakt zu einer gesamteuropäischen Bewegung geworden. Böhmen ist politisch, wirtschaftlich, geistig isoliert, durch immense Zerstörungen, auch durch den Wegfall der Kirche als Auftraggeber, kulturell zurückgeworfen; die böhmische Staatsidee, der Anspruch, vornehmstes Glied des Reiches zu sein, zerbrochen und die Beziehungen zu den Nebenländern der

Wenzelskrone, Mähren, Schlesien, der Lausitz, geschwächt. Katholische Humanisten bedauern das und entfalten, manchmal vom Hochadel unterstützt, in Latein und Tschechisch eine rege literarische Tätigkeit (Bohuslaw Lobkowicz von Hassenstein, Victorin Kornel von Wschehrd). Der letztere, Jurist und Beamter der Landtafeln (der Akten des Landesgerichts), erklärt: »Als Böhme will ich das Lateinische lernen, jedoch tschechisch schreiben und sprechen, und denke nicht daran, meine natürliche Sprache zu hassen oder, wie andere, mich ihrer zu schämen...« Die Schriften des Erasmus, sogar die *Utopia* des Thomas Morus werden ins Tschechische übersetzt.

»Obwohl bisher unwissentlich, habe ich alle Grundsätze Hus' gelehrt und vertreten... Alle sind wir, kurz gesagt, unbewußt Hussiten«, schrieb Martin Luther 1520. Die deutsche Reformation, in Böhmen von manchen stürmisch begrüßt, wirkte nicht nur belebend auf die des Religionshaders müden tschechischen Utraquisten – ihre Anhänger bildeten bald die neuutraquistische Mehrheit –, sondern auch als Brücke zwischen den Nationen. Die verkrampfte tschechische Abwehrhaltung wich der Genugtuung, Vorkämpfer der evangelischen Freiheit gewesen zu sein. Luther, der nicht nur erklärt hatte, »Johannes Hus, den heiligen Marterer Christi« verteidigen zu wollen, gab in einem Brief an die böhmischen Landstände der Hoffnung Ausdruck, es werde »in Kürze dahin kommen, daß beide, Deutsche und Böhmen, durch das Evangelium und göttlich Wort Einen Sinn und Namen überkommen werden«. Zugleich riet er, die leidige Frage der Priesterweihe durch einen radikalen Trennungsschnitt von Rom zu lösen – wie es die Böhmischen Brüder schon längst getan hatten.

So sehr die Brüderunität zur klassischen Ausformung der tschechischen Schriftsprache (Kralitzer Bibel) und des Volksschulwesens Comenius' (sein tschechischer Name war Komenský) beigetragen hat, so sehr war gerade ihre Botschaft geeignet, nationale Gegensätze zu entschärfen, eine übernationale Gemeinschaft zu bilden. In Mähren entfalten deutsche Brüdergemeinden in Anknüpfung an die radikalen Anfänge der Unität asketisch-gemeinschaftliche Lebens- und Arbeitsformen; Böhmische Brüder stehen in regen Verbindungen zu calvinistischen Zentren: Herborn, Heidelberg, Altdorf. 1575 einigen sich die verschiedenen böhmischen Reformströmungen auf eine gemeinsame »Böhmische Konfession«, die sich stark an die Augsburger Konfession anlehnt, aber auch eigenständige Elemente der hussitischen Tradition enthält. Außer einer größeren Versöhnlichkeit in dogmatischen Fragen ist es die entschiedene Betonung der Gewissensinstanz, insbesondere die Abwehr obrigkeitlicher Einmischung in geistliche Dinge, die politisch brisante Überzeugung also, daß man Gott mehr gehorchen müsse als den Menschen. Wir kennen die Folgen.

Die Wladislawsche Landesordnung von 1500 war noch von nationaltschechischem Abwehrgeist diktiert; der gemeinsame reformatorische Glaube lockerte nun die Fronten auf, ließ tschechischen Widerstand gegen eine neue deutsche Einwanderungswelle abklingen. Einige alteingesessene Adelsfamilien – die Schwanberger, die Wartenberger, die Kaplířs – schlossen sich im Zuge der lutherischen Reformation der deutschen Sprache und Kultur an. Mehrere deutsche Adelsfamilien kamen ins Land, darunter die Schlicks, die die neuen Silberfunde in Joachimsthal mit sächsischen Bergleuten erschlossen. Etwa dreißig deutsche Geschlechter wurden in Böhmen heimisch. Wenn die Stände noch 1615 demonstrativ beschlossen, niemandem die böhmische Landstandschaft zu erteilen, der der tschechischen Sprache unkundig sei, so handelte es sich um eine Maßnahme, die vor allem gegen das Einsikkern kaiserlicher Beamter in die böhmische Ständegesellschaft gerichtet war und in Einzelfällen stillschweigend umgangen wurde. Daß »auch an vielen Orten dieses Königreiches vor Gericht und an Ratsstellen fremde Sprachen gesprochen und Prozesse darin geführt werden«, rügte jenes Gesetz von 1615 und verfügte, daß »Ausländer nicht früher in dieses Königreich aufgenommen werden (sollten), bevor sie nicht tschechisch können« – was aber kaum Niederschlag in der Praxis fand. Die böhmischen und mährischen Stände verhandelten zwar untereinander grundsätzlich in der Landessprache, die auch für die Landesbehörden und Gerichte verbindlich war, aber nicht bloß gegenüber schlesischen und Lausitzer Standesgenossen mochte man eine Ausnahme machen. Auch fremden Handwerkern war die Aufnahme in die Zunft eigentlich verwehrt; manchmal wurde ihnen eine Frist gestellt, in der sie die Landessprache zu erlernen hatten; es kam aber vor, daß Zünfte zweisprachig wurden.

Von großer Bedeutung sind die 1488 wiederaufgenommenen Beziehungen zur alten Reichsstadt Nürnberg, in der schon Karl IV.

häufig residiert hatte; die Bürgermetropole erlebt gerade ihre Glanzzeit. Nürnberger Faktoreien vermitteln Luxuswaren, orientalische und südländische Erzeugnisse, auch technische Fertigkeiten (Buchdruck, Holzschnitt) und künstlerische Impulse. Das Handelshaus Viatis und Peller unterhält enge Kontakte zu böhmischen und schlesischen Leinwanderzeugern, nimmt die Produktion ganzer Herrschaften ab (Wallenstein und danach Gallas gehören zu seinen wichtigen Geschäftspartnern). Geistig überwiegt zunächst Wittenberg, das sogar die verknöcherte utraquistische Universität in seinen Bann zieht, Lateinschulen an einer Reihe Prager Kirchen (St. Heinrich) atmen protestantischen Humanismus. Streitbarer Lutheraner ist der Kleinseitner Leinenhändler und Stadtschreiber Bartoš; sein Gegner ist die althussitisch-kalixtinische Partei, die ihn aus Prag vertreibt, während die deutschen Glaubensbrüder seine Kampfgefährten sind.

Der bekannte Historiker Pekař hat in diesem Zusammenhang den böhmischen Neuutraquismus der »Germanisierung« des tschechischen Geistes beschuldigt; das Luthertum habe dem deutschen Bevölkerungsteil Auftrieb und Zusammengehörigkeitsgefühl mit dem übrigen Deutschland vermittelt und Böhmen überflüssigerweise in die deutschen Händel hineingezogen, damit erst die Katastrophe am Weißen Berg bewirkt. Doch war die Auseinandersetzung zwischen Ständen und heraufkommendem Absolutismus das vorgegebene politische Konfliktthema in Europa, unabhängig vom taktischen Geschick der böhmischen Stände. Wer vom Rathaus kommt, ist immer klüger, aber um den Kampf selbst kam wohl keiner herum, wie an späteren Wegkreuzungen der böhmischen Geschichte. War das Programm der böhmischen Konföderation eine so schlechte Alternative? Und waren die Wortführer des tschechischen Protestantismus – von Zierotin und Budovec bis Stránský und Comenius – nicht nationalbewußte Patrioten? Der starke Einfluß des Luthertums (und des Calvinismus) hat wohl vor allem Kräfte geweckt und eher befruchtend als irreführend gewirkt. Auch die Wahl Friedrichs von der Pfalz zum böhmischen König kann man kaum als nationale Instinktlosigkeit bezeichnen; schließlich befand sich die spanisch-habsburgische Seite im entschlossenen Vormarsch, und der Umstand, daß sich dieser militant-gegenreformatorischen Gruppe auch tschechischer katholischer Adel – wie Georg von Lobkowicz – angeschlossen hatte, zeigt nur, daß die Auseinandersetzung gar nicht in nationalen Begriffen erfaßt werden kann. Unter den gewählten Direktoren des Aufstands war gut ein Drittel neuansässig, zusammen mit den eingedeutschten böhmischen Lutheranern bestand die Hälfte aus Deutschen. Deutsche wie Thurn und Colonna, Hohenlohe, Mansfeld, Anhalt standen an der Spitze des Ständeheeres, Martin Fruwein verfaßte eine Apologie des Aufstandes; katholischer tschechischer Adel befand sich im Lager der Kaiserlichen.

So traf der Sieg der Gegenreformation den tschechischen wie den deutschen Protestantismus der böhmischen Länder gleichermaßen – ausgenommen Schlesien und die Lausitz, auch Oberungarn, wohin die meisten vertriebenen Familien zogen und wo sie vergeblich auf eine Rückkehr warteten. Wenngleich Tschechen und Deutsche auf beiden Seiten gefochten hatten, bedeutete der Sieg des kaiserlichen Zentralismus über die Stände und die anschließende Austreibung der aktivsten Glieder der böhmischen Ständegesellschaft sowie des protestantischen Bürgertums einen schweren Schlag insbesondere gegen die böhmische Staatsidee und die tschechische Bildungstradition. Der katholische Adel hatte sich schon zuvor eng an den Kaiserhof angeschlossen, dem er seine Machtstellung verdankte; das gilt in erhöhtem Maß von den zahlreichen neuen Geschlechtern, deren Besitz aus den Konfiskationen nach 1620 und 1634 stammte und die weder zum böhmischen Staat noch zu seiner verketzerten Bildung, schon gar nicht zur tschechischen Sprache, eine positive Beziehung gewinnen konnten. Von 417 Angehörigen des neuen Militär- und Beamtenadels, die bis 1656 die böhmische Landstandschaft gewannen, waren etwa 211 deutscher, 43 italienischer, 20 französischer, 11 spanischer und 7 wallonischer Abkunft. Aber auch der höhere Adel tschechischen Ursprungs paßte sich dem kosmopolitischen Wiener Hof an, die tschechische Sprache verschwand allmählich aus seiner amtlichen und privaten Korrespondenz wie aus den Verhandlungen der ständischen Behörden, die jüngere Generation, vielfach in verwandtschaftlichen Bindungen zu nichttschechischen Familien, lernte kaum mehr, als notwendig war, um sich mit Domestiken zu verständigen; den Kontakt zum hörigen Landvolk nahmen ihnen die Verwalter ab.

Auch das Bürgertum, das wirtschaftlich gedrückt, politisch machtlos, mit gebrochenem geistigem Rückgrat vor sich hinvegetierte, sank ab zum servilen Anhängsel der gesellschaftlich und kulturell überlegenen adligen und kirchlichen Herrschaften. Das, und nicht so sehr der Zuzug deutscher Handwerker und Bauern, hat den Niedergang des tschechischen Bewußtseins, insbesondere seiner Literatur, bewirkt. Das Schrifttum der Emigranten geht im fremden Milieu auf, wirkt in Einzelfällen befruchtend, wie vor allem die pädagogischen und pansophischen Schriften des Comenius, hat aber den Kontakt zum eigenen böhmischen Publikum verloren. Erst im 19. Jahrhundert werden die Werke des Exils wiederentdeckt und ins allgemeine Bewußtsein integriert. Inzwischen überwiegen in der tschechischsprachigen Literatur im Lande Heiligenleben auf niedrigem geistigem und sprachlichem Niveau. Natürlich heißt das nicht, daß in Böhmen jede intellektuelle Bewegung erloschen war; zum Beispiel gab 1632 der ein halbes Jahrhundert in Prag wirkende Jesuit Rodrigo de Arriaga ein bemerkenswertes Philosophielehrbuch heraus, das stark vom Empirismus und neuzeitlichen Mechanizismus geprägt war; zu erwähnen wären auch der Kapuziner Valeriano Magni und der »böhmische Hippokrates« und Naturwissenschaftler Marcus Marci. Einen Eid auf die Unbefleckte Empfängnis leisten mußten sie aber alle.

Auch der patriotische Jesuit und Polyhistor Bohuslav Balbín, der nur lateinisch schrieb, befaßte sich eifrig mit der Geschichte von Marienheiligtümern, des Heiligen Berges bei Przibram, des Altbunzlauer Wunderbildes, des Johannes von Nepomuk. Seine Böhmische Geschichte *(Epitome historica rerum Bohemicarum)*, 1669 vollendet, durfte lange nicht gedruckt werden, weil Balbinus leise Zweifel über das Erbrecht des Hauses Habsburg an der böhmischen Krone angedeutet hatte, wie zumindest die Denunziation seines Intimfeindes Bořita Martinitz lautete. Balbíns erklärte Maxime war: »Die Unwahrheit zu sagen habe ich nicht gelernt, die Wahrheit zu schreiben getraue ich mich nicht«: ethischer Minimalismus in schwierigen Zeiten, beherzigenswert für Intellektuelle, die glauben, unter allen Regimen publizieren zu müssen.

Nicht zu veröffentlichen getraute sich Balbín seine verbitterte Verteidigung der slawischen Sprache in Böhmen *(Dissertatio apologetica pro lingua slavonica, praecipue bohemica)*, in der er vor allem böhmischen Selbsthaß und böhmische Selbstdenunziation bedauert – einen Ungeist, der sich nicht auf Balbíns Zeit beschränkte. Noch hundert Jahre später, als Franz M. Pelzel Balbíns *Dissertatio* veröffentlichte, gab es einen – selbstgemachten – Eklat. Der 1688 in seiner Zelle im Prager Clementinum Verstorbene liegt nebenan in der St.-Salvator-Kirche begraben; sein Verständnis des Ordens, dem er diente, war: »Studiere aus allen Kräften und du wirst Jesuit.« Er war gewiß kein Deutschenfeind, doch verglich er die ins Land gekommenen Fremden mit Äsops Igel, der sich im Lager des Hasen breitmacht, nachdem ihn dieser freundlich aufgenommen hat.

Die Jesuiten waren, wie wir schon wissen, dem Nationalen nicht abgeneigt, wenn es sich für ihre Zwecke verwenden ließ. Man adaptierte Volksweisen und evangelische Lieder, gab ihnen katholischen Inhalt; ihr Theater im Clementinum spielte Szenen aus der böhmischen Geschichte. Schüler Balbíns setzten dessen zugleich gegenreformatorisches und patriotisch-tschechisches Werk fort (Beckovský); der Kult einheimischer Heiliger und die alte Chronik Wenzel Hájeks vermittelten eine böhmische Identität, die, beide Sprachvölker verbindend, allmählich zwei Jahrhunderte der Ketzerei auslöschte, die »abscheuliche Rebellion« vergessen machte.

Die Realunion der böhmischen Länder mit den habsburgischen Alpenländern hatte sich seit der Verneuerten Landesordnung von 1627 durch die Schaffung einer stehenden Armee, ein einheitliches Post- und Währungssystem, das Bestreben um eine schrittweise Ausschaltung der ständischen Institutionen sowie die Einführung eines einheitlichen Steuersystems wesentlich gestärkt. Die Regierung lag immer eindeutiger beim kaiserlichen Geheimen Rat, während die Bedeutung der Böhmischen Kanzlei zurückging und die Nebenländer der Wenzelskrone als selbständige habsburgische Provinzen behandelt wurden. Der böhmische Adel, der zwar durchaus hohe Hofwürden anstrebte und in Einzelfällen auch erreichte, befand sich in eher latentem als manifestem Widerstand, vor allem gegen steuerliche Überlastung des Landes – Folgen der Türkenkriege, des Spanischen Erbfolgekrieges, auch der pompösen höfischen Repräsentation. 1663 zahlte Böhmen 1,9 Millionen Gulden, 1695 2,7 Millionen, 1716 stieg die Steuerlast auf 5,4 Millionen, 1739 auf 7,8 Millionen.

Petitionen des zu immer höheren Fronleistungen gepreßten

Landvolkes wandten sich an den »guten Kaiser«, der aber die Bauern mit Hilfe von Kürassieren zur Räson brachte und bestimmte, drei Robottage wöchentlich – 156 pro Jahr – zugunsten der obrigkeitlichen Gutswirtschaft seien durchaus gerecht. Allerdings waren die Lasten manchmal so groß, daß den Bauern nicht mehr als 20 bis 30 Prozent ihres Jahresertrags übrigblieben. Weil dadurch ihre Kontributionsfähigkeit gefährdet war, griffen die kaiserlichen Behörden dann doch mit Regulierungen in die bäuerlichen Verhältnisse ein – ein Grund für die böhmischen Standesherren, mit Wien unzufrieden zu sein und sich auf ihre alten böhmischen Privilegien zu besinnen.

1740 marschieren die Preußen in Schlesien und Glatz ein, 1741 die Bayern, Sachsen und Franzosen in Böhmen und Oberösterreich. Karl Albrecht von Bayern läßt sich im Veitsdom vom Prager Erzbischof Graf Manderscheid die Wenzelskrone aufsetzen; 206 Angehörige des böhmischen Herrenstands und 280 Ritter huldigen ihm im Wladislawsaal. Kein bayerischer Kommissar, sondern eine Hofdeputation, der Mitglieder des Hochadels wie Kolowrat, Buquoy, Chotek, Černín angehören, verwaltet das Land im Namen des neuen Königs: gewiß haben Konfiskationsdrohungen der probayerischen Haltung nachgeholfen. Große Kontributionsforderungen (die Schwarzenberg, Colloredo und Schönfeld sollen je 100 000 Gulden, die Kirche 1,2 Millionen aufbringen) lassen die Stimmung umschwingen; vom kaiserlichen Sekretär Karl von David, einem Kleinseitner Fleischerssohn und Haupt der Freimaurerloge »Zu den drei Sternen« (im Kleinseitner Haus »Zur steinernen Glocke«), geht eine Proklamation aus, die den Bauern die Freiheit verspricht, wenn sie für den neuen König kämpfen würden. Aber der Widerhall ist gering.

Den Ausschlag gibt das Waffenglück. Im April 1743 ist Maria Theresia bereits in Prag, läßt zumindest den wankelmütigen Ständen gegenüber Milde walten. David wird zunächst zum Tode verurteilt, aber schließlich begnadigt, der kollaborierende Erzbischof auf sein Gut Brežan verbannt. Ein prunkvoller Krönungszug zieht durch die Stadt, in J. J. Dietzlers Stichen festgehalten. Wie echt ist die Begeisterung der Prager? Niemand weiß es. Nach den schlimmen Kontributionen und Requisitionen der französischen Besatzungstruppen, dem Bombardement und dem Hunger in der eingeschlossenen Stadt darf man billigerweise bei den Einwohnern ein

Gefühl der Erleichterung vermuten. Aber auf Ruhe müssen sie noch lange warten. Im folgenden Jahr stehen die Preußen vor den Toren. 1756 und 1757 sind sie wieder da. 25000 Bomben und 80000 Kanonenkugeln fallen auf Prag, 880 Häuser werden schwer beschädigt, auch der Veitsdom und der rudolfinische Trakt der Burg stark in Mitleidenschaft gezogen: Nach Friedensschluß setzt ein klassizistischer Um- und Ausbau des Hradschins durch Nikolaus von Pacassi ein, der über den Ehrenhof an der Westfront hinaus der Burg einen völlig neuen, einheitlichen Wiener Stil gibt. 1786 ist die »imperiale Überfremdung« abgeschlossen.

Das neue, bürokratische Gesicht der Prager Königsburg war Ausdruck eines verstärkten Willens zu gesamtösterreichischer Staatlichkeit und Einheit, der provinzielle Rechte weichen mußten. Es war nicht so sehr die erneut bewiesene Unzuverlässigkeit des Landes, als vielmehr sein mangelndes Stehvermögen gegenüber dem kleinen Preußen, das Wien zu einschneidenden Reformen bewog: der Zusammenlegung der Böhmischen und der Österreichischen Hofkanzlei, der »Verstaatlichung« der inneren Verwaltung und der Finanzen. Den Ständen wurden die Kreisbehörden entzogen und besoldete Kreishauptleute eingesetzt; wirtschaftlichen Aufschwung bewirken sollten der Abbau der Binnenzölle, die Lockerung der Zunftschranken, einheitliche Maße und Gewichte, Straßenbau, Förderung von Manufakturen, Verbesserung der Rechtslage der Bauern (Aufhebung der Patrimonialgerichtsbarkeit in »Halssachen« und der Tortur). Die Agrarreformen gipfelten in der Aufhebung der Leibeigenschaft durch Joseph II. (1. 11. 1781); weitergehende Versuche des Kaisers, wie die Ablösung der Robot, scheiterten am wütenden Widerstand des Adels.

Einen einschneidenden Bruch, auch gegenüber der Regierung seiner Mutter, bedeutet Josephs Toleranzpatent, das die Gegenreformation in Böhmen beendet, und vor allem seine Anläufe zur Schaffung einer nüchternen Staatskirche unter dem Gesichtspunkt allgemeiner Nützlichkeit; ein Drittel aller Klöster, darunter so traditionsreiche wie St. Georg, Königsaal und Břewnow, fallen der Reform zum Opfer. Das Prämonstratenserkloster Strahow kann dagegen seine Bestände erweitern; so baut Ignaz Palliardi hier 1782 bis 1784 einen spätbarock-klassizistischen Bibliothekssaal. Auch das schon früher von F. M. Kaňka umgestaltete Clementinum (astronomischer Turm, Spiegelsaal) erfährt formell eine Aufwertung zum Generalseminar für den Weltklerus. In ihm kommen die Bücher der aufgelösten Klöster, auch des Carolinums, zusammen, sofern man sie nicht wie die spärlichen Reste der rudolfinischen Kunstsammlung verschleudert und verkommen läßt. Eine Kopie von Correggios »Leda« soll in einem Versteigerungsverzeichnis von 1782 als »Nacktes Weibsbild, von einer bösen Gans gebissen« figuriert haben. Der bürokratische Rationalismus bereitet auch der historischen Sonderentwicklung der Prager Städte durch die Schaffung eines einzigen Magistrats ein Ende. (Die Numerierung der 2986 Häuser anstelle der alten poetischen Häusernamen war schon 1770 erfolgt; die roten »Konskriptionsnummern« bestehen noch heute.)

Was nützlich war, bestimmte der aufgeklärte Mann auf dem Kaiserthron. So auch die Alleinherrschaft der deutschen Sprache in der Gesamtmonarchie, die bereits seit den siebziger Jahren als einzige Unterrichtssprache an Haupt- und Normalschulen sowie den Universitäten galt. »Provinzidiome« sollten zusammen mit anderen Vorurteilen, Barockaberglauben und weiterem mittelalterlichem Gerümpel schnellstens in Vergessenheit geraten. Das aufklärerische Reformprogramm, das keineswegs von deutschnationalen Motiven geleitet war, sondern allein von einem Vereinheitlichungswahn, stieß auf schwer überwindbare Grenzen: Wollte etwa die Aufklärung an das Volk herankommen – 1774 hatte man die allgemeine Schulpflicht eingeführt –, dann mußte die tatsächliche Umgangssprache der Bevölkerung berücksichtigt werden. Und das bedeutete für weite Gebiete Böhmens und Mährens tschechische Trivialschulen, Ausbildung tschechischer Lehrer und Pfarrer. Deutsche Josephiner wie der Saganer Abt Felbiger oder der Initiator der Industrieschulbewegung und spätere Leitmeritzer Bischof Ferdinand Kindermann haben Hervorragendes in der Volksschulbildung geleistet; weit entfernt, eine Germanisierung zu betreiben, haben sie diese eher verhindert, indem sie breite Schichten des Volkes befähigten, Elemente der Bildung und des Gewerbefleißes aufzunehmen. Eine Schrift Kindermanns trug den bezeichnenden Titel *Wie man in Böhmen die Industrie des deutschen Gebirgsbauern auf den pur böhmischen Landmann am besten verbreiten oder ins flache Land übertragen kann.*

Die Aufklärung war im jesuitisch beherrschten Böhmen nicht

nur von oben verordnet worden. Der einstige Adjutant Eugens von Savoyen, Freiherr von Petrasch, hatte schon in den vierziger Jahren des 18. Jahrhunderts in Olmütz eine gelehrte Gesellschaft zur Pflege der Wissenschaften gegründet, Benediktiner wie Magnoald Ziegelbauer und Bonaventura Piter legten in unermüdlichem Fleiß die Fundamente für eine kritische Geschichtsschreibung des Landes; der aus Regensburg stammende jesuitische Mathematiker Johann Stepling schuf im Clementinum ein vorzügliches physikalisches Kabinett. Immer noch war es äußerst schwierig, sich Bücher nicht genehmer ausländischer Autoren zu besorgen, aber 1765 wurden sie zum Verkauf freigegeben (das kommunistische Regime ist 200 Jahre später in seiner Angst vor Gedrucktem noch nicht so weit).

Eine betont deutsche Aufklärung vertrat seit 1763 der erste Laie und Nichtjesuit an der Prager Universität, Karl Heinrich Seibt, ein Bauernsohn aus der Lausitz. Gottsched und Gellert waren seine Autoritäten, Rhetorik und deutsche Grammatik in Verbindung mit Morallehre, zeitgenössischer Philosophie und Literatur die Attraktion seiner von einem breiten Prager Kreis besuchten Vorlesungen. Nach der Aufhebung des Jesuitenordens (1773) wurde Seibt Direktor des Philosophie- und Gymnasialstudiums. Auch die Theaterzensur wurde ihm übertragen. 1779 mußte sich der von Konservativen denunzierte Schöngeist in Wien gegen den Vorwurf verantworten, zersetzende Ideen zu verbreiten, doch Maria Theresia ließ sich von aufgeklärten Beratern eines Besseren belehren und widmete dem rehabilitierten Seibt einen Brillantring.

Zeitweise wirkte in Prag der berühmte siebenbürgische Mineraloge Ignaz Freiherr von Born, Freimaurer und satirischer Feind jedes Obskurantismus. Unter seinem Einfluß erschienen seit 1771 die *Prager Gelehrten Nachrichten,* die gewiß nur einen kleinen Personenkreis erreichten, aber eine für Prag ungewohnte Sprache führten. Die Zeitschrift griff rücksichtslos alle Vorurteile und vor allem die Machtstellung der Jesuiten an, empfahl Toleranz und gesamtösterreichische Vaterlandsliebe im Sinne von Joseph Sonnenfels.

Daneben regte sich böhmischer Landespatriotismus. Die 1751 nach Prag gekommenen Piaristen (seit 1766 im Neustädter Konvikt auf dem Graben) legten großen Wert auf klassische Bildung und Geschichte. Ihr Präfekt, der Kleinseitner Bürgersohn Gelasius Dobner, schrieb vor allem einen umfangreichen Kommentar zu Wenzel Hájeks Böhmenchronik; wegen seiner Zweifel an der Existenz eines »Urvaters Bohemus« und seiner kritischen Einstellung zum böhmischen Adel mußte Dobner viele Vorwürfe einstecken, darunter den des mangelnden Patriotismus – das Hinterletzte, das einem – nicht nur in Böhmen – einfällt, wenn die Argumente ausgehen. Dobners Landespatriotismus kam neben seiner bahnbrechenden Kritik in seiner mühseligen Sammlung alter böhmischer Geschichtsquellen (die leider 1230 abbricht) zum Ausdruck: Viele von ihnen gab es nur mehr in einer einzigen Abschrift. Mit der Edition, die an die gelehrte Arbeit der Benediktiner anknüpfte, konnte eine wissenschaftliche Geschichtsschreibung der böhmischen Länder beginnen. Übrigens hatte Dobners Kritizismus Grenzen: Vor der Entlarvung des Johannes von Nepomuk schreckte der Gegner der josephinischen Kirchenpolitik zurück.

Landespatriotischen Geist atmen die Werke des Grafen Franz Kinský, eines Freundes von Born und Naturwissenschaftlers, der als Direktor der Militärakademie in Wiener Neustadt auch pädagogische Schriften verfaßte. In einer anonymen Broschüre erklärte der Sohn des Obersten Hofkanzlers, man müsse die Landesgeschichte in den Dienst patriotischer Erziehung stellen; als »guter Nachkomme der Slawen« sei er übrigens der Meinung, wie die Muttersprache des Franzosen Französisch und des Deutschen Deutsch sei, so sei auch die Muttersprache des Böhmen Böhmisch. Kinský beließ es nicht bei patriotischen Deklamationen und widmete dem Prager Clementinum seine Majoratsbibliothek von Chlumetz.

Kinskýs Betonung der tschechischen Sprache war unter den böhmischen Gebildeten seiner Zeit ziemlich untypisch. Als Franz Anton Graf Nostitz 1781 den Grundstein zum Prager Ständetheater legte, wollte er die Eigenständigkeit Böhmens durch kulturelle Taten manifestieren; charakteristisch war seine Begründung: Fühlen wir, die Bewohner Böhmens, etwa weniger *deutsches* Blut in unseren Adern als die Bewohner der übrigen Erblande? Interessanter als die alte Landessprache war der Mehrheit der Adelsgesellschaft die Landesgeschichte, die gegenüber dem zentralisierenden Absolutismus die ständischen Freiheiten dokumentieren sollte. Über diese hatte Staatskanzler Kaunitz, selbst mährischer

Standesherr, die abfällige Bemerkung getan, sie liefen »allen Regeln einer vernünftigen Regierungsform sowie dem wesentlichsten Interesse des Landesherrn zuwider«.

Andere Angehörige der böhmischen Stände wie Karl Egon von Fürstenberg, den Joseph II. 1782 wegen angeblicher Illoyalität vom Oberstburggrafenamt entfernen ließ, versuchten zumindest eine unabhängige böhmische Bank zu gründen und mit physiokratischen Ideen die Landwirtschaft zu fördern. Fürstenberg, der aus einem reichsfürstlichen Geschlecht stammte, dessen Mutter aber eine Waldstein und dessen Frau eine Sternberg war, wurde schließlich Präsident und wichtiger Förderer der Böhmischen Gesellschaft der Wissenschaften. Das spätbarocke Fürstenberg-Palais mit dem wundervollen Terrassengarten unterhalb des Hradschins haben die Fürstenbergs erst 1822 zu höchst prosaischen Zwecken (als Lagerräume für ihre Eisenwerke) erworben; Polen besitzt mit ihm ein repräsentatives Botschaftsgebäude.

Franz Martin Pelzel, Erzieher im Hause Nostitz, hat seinem Zögling Friedrich eine 600seitige *Kurzgefaßte Geschichte der Böhmen* gewidmet (1774), die in böhmischen Adelskreisen großen Anklang fand und viermal wiederaufgelegt werden konnte; interessant darin ist Pelzels Verständnis der hussitischen Bewegung. Es folgten weitere Bücher über Karl IV., Wenzel IV. sowie eine *Geschichte der Deutschen in Böhmen* (1788), in der er voraussagte, daß Böhmen das Schicksal Schlesiens, Pommerns, der Lausitz teilen werde und nur die alten Orts- und Flußnamen slawisch bleiben würden. Als erster Inhaber des Lehrstuhls für böhmische (tschechische) Sprache und Literatur widerrief er die eigene Prophezeiung: Das Volk werde böhmisch bleiben und die Ratgeber Josephs II., die glaubten, die tschechische Sprache werde innerhalb 50 Jahren verschwinden, hätten sich verrechnet. 1791 bis 1796 gibt er seine *Kurzgefaßte Geschichte der Böhmen* tschechisch heraus; er plädiert auch für die Wiedereinführung des Tschechischen in die Normalschule – schon aus Gründen der Zweckmäßigkeit.

Pelzels Antijosephinismus gab wahrscheinlich die Stimmung in den Prager aristokratischen Salons wieder, deren Inhaber zwar die tschechische Sprache nicht oder nur unvollkommen beherrschten, jedoch aus Opposition gegen den Wiener Zentralismus einen böhmischen Patriotismus ausgruben und einen Desiderienkatalog aufstellten, der Wünsche wie die Wiederherstellung der Ständeautonomie, die Aufwertung des Landtags, die Anvertrauung der Landesämter nur an gebürtige Böhmen, ja die Vereinbarung einer Verfassung enthielt. Ohne viel Nachdruck forderte man weiter – nach ungarischem Vorbild – für Universität und Gymnasien die Rückkehr zum Lateinischen. Das, was jedoch die Herrschaften am meisten verärgerte, das Steuer- und Urbarialpatent von 1789, war schon im Mai 1790 aufgehoben worden; die Standesherren hatten dagegen eingewandt, das Landvolk verwechsele Freiheit mit Zügellosigkeit: eine Lockerung der Untertänigkeit müsse bei dieser ungebildeten und verantwortungslosen Klasse zweifelhafte Folgen haben, etwa die Verweigerung der Robot und der Steuern.

Nach dem Tode Josephs II. operierte Leopold II. sehr geschickt, indem er den Ständen in unwesentlichen Punkten entgegenkam, aber weder eine Einheit der Länder der Wenzelskrone noch gesetzgeberische Initiativen des Landtags anerkennen noch die zentralistischen Verwaltungsreformen seiner Mutter zurücknehmen wollte. Dagegen ließ sich der Kaiser herbei, sich zum böhmischen König krönen zu lassen und die Krönungsinsignien wieder in den Veitsdom zu überführen. Auch machte er die barbarische Entscheidung seines Bruders rückgängig, den Hradschin zur Artilleriekaserne zu degradieren.

Im August 1791 übernahm eine Ständedeputation die Wenzelskrone; sie wurde mit vielen Feierlichkeiten, Glockengeläute, Böllerschüssen in der Wenzelskapelle des Veitsdoms aufbewahrt. Im September erfolgte die Krönung Leopolds, wobei Oberstburggraf Rottenhan die Begrüßungsansprache in Tschechisch hielt; auch bei der Erbhuldigung am 4. September erklang die alte Landessprache. Weniger erfolgreich waren Prager Bürger mit ihrem Gesuch, der König möge wieder in Prag seinen Sitz nehmen. Bei einem Besuch Leopolds II. und seines Sohnes, des Erzherzogs und späteren Kaisers Franz, bei der Böhmischen Gesellschaft der Wissenschaften hielt der berühmte Slawist Josef Dobrovský eine Rede, in der er die besondere Ergebenheit der slawischen Völker gegenüber dem Erzhaus hervorhob; doch strich der Oberstburggraf daraus einen Passus zur Verteidigung der böhmischen Sprache. Der Kaiser widmete der Gesellschaft, die sich fortan *Königlich* böhmische Gesellschaft nannte, 6000 Gulden für wissenschaftliche Zwecke. An der Prager Universität ließ er einen Lehrstuhl für tschechische Sprache und Literatur einrichten. Doch war das keineswegs Ausdruck einer Revision der deutschen Zentralisierungspolitik, sondern das Ergebnis praktischer Erwägungen: Es fehlte an Priestern und Beamten, die der Landessprache mächtig waren. Der erste Lehrkanzelinhaber war der uns schon bekannte Pelzel, der sich in seinen tschechischen Arbeiten Pelcl schrieb und fälschlich behauptete, tschechischer Herkunft zu sein. Seine Vorfahren haben in Wirklichkeit nie Kožíšek (= Pelzchen) geheißen.

Spaltung

> Wir sind in Todesangst, daß die Nächstenliebe sich zu weit ausbreiten könnte, und richten Schranken gegen sie auf – die Nationalitäten.
>
> Marie von Ebner-Eschenbach,
> geb. Gräfin Dubsky

Ende 1771 klagte der einzige Herausgeber einer tschechischsprachigen Zeitung, von 100 (!) gedruckten Exemplaren nur vier verkauft zu haben, davon zwei in Wien. Maria Theresia entschied noch im selben Jahr, der Verleger dürfe den Druck einstellen. Die böhmische Intelligenz und die Mittelschichten lasen deutsch; das Landvolk, von dem die böhmischen Stände behaupteten, es habe einen angeborenen Hang zu Faulheit, Nachlässigkeit und Überspanntheit statt zu Arbeit und Industrie, las, wenn überhaupt, Kalender und Gebetbücher.

Aus Kindermanns Volksbildungsbewegung gingen tschechische Katechismen und Bibelübersetzungen, aber auch belehrende Volksschriften hervor; Kramerius, ein tschechischer volkstümlicher Kalendermacher, brachte eine tschechische Version des *Buches Joseph* heraus, das den Reformkaiser und sein Werk in biblischer Form popularisierte, die Abschaffung von Klöstern und Aberglauben rühmte und für die Aufhebung des Zölibats eintrat; das tschechische Buch erlebte noch 1784 vier Auflagen. So konnte Kramerius es auch wagen, die Herausgabe einer tschechischsprachigen Zeitung wiederaufzunehmen, die zwar nur jeden Freitag erschien und auf acht Seiten außer amtlichen Nachrichten und patriotisch-erzieherischen Artikeln in biederem Ton eine Menge landwirtschaftlicher Kenntnisse vermittelte; immerhin konnte sein Blatt seine Auflage innerhalb von drei Jahren von einigen Dutzend auf 900 steigern. Trotz der Ausrichtung auf landwirtschaftlichen Fortschritt dürften die Abnehmer kaum in der Landbevölkerung zu suchen sein, eher in vereinzelten Patrioten- und »Erwecker«-Zirkeln aus der kleinbürgerlichen Intelligenz.

Größere Popularität genoß das 1786 bewilligte tschechische Theater in Prag, das sich ebenfalls stark auf den Kaiser hin orientierte, der der Schauspieltruppe das Privileg erteilt hatte. 1786 hat Joseph das holzgezimmerte Gebäude auf dem Roßmarkt selbst besucht und behauptet, die tschechische Übersetzung von Schikaneders *Lyranten* ganz gut verstanden zu haben. Die Patrioten waren begeistert. Doch ging das Theater schon 1789 wieder ein und wurde abgerissen. Das Publikum des nicht nur tschechischen Theaters mit dem bezeichnenden Namen »Bouda« bestand vorwiegend aus Handwerkern und kleinen Leuten, auch Bauern, die zum Markt oder Jahrmarkt nach Prag gekommen waren. Daneben bot das nicht viel feinere Altstädter »Kotzentheater« auf dem Obstmarkt mit einer gemischten Truppe außer Buffo-Opern meist deutsche Stücke; es kämpfte ständig mit finanziellen Schwierigkeiten, außerdem beschwerten sich die Nachbarn über das unsittliche Treiben. Der Name kommt, entgegen anderen etymologischen Vermutungen, aus dem tschechischen *kotce*, Marktbuden. Seit 1783 gab es nebenan auf dem »Carolinplatz« das Nostitzsche Nationaltheater, mit anspruchsvollem Repertoire; aber das Publikum verlangte mehr nach italienischen Opern, die auf der Kleinseite, im Thunschen Theater in der Spornergasse dominierten.

Dennoch hat dieses Publikum 1786 *Figaros Hochzeit* und im Jahr darauf *Don Giovanni* bejubelt; Mozart, der im Löwenhaus am Kohlenmarkt und bei den Duscheks in der Smíchover Villa Bertramka wohnte, sagte die gern zitierten Worte: »Meine Prager verstehen mich.« In der Tat ist die böhmische Musikalität seit dem 18. Jahrhundert ein ganz wesentlicher Ausdruck des »Volksgeistes«, der von den Kantoren der Dorfschulen und der Kirchenmusik ausgehend durch die unzähligen Adelskapellen und »böhmischen Musikanten« in aller Welt in die Musikgeschichte eingegangen ist: Johann Stamitz begründet die Mannheimer, Franz Benda die Berliner Violinschule, Johann Zach wirkt als Organist in Mainz, Georg Benda als Komponist in Gotha; der Müllerssohn Josef Myslivećek-Venatorini, Il Boemo, wird in Italien durch Opern- und Instrumentalmusik berühmt; Franz Richter ist Straßburger Domkapellmeister, Franz Tuma anerkannter Wiener Komponist von Kirchenmusik, der Beethoven-Freund Anton Rejcha wirkt erfolgreich in Mannheim und Paris; überall böhmische Bläser, Geiger, Harfenspieler, oft aus den einfachsten Verhältnissen.

Dagegen scheint die Volkssprache der tschechischen Mehrheit des Landes alles andere als ein hochzuhaltender Wert an sich; es ist zwar durchaus das gegebene Mittel alltäglicher Kommunikation, aber die Versuche, sie zur Literatursprache aufzuwerten, stoßen an Grenzen. Kramerius gründet in der Altstädter Michaelsgasse einen eigenen Verlag (»Česká expedice«), der zum Ort einer bescheidenen Druck- und Buchhandelstätigkeit wird, aber die noch immer weitgehend illiteraten Massen kaufen bestenfalls Gebetbücher und die beliebten Jahrmarktlieder über Morde und Naturkatastrophen. Der Aufklärung geht der Atem aus und die Toleranz. Die wiedereinsetzende Zensur beanstandet schon 1786 eine Übersetzung von *Macbeth* und von Schillers *Räubern*; wesentlicher ist das Desinteresse der breiten Massen an »höherer Kultur«. Die zweisprachigen Gebildeten lesen eher deutsch als die schwerfälligen, mit zahlreichen Kunst- und Lehnwörtern gespickten tschechischen Texte. Aber das Interesse an der Sprache wächst unverkennbar: Man hat zwischen 1775 und 1825 nicht weniger als 28 tschechische Grammatiken und 14 Wörterbücher gezählt. Die Autoren, wie Abbé Josef Dobrovský, der Verfasser einer *Geschichte der böhmischen Sprache und Literatur* (1791–92), bleiben allerdings skeptisch gegenüber der Aussicht, die tschechische Sprache zu mehr als einem »Gegenstand philologischer Forschungen«, zu mehr als einem Volksidiom zu machen.

Die Revolutionskriege und die napoleonische Zeit bilden eine neue Epoche, die durch enorme Lasten, strenge polizeiliche Überwachung, aber auch Emotionalisierung gekennzeichnet ist. Völlig in den Dienst antirevolutionärer Propaganda stellte sich die Zeitung des Kramerius, der auch Broschüren über die letzten Tage Ludwigs XVI. und der Marie Antoinette herausgab. Das tschechi-

Oben: Katholische Macht, katholische Lebensfreude – Palais Schwarzenberg auf dem Hradschin

Unten: Im Nostitzschen Theater wurde »Don Giovanni« uraufgeführt

PATRIAE ET
TYLOVO DIVADLO

sche Theater, das nach Abriß der Roßmarktbude an verschiedenen Orten (dem Hiberner-, dem Maria-Magdalenen-Kloster) spielte, brachte ein Stück mit dem bezeichnenden Namen *Die Tschechen sind die wahren Patrioten*, österreichische, versteht sich. Auch der böhmische Adel hatte seine Opposition gegen Wien vergessen, beherbergte französische und deutsche Flüchtlinge, den Prinzen von Rohan, den Fürsten von Ligne, den antinapoleonischen Pamphletisten Gentz, Heinrich von Kleist, den Freiherrn vom Stein. Varnhagen von Ense, der »in einem gräflichen Palaste gegenüber dem Jesuitenkollegium«, also im Palais Clam-Gallas wohnte, hat die Prager Atmosphäre beschrieben, die Empörung des böhmischen Adels über die Heirat Napoleons mit der Tochter Kaiser Franz': »Der ganze Stand äußerte sich mit gleicher Heftigkeit, von allen Seiten widerhallte ein Schrei des Unmuts und der Zerknirschung.« Später erlebte er »herrliche Abende ... auf dem Hradschin im Palaste des Fürsten von Lobkowitz ..., wo eine kleine Gesellschaft in völliger Unbefangenheit und Gleichheit sich bis in späte Nacht der anmutigsten Unterhaltung erfreute«.

Auf die tschechischen »Erwecker« machte noch ein anderes Ereignis der Zeit einigen Eindruck: der mehrfache Durchmarsch russischer Korps um 1799: Hier bot sich die Aussicht, die eigene Schwäche durch die Zugehörigkeit zur großen slawischen Völkerfamilie zu kompensieren. Schon Dobrovský hatte in seiner Ansprache vor Leopold II. auf die slawischen Untertanen des Kaisers, auch auf die Masse der slawischen Völker zwischen Eismeer und Adria, hingewiesen. Die Fiktion einer einzigen slawischen Nation wurde auch in Kramerius' Zeitung betont. Es hieß darin anläßlich des Durchzugs der Armee Suworows (der im Palais Desfours an der heutigen Národní bei dem Prager Bauunternehmer Jakob Wimmer wohnte), daß jene heldenhaften Slawen mit den Böhmen »fast ein und dieselbe Sprache sprechen«. Wahrscheinlich haben die Helden aus dem Osten nicht nur singend die Moldau überquert, aber die tschechischen Erwecker waren durch die Demonstration slawischer Macht sichtlich beeindruckt und ermutigt. Später kam der Ruhm Kaiser Alexanders als Sieger über Napoleon hinzu; man spielte mit der Idee einer gesamtslawischen Sprache, ohne sich viel Gedanken über die völlig verschiedenen kulturellen und sozialen Verhältnisse und nicht zuletzt die barbarische Unterdrückung der russischen Bevölkerung zu machen, von der sich

Mitteleuropa schon ziemlich entfernt hatte. Im Augenblick sonnte man sich im russischen Ruhm, dessen Abglanz auch auf die bescheidenen böhmischen Sprachpatrioten zu fallen schien. Die Kosaken kamen sogar auf das tschechische Theater – in einer Apotheose des Sieges von Leipzig – und wurden stürmisch gefeiert. Die verhängnisvolle Parole nahm ihren Anfang, nach der es in Böhmen nicht besser werden könne, solange nicht die Kosaken ihre Pferde in der Moldau tränkten.

Im Augenblick war der Spaltpilz noch nicht sichtbar, und deutsche wie tschechische Publizisten wetteiferten untereinander in der Beschwörung der glorreichen Vergangenheit des Landes und eines gemeinsamen Patriotismus. Doch verschob sich bei der neuen Generation, die stärker als die ältere, aufklärerisch geprägte Generation die ethnische Seite des Patriotismus betonte, der Akzent zu einem sprachlich-kulturellen Slawismus. Auch aus diesem Grund setzte sich diese Generation stärker vom böhmischen Adel ab, der ja seit 1792 seine Opposition gegen den Wiener Zentralismus vergessen hatte. Josef Jungmann, der Gymnasiallehrer und Sohn eines Dorfschusters, der besonders prägnant die neue Phase der »tschechischen Erweckung« vertritt, verficht gegenüber dem bisherigen bilingualen Landespatriotismus die Gleichung von Sprache und Nation. Für Jungmann gibt es in Böhmen zwei Völker – eine These, die bis dahin alles andere als selbstverständlich war. Das Vaterland, heißt es in einem Dialog Jungmanns aus dem Jahr 1806, ist keineswegs ganz Böhmen, sondern nur das slawischsprachige Böhmen: Ein Volk, das seine Sprache verliert, hört auf, ein Volk zu sein.

Es ist bittere Ironie, daß dieser Sprachnationalismus spiegelbildlich der Arndt-Jahnschen Volkstumsidee entspricht.

Gemeinsam ist auch eine Art unpolitischer Populismus mit Spitze gegen die dem Volk entfremdete Oberschicht: Die Herrschaften, so Jungmann, mögen fränkisch oder chaldäisch sprechen, wesentlich ist die Sprache des einfachen Volkes – und das hält die Aristokraten mit Recht für ungeliebte Ausländer. Damit ist ein Seziermesser am Werk, das zwar zunächst vorgibt, im Dienste bloß sprachlich-kultureller Volkstumsarbeit zu stehen, aber von Philologie und Literatur bald auf Kultur- und Schulpolitik übergreift und schließlich mit ersatzreligiösem Pathos das

Land in zwei verfeindete Lager teilt. Das mag Jungmann, der seit 1878 von seinem Denkmal auf den nach ihm benannten Platz vor Maria Schnee herabschaut, nicht beabsichtigt haben; das Ziel des Kreises um ihn lag in der Schaffung einer modernen tschechischen Schriftsprache und ihrer Einführung in die literarische und schulische Praxis. Ihre konkreten Forderungen gingen nicht über die Gleichberechtigung beider Landessprachen in Schulen und Behörden, über die Schaffung slawischer literarischer Gesellschaften und Buchhandlungen hinaus. Aber der Schneeball wurde schnell zur Lawine.

1816 kam die Studienhofkommission den Patrioten entgegen und erließ zwei Sprachendekrete, betreffend 1. die Bevorzugung von Kandidaten, die der böhmischen Sprache mächtig waren, bei der Besetzung von Gymnasial- und Beamtenstellen in rein tschechischen und gemischtsprachigen Gebieten; 2. die Einführung von Böhmischkursen für Theologen und Medizinstudenten – keineswegs als Pflichtfach, sondern nur für diejenigen, die etwa Bezirksärzte, Stadtphysici, Geburtshelfer und natürlich Pfarrer in überwiegend tschechischsprachigen Gebieten werden wollten. Die *Vlastenci* (Patrioten) brachen in großen Jubel aus und mißdeuteten die nur utilitaristische Maßnahme als Wende in der Sprachpolitik Wiens: Man schrieb sogar Oden auf die beiden Dekrete. In Wirklichkeit wurden nach wie vor keine tschechischen Sprachkenntnisse gefordert, und Jungmanns Lehr- und Lesebücher blieben zumeist ungenutzt.

Im Augenblick attraktiver, wenn auch langfristig ohne Erfolg, war der Religionsphilosoph, Ethiker und Mathematiker Bernard Bolzano, Sohn eines in Prag ansässigen kleinen italienischen Kaufmanns (Bolzanos Geburtshaus stand in der Plattnergasse, an der Stelle der neuen Stadtbibliothek auf dem Marienplatz; sein Grab ist auf dem Wolschaner Friedhof). In einer seiner Erbauungsreden von 1810 erklärte Bolzano, man solle für sein Vaterland dasjenige halten, von dem man am meisten Wohltaten empfangen und dem man am meisten Dienste zu leisten vermöge; die Liebe zum Vaterland erfordert nach seiner sehr josephinischen Meinung, nicht nur dessen Vorzüge, sondern auch dessen Mängel zu kennen.

Bolzano entwickelt ein Programm patriotischer Bildung, deren Ziel es ist, sich nicht mehr für sein Land schämen zu müssen; er will auch beide Stämme in Böhmen einander näherbringen, unter anderem durch Kenntnis der Landesgeschichte und Stolz auf die gemeinsame Tradition. Deutsch- und slawischsprachige Böhmen sollten eine einzige, brüderliche Nation werden – ein Biedermeiertraum? Ein zweifellos besseres Programm als Sprachfetischismus und Volkskult. Den Nationalisten des 19. Jahrhunderts blieb Bolzanos Vermächtnis als Stachel und schlechtes Gewissen, auch als Korrektiv und Brücke.

Aus den Erbauungsreden, die der schwer tuberkulöse Moralphilosoph viele Jahre lang jeden Sonntag vor mehreren hundert Studenten in der Universitätskirche (St. Salvator am Clementinum) hielt, ist eine interessante Sozialutopie, *Vom besten Staat*, hervorgegangen, die Bolzano allerdings nicht zu veröffentlichen wagte und die erst in den dreißiger Jahren unseres Jahrhunderts bekannt wurde. Denunziationen führten im Januar 1820, im Zuge der allgemeinen Demagogenjagd, zur Suspension. Der billige Vorwurf: Verkündung von Grundsätzen, die die Ruhe im Staat gefährdeten. Das Ideengut des »inneren Emigranten« ist nicht ganz verlorengegangen; einige seiner Schüler haben nach 1848 beim Ausbau des österreichischen Schulwesens mitgewirkt und insbesondere seinen Gedanken weiterleben lassen, daß das Moralische, Kulturelle und Soziale dem bloß Sprachlichen gegenüber den Vorrang habe. Dennoch: Der österreichische Staat hat sich in ihm eines Mannes entledigt, dessen Wirken außer der sozialen Frage der Entschärfung der nationalen Gegensätze gewidmet war – dem Lebensgesetz jedes Vielvölkerstaates.

Die Spaltung in Sprachvölker war im Vormärz aber noch keineswegs vollzogen. Sprachneutral-landespatriotisch ausgerichtet war vor allem das ständische Vaterländische Museum. Dessen Präsidenten, dem Verfasser einer Böhmischen Pflanzenkunde, einer Geschichte der böhmischen Bergwerke sowie einer Abhandlung über die Verbreitung der Erdäpfel, sind wir schon begegnet: Kaspar Graf Sternberg. Es versteht sich, daß die Sprachpatrioten um Jungmann an der Gründung von 1818 das ungenügende Interesse an der tschechischen Sprache und Literatur sowie die Tatsache, daß Deutsch die Verhandlungssprache des Museumsausschusses war, bemängelten; sogar der große Dobrovský, »Patriarch der Slawistik«, war für Jungmann ein bloß »slawisierender Deutscher«. Sein Hauptvergehen bestand darin, daß er einen der angeblichen handschriftlichen Funde aus dem Frühmittelalter, die sogenannte Grünberger Handschrift, sogleich als Falsum erkannt und aus den Museumssammlungen entfernt hatte.

Wir kennen bereits die Geschichte der romantischen Handschriften, die wesentlich dazu beigetragen haben, die böhmische Atmosphäre zu emotionalisieren, indem jede Kritik an ihnen sofort als Sakrileg und Zeichen antitschechischer Mißgunst galt. Zu den »Handschriften« kam Kollárs Idee einer romantischen »slawischen Gegenseitigkeit«, die es gewiß zu einem politischen Panslawismus noch sehr weit hatte und in ein mildes Licht humanitärer, literarischer Unverbindlichkeit getaucht blieb. František Palacký, die maßgebliche Persönlichkeit seit den frühen dreißiger Jahren, hat später betont, die tschechische Bewegung habe sich, anders als etwa die polnische, von Anbeginn nur um die nationale Bildung des Volkes und um Wissenschaften bekümmert und jeden Eindruck von Illoyalität, Konspiration, Unzufriedenheit, ja Revolution konsequent vermieden.

Seit 1827 erschienen parallel eine deutsch- und eine tschechischsprachige Zeitschrift des Vaterländischen Museums; Palacký, evangelischer Mährer, wurde Redakteur und Landeshistoriograph. Bezeichnenderweise ging die deutschsprachige Zeitschrift schon 1831 ein, während die tschechische immer mehr Abnehmer fand – von 500 Exemplaren (1832) stieg die Auflage in wenigen Jahren auf 1000 (1840). Die Ursachen waren komplex, aber eine Rolle dürfte das sinkende Interesse der deutschsprachigen Gebildeten am böhmischen Landespatriotismus gewesen sein: Man tendierte nach Wien oder nach Leipzig, das Interessanteres zu bieten hatte. Dagegen wandte sich die tschechische Museumszeitschrift an ein breiteres, nicht nur wissenschaftlich, sondern auch literarisch orientiertes Publikum; dadurch stabilisierte sich allmählich die moderne tschechische Sprache, zugleich auch ein Kern sprachpatriotisch interessierter Intelligenz.

1833 gründete man unter aktiver Beteiligung des böhmischen Adels – Vorsitzender war ein Graf Dietrichstein – einen Gewerbeverein; er förderte die Herausgabe technischer Bücher und Zeitschriften, Industrieausstellungen usw. (Eine Lithographie im Prager Gewerbemuseum zeigt eine solche Ausstellung im Spanischen Saal schon 1829.) Der Gewerbeverein eröffnet im aufgelösten Galluskloster einen öffentlichen Leseraum, 1837 eine Sonntagsschule für Handwerker. Die allmählich einsetzende industrielle Revolution ändert die traditionellen Gesellschaftsstrukturen; Baumwollspinnereien und -druckereien entstehen an der Peripherie und machen die Heimspinner brotlos. Um 1840 kommen drei Viertel aller in Österreich hergestellten Baumwollstoffe aus Böhmen; 1830 bis 1848 werden 359 Dampfmaschinen in Betrieb genommen, meist in Textilfabriken, aber auch in Bergwerken und Zuckerfabriken, schon zwei Drittel der Dampfmaschinen werden im Lande selbst hergestellt, etwa von den Brüdern Thomas in Lieben bei Prag. Eine Abzweigung der Nordbahn von Olmütz erreicht 1845 Prag; 1843 baut der Gerstner-Schüler Jan Perner am Karolinenthaler Viadukt, der den Anschluß nach Dresden sichert (die Strecke wird 1851 in Betrieb genommen). Schon früher gab es außer der berühmten Pferdeeisenbahn Budweis–Linz eine zweite, die von Prag nach Lana führte und der Versorgung der Stadt mit Holz und Kohle diente. Allmählich fallen die Stadtmauern; Prags Einwohnerzahl erreicht 100 000.

Das eigentliche Großbürgertum, die adligen Unternehmer, auch die jüdischen Bankhäuser bleiben deutsch- oder zweisprachig, während die tschechischen Patrioten nur unter kleineren Kaufleuten, Müllern, Brauereimeistern, Gastwirten und Handwerkern einen Anhang haben. Diese aufstrebende Gruppe fühlt besonders stark den Konkurrenzdruck des finanziell überlegenen deutschen Bürgertums. Die deutsch-tschechischen Reibereien, die auch von deutschen Publizisten wie Franz Schuselka und Ignaz Kuranda geschürt werden, treten in eine neue Phase, in der philologisch-literarische Erweckungsarbeit von der Vertretung praktischer Interessen abgelöst wird.

Der böhmische Adel verfolgte die Spaltung der Gesellschaft mit Unbehagen und einer gewissen Verachtung gegenüber den kleinlichen Streitereien; Graf Deym brachte seine Reserve auf die bekannte Formel, daß er weder Tscheche noch Deutscher, sondern Böhme sei (Der Satz wäre tschechisch nicht formulierbar; »Böhme« und »Tscheche« sind ein und dasselbe Wort). Mehr Interesse an der tschechischen Bewegung, doch ebenfalls nur in landespatriotischen Grenzen, zeigte Leo Graf Thun-Hohenstein, der in einem Artikel in der Augsburger *Allgemeinen Zeitung* die Existenz von 15 Millionen Slawen in der Habsburgermonarchie betonte und daraus die grundlegende Aufgabe ableitete, diese

Masse für den Staat zu gewinnen, statt sie durch Schikanen Rußland in die Arme zu treiben. In einer Broschüre über den gegenwärtigen Stand der böhmischen Literatur unterstrich Thun dementsprechend, daß eine Germanisierung der Tschechen keine Aussicht auf Erfolg habe; die Tschechen könnten jedoch durch ihre enge kulturelle Verbindung mit den Deutschen eine Mittlerrolle gegenüber den übrigen Slawen spielen. Österreich solle im eigenen Interesse die Erhaltung der Individualität seiner Völker sichern. Thun hat später als österreichischer Unterrichtsminister viel von den ihm damals aus dem tschechischen Lager zufließenden Sympathien wieder verloren.

Anders über den »Czechismus«, die »exaltirte Partei czechischer Litteratoren« und ihre arglistigen Bestrebungen, über Gleichberechtigung der Sprachen die »Reczechisierung« des Landes zu erreichen, urteilte der Olmützer und spätere Prager Historiker Joseph Leonhard Knoll. »Teutsch ist das Herrscherhaus, teutsch sind Oberverwaltung und Gesetze, teutsch Wissenschaft und Kunst« – und dieser Charakter Österreichs müsse noch verstärkt werden, schrieb er in einer Denkschrift. Seit 1848 nahmen dann derartige unklug-fundamentalistische Stimmen immer mehr zu, wahrscheinlich in Panik angesichts der stärker und selbstbewußter auftretenden Tschechen.

Davon sind die meisten deutschböhmischen Schriftsteller im Vormärz noch frei: Karl Egon Ebert schreibt ein 300seitiges Heldengedicht *Wlasta* über den böhmischen Amazonenkrieg, Uffo Horn eine Tragödie *König Ottokar*, wobei er den Eisernen und Goldenen König zum slawisch bewußten Volksfürsten umdeutet, der Rudolf von Habsburg eine Absage erteilt: »Und nimmer wird ein König aus dem Stamme / Der Slawen huld'gend seine Kniee beugen / Vor Einem, der die deutsche Krone trägt!« Karl Postl, als Charles Sealsfield zu literarischem Ruhm gelangt, war bis 1823 Priester im Prager Kreuzherrenkloster; in einem – verständlicherweise im Ausland erschienenen – Buch, *Austria as it is* (1828), nahm er sich der unterdrückten tschechischen Landsleute an.

Alfred Meissner, Sohn eines Teplitzer Badearztes, ist zwar deutscher Patriot, 1848 auf der demokratischen Linken, aber voller Sympathie für seine böhmischen Landsleute, deren große Vergangenheit er in seinem *Žižka*-Epos besingt – als Emanzipationskampf gegen römische Kirche und Unfreiheit: »O Deutschland, du nennst die alte Heimath der Hussiten todt... Doch das erkenn; Daß was wir bestens ehren / Aus diesem Volk unsterblich in uns lebt.«

Mit Moritz Hartmann, seinem Studienfreund, teilte Meissner die Überzeugung, daß Kriege eine abzuschaffende Barbarei seien; »drei Ständen gingen wir aus dem Wege: den Theologen, den Adeligen... und den Militärs... Unsere Sehnsucht, unser Denken ging ausschließlich über die nördliche Grenze nach Deutschland... Nur in Deutschland gab es eine größere Literatur, eine edlere Journalistik, ein Schreiben ohne Censurzwang.« So sah auch Hartmann in seinen *Böhmischen Elegien* die Zukunft Böhmens in der deutschen, liberaleren Kultur: »Laß mich dein treuer Herold sein, mein Vaterland, in deutschen Landen!« Und die tschechischen Landsleute warnt er vor dem Panslawismus: »... gen Westen kehre dein Gesicht / Die Freiheitssonne kommt aus Westen.« Hartmann, der aus einer bescheidenen jüdischen Familie aus dem westböhmischen Duschnik stammte, war 1844, anläßlich des in Antisemitismus ausufernden Prager Maschinensturms, empört und angewidert: »Pfui, ist das eine erbärmliche Meute!... Der Tandelmarkt ihre Bastille, das Ghetto ihr St. Denis... Mein Freund, es kommt die Zeit, wo wir in Böhmen als Deutsche dastehen müssen...« Hartmann stand 1848, von Leitmeritz in die Paulskirche entsandt, im Lager der großdeutschen Linken.

Inzwischen hatte man tschechischerseits sowohl der bisherigen romantischen Sentimentalität als auch dem unkritischen Slawismus Kollárs eine Absage erteilt. Karel Havlíček, Redakteur der tschechischsprachigen *Prager Zeitung*, kannte Rußland und Polen aus eigener Erfahrung; er wußte, daß sich die Slawen kulturell in ihrer Mentalität und ihren Interessen sehr voneinander unterscheiden. Statt sich in dumpfen Gefühlsergüssen und einem abstrakten Kult alles Slawischen zu ergehen, sollte man sich, nach seiner Formulierung, die Ärmel aufkrempeln und konkrete Arbeit für das vorhandene tschechische Volk leisten; ein allslawischer Patriotismus sei fast so unwahrhaftig wie ein indoeuropäischer. Und wenn schon von Bruderschaft gesprochen wird, wer streitet mehr als Brüder?

Havlíček war zwar bolzanisch in seinem Nachdruck auf konkrete Bildungsarbeit, doch schien ihm die Spaltung Böhmens bereits unwiderruflich vollzogen; er schrieb für das »tschechoslawische« Volk in Böhmen, Mähren und der Slowakei. Sich mit den Russen zu verbünden, hielt er für gefährlich: Sie kämen mit dem Judaskuß und slawischen Phrasen, um einen alsdann in die Tasche zu stecken. Havlíček verwarf übrigens auch Avancen seitens böhmischer Juden, etwa des in beiden Sprachen publizierenden Arztes Siegfried Kapper, die im Vormärz nicht abgeneigt waren, sich der tschechischen Bewegung anzuschließen, der überwiegend bäuerlichen Nation ein bürgerliches Element hinzuzufügen: »Wir müssen sie als eine eigene Nation betrachten, eine semitische, die zufällig bei uns lebt.« Als Verbündete kamen für Havlíček nur die »Illyrer«, also die Südslawen, in Frage – zwar in einem gemeinsamen Staat mit den Tschechen, aber weit genug entfernt, um Reibung zu vermeiden.

Das »austroslawische« Programm Havlíčeks, das in der österreichischen Monarchie die beste Garantie für die Erhaltung der tschechischen, illyrischen (und »kleinrussischen«) Nationalität erblickte, wurde 1848 klassisch in Palackýs Absagebrief an das Frankfurter Vorparlament formuliert: Österreich wird darin bezeichnet als »Staat, dessen Erhaltung, Integrität und Kräftigung eine hohe und wichtige Angelegenheit nicht meines Volkes allein, sondern ganz Europa's, ja der Humanität und Civilisation selbst ist« – als Schutz vor allem gegen russische Expansion: »Denken Sie sich Österreich in eine Menge Republiken und Republikchen aufgelöst – welch ein willkommener Grundbau zur russischen Universalmonarchie!« Voraussetzung einer Erfüllung der historischen Mission Österreichs ist allerdings »der Grundsatz der vollständigen Gleichberechtigung und Gleichbeachtung aller unter seinem Scepter vereinigten Nationalitäten und Confessionen ... Die Natur kennt keine herrschenden, so wie keine dienstbaren Völker.«

Dieses Programm bildete die Grundlage für die tschechische Politik über 1848 hinaus. Palacký, von Karl Marx als »übergeschnappter Deutscher« diffamiert, der »bis jetzt noch die tschechische Sprache nicht korrekt sprechen kann«, wurde von seinem Volk als Vater verehrt, die Gürtlergasse in der Neustadt, in der sein Haus noch heute zu sehen ist, nach ihm benannt, auch die dritte Prager Brücke von 1878 zum damals selbständigen Industrievorort Smíchov; am östlichen Brückenkopf sitzt der Historiker, in Stein gehauen und von allegorischen Figuren umgeben. Sucharda, der Schöpfer des Denkmals, hatte dieses eigentlich in die Altstadt, vor das neue Rudolphinum, setzen wollen. Auch der Historiker sah sich zu ungewollten Korrekturen seines Programms gezwungen. »Wir waren vor Österreich, und wir werden auch nach ihm sein«, hat er zuletzt verbittert gesagt und wieder recht behalten. Was er eigentlich wollte, war die Föderalisierung auf der Basis gleichberechtigter Völker und Länder – man schwankte in der Frage, ob die historische Variante des »böhmischen Staatsrechts« oder die naturrechtliche, ethnische, die bessere Grundlage biete. Die Machthaber in Wien konnten sich weder für die eine noch für die andere entschließen und bekamen 1918 die Rechnung in einer Kombination von beiden präsentiert: Böhmen und Mähren mit den historischen Grenzen (und deutschen Minderheiten), aber die Slowakei als Zugabe aufgrund des »Naturrechts«, also ethnischer – und strategischer – Kriterien. Der Austroslawismus hatte eine vernünftigere Lösung geboten, scheiterte aber immer wieder an deutsch-magyarischen Superioritäts- und Hegemonialansprüchen, die sich für den Erhalt des Reiches als ruinös erwiesen. Österreich als Klammer für ein Dutzend Völker durfte gerade nicht deutsch (und magyarisch) sein und bedurfte auch anderer als nur militärisch-bürokratischer Bindemittel, auf die Metternich und die siegreichen Generäle von 1848/49, die Radetzky, Windischgrätz und Schwarzenberg, letztlich gesetzt hatten.

Die Schaffung des kleindeutschen Nationalstaats, letztlich als Resultat der Entscheidungsschlacht von Königgrätz und des Prager Friedens von 1866, hat die Deutschösterreicher, statt sie zum Ausgleich mit ihren slawischen Landsleuten zu veranlassen, manövrierunfähig gemacht und in eine starre Verteidigungsstellung gebracht. Wie der Osten des Reiches der magyarischen Minderheit geopfert wurde, so glaubte man in seinem Westteil, dem sogenannten Zisleithanien, den »deutschen Besitzstand« wahren zu müssen, wobei immer mehr Deutsche den Glauben an Österreich verloren und das Heil in Berlin erblickten. Man hatte Palacký nicht ernst genommen, dessen *Österreichische Staatsidee* von 1865 gewarnt hatte: »Der Tag, an dem der (österreichisch-ungarische) Dualismus proklamiert wird, wird zugleich mit unwiderstehlicher Naturnotwendigkeit der Geburtstag des Panslawismus in seiner am wenigsten erfreulichen Gestalt werden.« Beide

Sprachvölker Böhmens, ineinander verflochten, durch ein langes gemeinsames Schicksal miteinander verbunden und aufeinander angewiesen, schielten verunsichert über die Grenzen und drohten dem Nachbarn mit dem Großen Bruder. Angstbarrieren verhinderten das Aufeinander-Zugehen, verhinderten tragfähige Kompromisse. Eine ideologisierte Geschichte verführte dazu, die eigene Position zu verhärten, sich in einen unpraktischen Maximalismus zu verrennen, der jeden vernünftigen Ausgleich in Obstruktions- und Abstinenzpolitik untergehen ließ. 1859 feierten deutsche und tschechische Redner zum letztenmal vereint Schiller, den Dichter der Freiheit und Verbrüderung. Die Fenster des Palais Waldstein blieben unbeleuchtet, andere Fenster wurden eingeworfen: Nicht alle Prager bekannten sich mehr zum verbindenden Ideal des Edlen und Schönen.

1859 schrieb Palacký an seinen Schwiegersohn František L. Rieger, den späteren Führer der Nationalpartei, daß »vermutlich noch lange Zeit bei uns außer der Polizei niemand Bewegungsfreiheit genießen wird«. Doch schon ab 1861 darf die tschechische Nationalzeitung (Grégrs *Národní listy*) erscheinen; im selben Jahr zieht wieder ein tschechischer Bürgermeister ins Altstädter Rathaus, der Unternehmer Pštross. Bis dahin sind die meisten böhmischen Institutionen übernational und zweisprachig. In den sechziger Jahren nimmt die nationale Segregation ihren Lauf: 1861 entsteht der Prager Sängerverein »Hlahol« mit seiner Parole »Durch Gesang zum Herzen, durchs Herz zum Vaterland«; an seiner Wiege steht der Komponist Bedřich Smetana, dessen *Verkaufte Braut* im Oktober 1866, anläßlich des Prag-Besuchs von Kaiser Franz Joseph, inmitten der Kriegswirren, das Licht der Welt erblickt. 1862 wird auch die nationale Turnerorganisation »Sokol« (= Falke) gegründet, meist aus dem Kleinbürgertum; ironischerweise stammt die Idee von tschechisierten Deutschen, vor allem Tyrš und Fügner; das Vereinshaus mit Turnhalle zwischen Roßtor und Korngasse baut 1863 der protschechische Deutschprager Architekt Ignaz Ullmann; von ihm stammen auch das Neorenaissance-Gebäude der Böhmischen Sparkasse in der Národní (heute Akademiepräsidium), das nahe Lažanský-Palais (Café Slavia) sowie die Tschechische Technische Hochschule auf dem Karlsplatz. Ebenfalls 1862 entsteht der »Kaufmännische Verein Merkur«, der sich schnell zu einer rein tschechischen Organisation entwickelt und Anstöße zur Gründung einer Gewerbebank, der nachmals berühmten »Živnobank«, sowie einer Prager Börse gibt. Tschechisch sind die Prager Städtische Sparkasse und die Versicherungsanstalt »Slavia«. Schon 1861 ist ein tschechischer Künstlerverein entstanden, neben Smetana wirken da der Maler Josef Mánes und der Lyriker Vítězslav Hálek. Auch der binationale Gewerbeverein wird um 1865 tschechisch; 1862 errichtet Ullmann – aus patriotischen Spenden – an der Kettenbrücke ein provisorisches Tschechisches Theater. 1868 legt Palacký den Grundstein für ein endgültiges Nationaltheater, das das Provisorium miteinbezieht. Allmählich tschechisch werden auch weitere Institute, wie die Kunst- und Gewerbeschule, die Akademie der bildenden Künste, die Bildergalerie der Gesellschaft patriotischer Kunstfreunde usw.

Natürlich geht das nicht ohne Widerstand vor sich; zu plötzlich ist der Aufstieg der bis dahin eher mitleidig-wohlwollend bis geringschätzig behandelten Tschechen, die nunmehr das Erstgeburtsrecht im Lande wahrnehmen möchten. Im Prager Kasino (dem »Deutschen Haus« am Graben, übrigens im Besitz der jüdischen Industriellenfamilie Dormitzer) finden sich die Gegner des »zukunftslosen« Czechismus zusammen; David Kuh, einst Anhänger der tschecho-jüdischen Bewegung und jetzt Vorkämpfer des Deutschtums, greift in seinem *Tagesboten aus Böhmen* die zum nationalen Palladium erhobenen tschechischen Handschriften an; auch andere deutsch-jüdische Journalisten schreiben höchst unfreundlich über die Tschechen und ihren »Sprachterrorismus« (etwa Theodor Pisling, *Germanisierung oder Tschechisierung*, 1861).

Man revanchiert sich in Form von Exzessen: Im August 1861 kommt es in Prag wieder einmal zu tagelangen Ausschreitungen gegen Juden, wobei sich Bürgermeister Pštross »um seiner Popularität willen« passiv verhält; die *Národní listy* schreibt, daß die Juden die Nation mit Branntwein vergiften, sie mit Hausierhandel entsittlichen, durch Wechselgeschäfte zugrunderichten und durch ihre Zeitungsschreiber verunglimpfen. Der tschechische Dichter und Verfasser der idyllischen *Kleinseitner Geschichten*, Jan Neruda, der nach eigenen Worten im Gymnasium Juden zu seinen besten Freunden zählte, vermerkt 1870: »Heute leben wir... in politischer Feindschaft mit einem Volk, das uns in allem ganz fremd ist... Nicht Judenverfolgung, sondern Emanzipation von den Juden ist unser Motto.« Nun strömen die Juden erst recht Organisationen zu wie dem Verein für die Geschichte der Deutschen in Böhmen (gegründet 1862 mit dem deutschnationalen Bayern Constantin Höfler an der Spitze) oder dem Deutschen Theaterverein, der es 1888 fertigbringt, in der überwiegend tschechischen Stadt eine zweite deutsche Bühne, das Neue Deutsche Theater, zu schaffen (heute Smetana-Theater, in den siebziger Jahren des 20. Jahrhunderts als Opernhaus restauriert und modernisiert).

Man argwöhnt, daß die tschechischen Forderungen sich nicht mit bloßer Gleichberechtigung befriedigen lassen und daß auch das böhmische Staatsrecht, für das sich noch einmal Teile des böhmischen Adels stark gemacht haben, nur der Unterdrückung der nichttschechischen Bevölkerung dienen soll. Mit der staatsrechtlichen Aufwertung der Wenzelskrone, von deutschliberalen Politikern wie Karl Giskra ohnehin als Relikt vom Wert eines Titels des Königs von Jerusalem verspottet, ist es allerdings nach dem Sturz der Regierung Hohenwart (1871) vorbei. Auch die konservative Regierung Taaffe, die sich im Reichsrat auf 54 tschechische und 50 polnische Abgeordnete stützen kann, denkt nicht daran, die tschechischen staatsrechtlichen Forderungen zu erfüllen; im erklärten Bewußtsein, daß in Österreich »keine Nation oder Partei ein Monopol auf Herrschaft besitzt«, läßt aber Taaffe den tschechischen Minister Pražák 1880 eine Reform der »äußeren« Verhandlungssprache der Verwaltungs- und Justizbehörden ausarbeiten; dazu kommt die gleichberechtigte Behandlung des tschechischen Schulwesens. 1879 bis 1888 werden in Böhmen 1459 tschechische Schulen und 784 deutsche Schulen gebaut oder hergerichtet (die aufgewandten Mittel betragen 28,9 bzw. 15,6 Millionen Gulden).

Damit konnten beide Seiten leben; Nationalisten heizen jedoch die Atmosphäre zur Weißglut an. Der 1880 in Karlsbad gegründete Deutsche Schulverein soll das deutsche Schulwesen gegen »Czechisierung« unterstützen; im böhmischen Landtag rufen deutsche Liberale nach einer administrativen Teilung des Landes. Das berüchtigte Linzer Programm von 1882 fordert die Abstoßung Dalmatiens, Galiziens, der Bosna, damit man desto energischer den deutschen Charakter des Westteils der Monarchie bewahren könne. Man ist nicht allseits für Teilung, etwa die Pläne zur Aufspaltung der Prager Universität werden deutscherseits als Affront betrachtet: Man solle, wenn überhaupt, die Tschechen eine neue Universität gründen lassen; mit den Traditionen der deutschen Carolo-Ferdinandea hätten sie nichts zu tun. Ministerpräsident Taaffe, Jugendfreund Franz Josephs, sitzt am längeren Hebel und setzt sich durch. So entstehen 1882 zwei gleichberechtigte Prager Universitäten (zwei Technische Hochschulen gab es schon seit 1869).

Um die deutschen Liberalen zu schwächen, erläßt Taaffe im selben Jahr eine Wahlreform, die kleinbürgerliche und bäuerliche Wählerschichten stärker in die Politik zieht. Der tschechische Klub im Reichsrat wächst 1885 auf 65 Abgeordnete an. Längerfristig kommt die Reform allerdings Schönerers Alldeutschen, den klerikalen Volksparteien und den radikalen Jungtschechen zugute. Vor allem seit 1887 eröffnen diese eine erbitterte Kampagne gegen die alttschechische Politik des angeblichen Verrats, der Unfähigkeit und Schwäche. Ein nationalpolitischer Kleinkrieg, der von unzähligen sogenannten nationalen Schutzvereinen getragen wird, vergiftet vollends die Atmosphäre. Ein sozialdarwinistisches Denken versteht den Nationalitätenkampf, der oft ein lächerlicher »Taferlkrieg« war, als beinahe biologische, schicksalhafte Gegebenheit und a priori als unmöglich zu schlichten. Alttschechen und Konservative handeln 1890 einen böhmischen Ausgleich aus, die sogenannten Wiener Punktationen, aber die Jungtschechen mobilisieren die öffentliche Meinung, und 1891 werden die Alttschechen vom Wählerzorn hinweggefegt; die Jungtschechen nehmen die alttschechische Staatsrechtsideologie wieder auf, gehen nach dem Sturz Taaffes 1893 auf Obstruktionskurs; die Tschechen sind die Iren Österreichs, verkündet ihr Führer Grégr.

In Prag herrscht Ausnahmezustand. Der böhmische Statthalter, wieder ein Thun, wird zum bestgehaßten Mann Prags. Man verzeiht es dem Historienmaler Brožík nicht, daß er sich dennoch ostentativ zu Thun in die Statthalterloge des Nationaltheaters setzt. 1897 sucht die Regierung Badeni die Jungtschechen mit Sprachverordnungen zu beruhigen: Beide Landessprachen sollen im Dienstverkehr der Behörden in Böhmen und Mähren gleichgestellt werden. Nun reagieren die Deutschnationalen mit einer Welle antihabsburgischer Agitation, mit Massenversammlungen und Obstruktion im Reichsrat. Tumultartige Szenen zwingen den

Kaiser zur Entlassung Badenis. Tschechische Gegendemonstrationen führen zur erneuten Verhängung des Belagerungszustands über Prag. Die folgenden Regierungen können sich nur mehr auf Notverordnungen stützen; die deutschen Parteien geraten immer stärker in den Sog alldeutscher Propaganda, und die tschechischen bleiben ihnen in Intransigenz, chauvinistischem Radikalismus und allslawischer Rhetorik nichts schuldig.

Ein Glücksfall für Prag war die Berufung des jungen Philosophen Thomas Garrigue Masaryk (1850–1937), obwohl letztlich nicht er über den dumpfen Provinzialismus, sondern dieser über den zum Klischee und zur Phrase gewordenen Humanisten auf der Prager Burg gesiegt hat. Masaryk, der aus dem vom Sprachenkampf weniger heimgesuchten Mähren kam, dessen Mutter deutschsprachig, dessen Frau Amerikanerin war und der in Wien studiert hatte, wurde 1882 an die Prager tschechische Universität berufen. Seine Themen und Probleme, der Selbstmord, Wissenschaftslogik, Pascal, Hume, sind neu und fremd in der Stadt, die in nationaler Nabelschau und nationalen Emotionen zu versinken droht. Verständlich, daß der junge Professor, der sofort frische Luft in das verspießerte Milieu bringen möchte und eine kritische Zeitschrift herausgibt, bald aneckt. Es geht zunächst um die gefälschten Handschriften, deren zweifelhafter Charakter zwar kritischen Wissenschaftlern bekannt ist, die aber der nationalen Öffentlichkeit dennoch als Beweis uralter tschechischer kultureller Überlegenheit gelten. Im Kampf um die Handschriften ging es Masaryk in erster Linie nicht um das rein Wissenschaftliche, sondern um das nationale Bewußtsein, das die eigene Kleinheit mit Selbsttäuschungen aufzuwerten bemüht war; um den Widerspruch zwischen komplexbehafteter Drittrangigkeit und arrogantem Anspruch auf Größe, die keine war. Mit seiner kompromißlosen Wahrhaftigkeit riß der temperamentvolle Kritiker auch eine Reihe von Kollegen mit, die bisher aus Bequemlichkeit wider besseres Wissen geschwiegen hatten. Der Anspruch auf eine wissenschaftliche Moral, die keinen Rückzug in akademische Elfenbeintürme zuläßt, rief Stürme des nationalen Unwillens gegen die Nestbeschmutzer hervor.

Masaryk war aber kein entwurzelter Kosmopolit; im Grunde nahm er die böhmische Vergangenheit ernster als seine Gegner, nämlich als Herausforderung. Nicht um Tschechentum, Slawentum, Sprache gehe es, so schrieb er in einem Manuskript aus den neunziger Jahren, sondern um Wahrhaftigkeit: Findet ein Volk seine »Seele«, verliert es seine Sprache nicht. Der Feind steht meist in uns selbst, und da helfen keine Gesten, keine Berufungen auf Hus und Žižka, sondern nur große Ideen und moralische Taten. Wozu das Lamento über den Weißen Berg, der nur den vorangegangenen Niedergang der Reformationsideale besiegelte? Eine Serie von Schriften Masaryks über die böhmische Geschichte, allen voran *Die tschechische Frage* (1895), nimmt zwar Motive der Geschichtsphilosophie Palackýs auf, interpretiert sie aber stets gegenwartsbezogen und aktivistisch, deutet die Vergangenheit als Impuls für gegenwärtige Praxis. Ein angemessenes Verständnis der Vergangenheit ist nur über eigene Aktivität in der Gegenwart zu gewinnen. Wozu das Gerede über Hus, Chelčický, Comenius, wenn es uns nicht um Reformation, um Fortschritt in unserer Zeit geht? Der »Sinn der böhmischen Geschichte« ist insofern nicht abgeschlossen, sondern offene Aufgabe: das humanitäre Ziel für die Gegenwart zu formulieren, zu aktualisieren.

Masaryk versucht das selbst, indem er diesen Sinn als Ablehnung von Gewalt, Schwert und Blut, als Zuwendung zu Arbeit und Leben versteht: Wann immer das böhmische Volk siegte, so unterstellt er, geschah das aufgrund geistiger, nicht physischer Überlegenheit; wenn es unterlag, dann stets durch Mangel an geistiger Aktivität und sittlichem Mut. In diesem nicht historischen, sondern aktivistischen Sinn interpretiert er Hus' Worte – die Wahrheit zu suchen, zu hören, zu lieben, zu verteidigen – als lebendige Gegenwartsaufgabe. In Masaryks Bild der nationalen Wiedererweckung im 19. Jahrhundert wird deshalb vor allem das Humanitäre hochgehalten, das er bei Dobrovský, Kollár, Šafařík und Palacký findet, während Jungmanns sittlich indifferenter Sprachnationalismus als geistige Sackgasse seinem Verdikt verfällt und andere (deutsche, katholische) Quellen ihn nicht interessieren. Von besonderer Bedeutung ist für Masaryk die Geschichte der Böhmischen Brüder, die er als praktische Humanität, als Beispiel echter Brüderlichkeit der Arbeit, hochhält und als Programm alltäglicher, unpathetischer Kleinarbeit für seinen eigenen »Realismus« in Anspruch nimmt.

Man kann sich vorstellen, daß dieses faszinierende Programm in der jungen Generation begeisterte Anhänger fand, weniger schon unter den akademischen Historikern, die an der Methode eines empirischen Positivismus festhielten und deren reservierte Kritik vor allem dem schwer nachzuweisenden Zusammenhang zwischen böhmischer Reformation und nationaler Wiedererwekkung galt. Wir verstehen, schrieb 1912 einer der bekanntesten tschechischen Historiker, Josef Pekař, ironisch, wie der Stammbaum von Hus und Komenský über Dobrovský, Palacký und Havlíček zu Masaryk hin entstanden ist. Masaryk ging nicht von der objektiven Realität dieser Personen aus, sondern von sich selbst, suchte in den Traditionen der Vergangenheit nur sich selbst und mied, was ihm nicht paßte...

Masaryk hat sein Gespür für die Hauptfragen der Gegenwart auch in seinen übrigen Werken bewiesen. Seine *Soziale Frage* (1898) ist eine Untersuchung der Grundlagen des Marxismus und der sozialistischen Arbeiterbewegung, die er als berechtigt anerkannte und als Politiker – ein Außenseiter in der tschechischen Vorkriegszeit – unterstützte (er selbst wurde nur mit Hilfe der Sozialdemokratie in den Wiener Reichsrat gewählt). Doch lehnte der Moralist Masaryk die ideologischen Grundlagen des Marxismus ab; der historische Materialismus schien ihm zu großen Nachdruck auf die Eigentumsverhältnisse und die ökonomischen Triebkräfte auf Kosten der sittlichen zu legen. Masaryk forderte im Namen seines demokratischen Humanitätsideals durchaus eine Verringerung der Ungleichheit, größere Chancengleichheit, hielt aber einen Kommunismus nur auf religiöser Grundlage für möglich. Kommunistische Versuche gelingen bestenfalls unter der Suggestion der ersten Begeisterung; sollen sie sich im Alltag bewähren, folgen Degeneration und Verfall – keine falsche Prognose.

Diese Motive nahm Masaryk später nochmals auf, als er selbst 1917/18 in den Wirbel der russischen Revolution geriet und das Experiment von nahem verfolgen konnte: Auf Distanz ließ sich Revolutionsbegeisterung besser pflegen. Den als barbarisch verstandenen Ereignissen gegenüber hielt er am Programm einer sozial verantwortlichen, tätigen Menschenliebe fest, die das Böse schon im Keim bekämpft. Diese demokratische Arbeitsethik war ihm wertvoller als die romantische Philosophie des Alles oder Nichts, die Masaryk in einem weiteren wichtigen Buch, *Rußland und Europa* (1913), bekämpfte, einer zweibändigen russischen Geistesgeschichte, die zugleich eine Kritik der russischen Intelligenzija und des russischen Cäsaropapismus, der Unterordnung der Kirche unter die weltliche Obrigkeit, darstellt: auf der einen Seite der Messianismus der Slawophilen, auf der anderen nihilistische Intellektuelle, die statt verantwortungsvoller Arbeit Selbstbefriedigung durch Modetheorien pflegen.

Masaryks Kenntnis Rußlands kam ihm im Ersten Weltkrieg zugute, als ihn sein Widerstand gegen Österreich, das er schließlich für nicht mehr reformierbar hielt, nach Rußland verschlug, wo er die tschechischen Kriegsgefangenen in Legionen organisierte. Masaryks Legionäre beherrschten zeitweise den gesamten Osten entlang der transsibirischen Eisenbahn; manche Politiker konnten es dem »weltfremden Professor« nicht verzeihen, daß er diesen Machtfaktor im Bürgerkrieg nicht stärker gegen die Bolschewiki zur Geltung brachte, sondern Nichteinmischung proklamierte (die dann doch nicht ganz eingehalten wurde, was Masaryk nun wieder die Kommunisten nicht verziehen). Der Kämpfer gegen nationale Götzen und antisemitische Vorurteile, der Freund der »antinationalen« Sozialdemokratie, der Streiter wider den Klerikalismus wie gegen billigen Hurrapatriotismus zog nun 68jährig als Sieger in den Hradschin ein, als »Befreier-Präsident« zwei Jahrzehnte lang beinahe abgöttisch verehrt.

Es lag nahe, daß er den eigenen Erfolg als historischen Sieg der humanitären Demokratie über Theokratie und Aristokratismus mißverstand. Sein Staat, der sich gewiß sehen lassen konnte, war weder im Geist der humanitären Gewaltlosigkeit der Böhmischen Brüder entstanden, noch hat ihm die Übereinstimmung mit der demokratischen Geschichtsphilosophie seines Begründers eine Überlebenschance gelassen, sobald die europäische Schönwetterperiode zu Ende war. Und: War jenes Österreich, das nach Palacký hätte geschaffen werden müssen, wenn es den Staat nicht schon gegeben hätte, wirklich so zum Untergang verurteilt, wie es dem verbitterten Reformer schließlich schien? War es nicht voreilig, sich zu freuen, wenn man in den Wald rief: »Wie ist dir, Österreich?«, und das Echo antwortete: »Unbehaglich!« (»*Jak je ti, Rakousko?*« – »*Ouzko*«)? Hätte das tschechische Volk nicht vielleicht mit ihm verbunden die Krisen des 20. Jahrhunderts besser überstanden?

Ohne Volk, ohne Land: der Prager Literatenkreis

»Für den Nichttschechen, so scheint mir, hat diese Stadt keine Wirklichkeit«, schrieb Franz Werfel, der Prag früh verließ. Und René Rilke, der sich Rainer Maria nannte und in den *Larenopfern* der Heimatstadt ein lyrisches Denkmal setzte, erteilte Prag und der Welt der Mutter eine deutliche Absage: »Ich habe kein Vaterhaus / Und habe auch keines verloren.« Ohne Vaterhaus auch der uneheliche Sohn eines württembergischen Ministers und Leiter einer Bank in der Prager Zeltnergasse, Gustav Meyrink, dessen literarisches Werk voller Phantasmagorie, Hohn und Spott Rache an der Prager Gesellschaft übt, die ihn ausgestoßen, und vor allem an den Juristen, die ihn ins Gefängnis gebracht und ruiniert hatten. Meyrink, der sich mit einem Fluidum von Geheimwissenschaft und Magie umgab, traf sich mit seinen wenigen Anhängern im – deutschnationalen – Café Continental. Aber sein *Des deutschen Spießers Wunderhorn* zeigt karikierende Distanz zu jenem »Herz Deutsch-Prags« und den »Kasinidioten«, wobei er sich nicht verkneifen kann zu bemerken, der Mittelpunkt Prager deutschen Lebens sei unterirdisch verbunden »mit dem fernen, aber stammverwandten Jerusalem«.

Man hat das Prager deutsche Leben mit einer Insel verglichen, umgeben von einer wachsenden tschechischen Flut; die Bewohner lugten nach Verbindungen zur Welt aus, nicht aber zu den 95 Prozent tschechischer Mitbürger. Ein Gefühl der Wurzellosigkeit griff um sich, verstärkt durch den sozialen Gegensatz zwischen (deutsch-jüdischer) Oberschicht und unterprivilegierter Masse der tschechischen Bevölkerung. Diese Situation gab die Themen ein, das Grundgefühl der Literaten, aber auch die Neigung, Prag trotz seiner zwei deutschen Theater, zwei Hochschulen, zwei Tageszeitungen zu verlassen. »Ohne Sprache und Religion« hatte sich schon der 1849 in Hořitz (Ostböhmen) geborene und in Prag aufgewachsene Fritz Mauthner gesehen. Vielleicht gerade deshalb wurde Mauthner, der seit 1876 in Berlin lebte, zum Sprachfor-

Oben: Barocke Bürgerhäuser am Altstädter Ring
Unten: Das spätbarocke Palais Kinský, früher deutsches Gymnasium und Geschäft Hermann Kafkas

scher und zum Verfasser einer Geschichte des Atheismus. Mauthner, der auch Romane mit böhmischer Thematik schrieb und sich nach den Tannen und Bergen seiner Jugend zurücksehnte, war nicht wohl bei dem Gedanken, daß Prag zu einer tschechischen Stadt geworden war.

Nicht weit von Mauthners Geburtsort lag der von Karl Kraus: Gitschin. Auch er, der – wie Ernst Mach, Sigmund Freud, Edmund Husserl, Bertha Suttner, gebürtige Gräfin Kinsky – früh die Heimat verlassen und Wien vorgezogen hatte, war geradezu besessen von der Sprache – und von der Vision des Untergangs, der »letzten Tage der Menschheit«. Übrigens hat der doppelte Apostat die in einem doppelten Getto lebenden Prager deutschjüdischen Literaten mit einer beinahe sadistischen Lust am Verletzen verfolgt (Die Prager Lyriker »vermehren sich wie Bisamratten«). Das hinderte den Feinfühligen nicht daran, während seiner Pragaufenthalte in der luxuriösen Wohnung der Werfels in der Mariengasse am Stadtpark (gegenüber dem Hauptbahnhof) zu wohnen. Aber auch Hermann Kesten meinte böse, die Prager Schule, lauter Kaffeehauskünstler mit mystischen Weltsymbolen, tue so, als habe sie einen direkten Draht zum lieben Gott.

Vielleicht haben die Prager Literaten das nahende Erdbeben besonders intensiv gefühlt: »... das Ende der Zukunft ist mit allen unseren Seufzern eigentlich schon erfahren und Vergangenheit«, notierte Kafka in seinem Tagebuch. Mit Sicherheit hat das Hin und Her zwischen kaum mehr nachvollziehbarer jüdischer Tradition, den ebenso ausgehöhlten Grundlagen »Kakaniens« (der k. u. k. Monarchie, nach Robert Musil) und den aggressiven nationalen Ersatzreligionen eine spezifische Identitätsunsicherheit geschaffen, aus der man gerne ausbrach: Rilke und Werfel in die Welt der Aristokratie beziehungsweise katholischer Barockfrömmigkeit, Brod und Weltsch in den Zionismus, Kisch, Weiskopf und Fürnberg in die marxistische Utopie. Trotz oder gerade wegen des Antisemitismus des Kleinbürgertums war auch eine tschechojüdische Bewegung entstanden, die sich durch eine Art Mimikry der vordringenden tschechischen Bewegung anpassen wollte: 1880 bekannte sich erst ein Drittel der böhmischen Juden zur tschechischen Umgangssprache, um 1900 bereits über 50 Prozent; auch in Prag, wo das isolierte deutsche Bürgertum vital auf jüdische Unterstützung angewiesen war, machte der Schub zum Tschechentum Fortschritte (1890 bekannten sich noch 74 Prozent der Prager Juden zur deutschen Umgangssprache, 1900 waren es nur mehr 45 Prozent).

Doch war Zweisprachigkeit die Regel: Während Vater Kafka ursprünglich aus einem tschechisch-jüdischen Milieu kam, schickte er Franz in die deutsche Schule am Altstädter Fleischmarkt, danach aufs Altstädter Gymnasium (im gleichen spätbarocken Palais Kinský auf dem Altstädter Ring, in dem der Vater später eine Galanteriewarenhandlung unterhielt). Von den Studenten der Prager deutschen Universität waren 1904/05 fast 25 Prozent Juden; an der tschechischen war es nur 1 Prozent. National gesinnte Sprecher beider Völker begannen nichtsdestoweniger bald darauf vereint nach dem Numerus clausus zu rufen. Die böhmischen Juden waren jetzt auch im deutschen Lager unerwünscht. Aber der mehrtägige Prager Straßenterror vom Dezember 1897 nach dem Sturz der Regierung Badeni hatte auch gezeigt, wessen der tschechische Radikalismus fähig war. Der einflußreiche Dichter Viktor Dyk hatte sich mit ihm identifiziert: Der Instinkt der kämpferischen und plündernden Straße sei sein Instinkt gewesen; die Nation Chelčickýs, jubelte er, habe der Versuchung Tolstois widerstanden! Theodor Mommsen hat in einem Brief an die *Neue Freie Presse* eine ähnlich törichte Sprache geführt und die Tschechen als »Apostel der Barbarisierung« angegriffen. »Vernunft nimmt der Schädel der Tschechen nicht an, aber für Schläge ist er zugänglich.«

1899 folgte der berüchtigte Ritualmordprozeß von Polna, in dem Professor Masaryk allein es wagte, den schmutzigen antisemitischen Orgien der Presse entgegenzutreten, die den unaufgeklärten Mord an einem christlichen Dienstmädchen dem jüdischen Hausierer Hilsner als zu Kultzwecken verübt anhängen wollte: Wer das bestritt, war »durch jüdisches Geld gekauft«. Viele Jahre später erwies sich Hilsners Unschuld; aber der Hauptankläger Dr. Baxa machte dennoch Karriere – er wurde Prager Bürgermeister! Die tschechischen Juden dankten es Masaryk und unterstützten seine kleine Realistische Partei; andere klammerten sich verzweifelt an die alte Monarchie und machten sich Mut mit den Worten Franz Josephs gegenüber dem Feldrabbiner Kisch, einem Onkel Egon Erwins: »Ich bin sehr empört über diese Roheiten« (1899) – sofern sie sich nicht ganz totstellten und sich durch Spenden an ihre antisemitischen Feinde freizukaufen versuchten. Andere begannen sich stärker der übernationalen Sozialdemokratie zuzuwenden oder stellten dem Assimilantentum ein Bekenntnis zum Zionismus entgegen. Martin Bubers *Drei Reden über Judentum* wurden 1909 vor einem kleinen Prager Studentenverein gehalten, der sich »Bar Kochba« nannte und dem die Philosophen Hugo Bergmann und Felix Weltsch, der vielseitige Literat Max Brod sowie der Soziologe Hans Kohn angehörten; Brod erzählt, ihre Zahl sei zunächst so gering gewesen, daß man in Prag sagte, wenn in einem gewissen Café die Decke herunterfiele, sei es aus mit dem Prager Zionismus. »Ein historisches Recht auf Palästina haben wir in keiner Form«, schrieb Hans Kohn 1919; die Sklaven von gestern dürften nicht zu den Imperialisten von morgen werden: »... Jeder Angriff auf die Gerechtigkeit ist ein Angriff auf uns selbst.«

So ganz »ohne Volk und ohne Land«, so kontaktlos und ungeborgen in einer sicheren Tradition waren die Prager deutschen Literaten natürlich nicht, obwohl die Zuwendung zum deutschen wie zum tschechischen Lager ihnen schwergemacht wurde. Viele versuchten sich als Mittler; ihre Beziehungen zum tschechischen Milieu beschränkten sich nicht auf Ammen und Dienstmädchen, auf die Anziehung durch den »slawischen Eros«, auf »Barbara oder die Frömmigkeit«, auch nicht auf Ausflüge in die Prager Umgebung, die Kafka, Brod, Werfel und Weltsch gern unternahmen. Der im Ersten Weltkrieg gefallene Franz Janowitz, Kritiker der beiderseitigen nationalen Verhetzung, und der in Auschwitz ermordete Camill Hoffmann haben sich in ihren Werken sensibel in die Welt der tschechischen Landsleute eingefühlt; Egon Erwin Kisch hat vor allem der Prager Halb- und Unterwelt ein Denkmal gesetzt, aber auch eine Liebeserklärung geschrieben an die Winkel und Durchhäuser, die Originale, Spelunken, Absteigen und »Beiseln« seiner Vaterstadt: das »sumpfige Gesicht Prags als Gegensatz zum engelhaften Barock« (Angelo M. Ripellino).

Der Lyriker Hugo Salus, dessen Frauenarztpraxis im Čelakovský-Park am Landesmuseum lag, liebte Antonín Dvořák und den Dichter Jaroslav Vrchlický; Max Brod förderte nicht nur Kafka, sondern auch den damals noch wenig anerkannten Komponisten Janáček sowie Hašek, den ebenso verkannten Autor des *Schwejk*, dessen Dramatisierung in Berlin (1928 durch Erwin Piscator) wesentlich auf seine Initiative zurückgeht. Brod übersetzte außer Janáček eine Reihe weiterer tschechischer Opernlibretti. Als Übersetzer tschechischer Lyrik sind Rudolf Fuchs, Franz Weiskopf und Paul Eisner hervorgetreten, der letztere hat auch Thomas Mann ins Tschechische übersetzt. Rudolf Fuchs' Übertragung von Petr Bezručs sozial-radikalen *Liedern eines schlesischen Bergmanns* erschien im Ersten Weltkrieg bei Kurt Wolff in Leipzig mit einem Vorwort Franz Werfels, in dem es heißt: »Unser Herz fühlt *co-national* mit allen Unterdrückten aller Völker.« Fuchs schrieb als Redakteur des liberalen *Prager Tagblatts* in einer Atmosphäre des gegenseitigen Sich-Ignorierens über Ausstellungen moderner tschechischer Maler. Franz Kafka kannte und liebte die tschechische Kultur – die Božena Němcová, das bildhauerische Werk František Bíleks. Er besuchte sozialistische und anarchistische Versammlungen und lernte die tschechische literarische Avantgarde kennen – Stanislav Neumann veröffentlichte schon 1919 Kafkas *Heizer*, in Übersetzung von Milena Jesenská. Als Beamter der »Arbeiter-Unfall-Versicherungs-Anstalt für das Königreich Böhmen« auf dem Poříč (1908–22) kam Kafka mit dem Fabrikalltag in enge Berührung und war gerührt über die Opfer: »Statt die Anstalt zu stürmen und alles kurz und klein zu schlagen, kommen sie bitten.«

Die Faszination durch das Dunkle, Gespenstische, Makabre in der Prager deutschen Literatur war gewiß mehr als nur die Untergangsvision einer todgeweihten sozialen Gruppe, die Ästhetik des Zerfalls, der Dekadenz, des sozialen Schuldgefühls, der Ermüdung angesichts des Aufstiegs eines vitaleren Volkes. Die Tschechoslowakei von 1918 war kein Inquisitionsgericht, gegen dessen Urteil keine Berufung möglich war. Sie war in vielem ein Erbe der alten Monarchie, deren Strukturen und Probleme trotz des modernen Anstrichs weitgehend erhalten blieben. Gewiß verloren die Deutschen die staatlichen Führungspositionen, konnten aber über Schulwesen, Wissenschaft, Kultur und Wirtschaft hinaus durchaus auch politischen Einfluß ausüben. So identifizierten sich denn manche deutsche Schriftsteller mit »Masaryks Republik«, deren demokratische Freiheiten insbesondere nach 1933 positiv von den Diktaturen der Nachbarländer abstachen. Max Brod wurde nach 1918 Kulturreferent am tschechischen Regierungspräsidium, Ludwig Winder, Feuilletonchef der liberalen *Bohemia* und Autor historischer Romane über den Erfinder der Guillotine sowie den österreichischen Thronfolger Franz Ferdinand, erhielt für einen anderen Roman (*Steffi*) den tschechoslowakischen Staatspreis. Johannes Urzidil widmete seinen *Goethe in Böhmen* (1932) beiden

Völkern, deren gegenseitiger Verständigung sein Lebenswerk galt. Eine englische Übersetzung von Urzidils Monographie über den tschechischen Graphiker Hollar wurde mit Hilfe der tschechoslowakischen Exilregierung in London gedruckt.

Kafkas Vision einer undurchschaubaren, schicksalhaften, menschenfeindlichen Ordnung, die keine Argumente gelten läßt, wurde wahr an ihm, als er 40jährig an Tbc starb; auch an der Stadt, aus der er vergeblich zu flüchten versuchte (»Das Mütterchen hat Krallen«), schließlich an seinen literarischen Weggenossen. Brod und Weltsch verschlug es nach Israel, Kisch nach einer Odyssee um die halbe Welt nach Mexiko, Werfel, Urzidil und Weiskopf in die USA; Ernst Weiß, der in einem Roman die Pasewalk-Episode des Gefreiten Adolf Hitler rekonstruiert hatte, verübte nach dem deutschen Einmarsch in Paris Selbstmord; Rudolf Fuchs, Ludwig Winder und Ernst Sommer starben im englischen Exil. 1944 brachte sie eine letzte Anthologie zusammen, die vergeblich »die Stimme der Freundschaft zu unseren slawischen Nachbarvölkern« beschwor. »Wie in Traum und Handlung wir verströmen / Schlaf und Wachsein, jedes Glück heißt Böhmen« (Louis Fürnberg). Kisch kehrte ins so sehr veränderte Prag zurück und schrieb noch, bevor er 1948 starb, eine seiner letzten Reportagen über Karl Marx in Karlsbad. Kafkas und Bergmanns Mitschüler vom Altstädter Gymnasium, der Philosoph Emil Utitz, Spiritus rector des Brentano-Zirkels (im Café Louvre an der Národní), später Professor an der Universität Halle und nach 1933 wieder Teilnehmer am berühmten deutsch-tschechischen Prager Philosophischen Zirkel (im Café SIA) veröffentlichte 1956 eine Würdigung des Freundes.

Nach dem Zweiten Weltkrieg gab es keine deutsche Prager Literatur mehr. Auch mit Übersetzungen tat man sich zunächst schwer. Als 1963 die berüchtigte Kafka-Konferenz in Liblice bei Prag tagte, polemisierte der SED-Kulturpapst Kurella gegen solche fehlgeleiteten Versuche, Kafka zu aktualisieren: Das von ihm beschriebene Phänomen der Entfremdung, des Außer-Kontrolle-Geratens der Welt der Institutionen, sei namentlich dem Sozialismus zutiefst fremd, ebenso wie seine absurde literarische Form. Fledermäuse, nicht Schwalben, seien da angeflogen. Aber die Zahl der Schwalben nahm zu, bis sie den – kurzlebigen – Frühling nach sich zogen.

Streiflichter aus dem neuen Prag

Vom Biedermeier zum Industriezeitalter

Zu Beginn des 19. Jahrhunderts zählte die von barocken Festungswällen eingeschlossene Stadt nicht mehr als 80000 Einwohner; 1850 waren es unter Einschluß der »Josefstadt«, wie das ehemalige Getto nunmehr schamhaft genannt wurde, 118000. 1883/84 hat man den Wyschehrad (als Prag VI) und die Industriedörfer Holleschowitz und Bubna (als Prag VII) eingemeindet, womit die Einwohnerzahl auf 173000 stieg; 1900 näherte sich die Zahl der Prager 200000. Zählte man die Bewohner der verwaltungsmäßig selbständigen Vororte dazu – Žižkov mit 40000, Weinberge und Smíchov mit je 30000, Karolinenthal mit 20000 –, dann kam die Prager Agglomeration auf eine halbe Million Menschen.

Holleschowitz zwischen Belvedereplateau und Moldauknie nordöstlich des Stadtkerns war für die Bürger zunächst einmal interessant durch den seit 1804 öffentlich zugänglichen Baumgarten mit seinem romantischen Statthalterschlößchen, Promenadencafé, Reitwegen und englischen Garten. Nach 1891 diente ein Teil des Baumgartens auch als Ausstellungsgelände und war mit der Straßenbahn erreichbar. Nicht weit von dem idyllischen Park ein Kontrapunkt: Dormitzers Kattunfabrik. Zweigeteilt ist das Viertel noch heute, im Westen die bürgerliche Wohngegend um das Letnáplateau und den Baumgarten, östlich der Bahn Gaswerke, Schlachthof, Hafen. Die Bahn wurde schon in den vierziger Jahren des 19. Jahrhunderts gebaut und durch einen Viadukt mit dem rechten Moldauufer verbunden. Der Tiroler Alois Negrelli erhielt, nebenbei, für die 272 Meter lange Brücke und für Flußregulierungsprojekte das etwas komische Prädikat »von Mold-Elbe«. Dennoch blieb Holleschowitz für die Prager ein schwer erreichbarer, ferner Vorort, bevor 1865 eine weitere, längst geplante Verbindung entstand: die Franz-Josephs-, später Elisabeth- und noch später Štefánik-Brücke, von zwei unbekannten jungen Engländern als Kettenbrücke auf zwei mit gußeisernen Tudortoren bestückten Pfeilern projektiert. Man hatte damals mit Hängebrücken schlechte Erfahrungen gemacht, dennoch wurde sowohl die Führung von Wasserleitungsrohren wie der Betrieb einer zweigleisigen Pferdebahn über die vom Kaiser persönlich eingeweihte Brücke genehmigt. 1898 hat man die Ketten durch Seile ersetzt, die schließlich bis 1941 den wachsenden Belastungen standhielten. Erst 1951 konnte eine neue, nach dem kommunistischen Politiker Šverma benannte Eisenbetonbrücke die durchgerostete Konstruktion ersetzen und eine bequeme Verbindung zwischen Stadtmitte und dem gleichzeitig gebauten Letnátunnel herstellen.

Darüber die einst mondäne, heute leicht verwilderte Parkanlage des Letnábergs, von der sich nur mehr, wenn die Bäume ohne Laub sind, ein wunderschöner Ausblick auf die »hundert Türme« der Altstadt bietet. Vergammelt auch das Ullmannsche, nach italienischen Vorbildern gebaute Gartencafé, in dem in meiner Jugend Blaskapellen zum Tanz aufspielten. Eine mit Wasserkraft betriebene Drahtseilbahn fuhr früher einmal von der Elisabethbrücke zum Belvedereplateau hinauf. Das Plateau selbst war früher der Ort riesiger Sokol-Turnfeste, die nach 1918 auf den Strahower Berg verlegt wurden: Zehntausende Männer, Frauen und Jugendliche bildeten bewegte, bunte Figuren und demonstrierten die physische und moralische Stärke der Nation. Heute dient der alte Rummelplatz wieder als Aufmarschgelände. Am 9. Mai blickt die Partei- und Staatsführung von einer Tribüne am Spartastadion gnädig auf Paraden und kommandierte Ergebenheitsrituale der folgsamen Prager hinab. Das überdimensionierte Stalindenkmal, das das Plateau von der anderen Seite beherrschen sollte, hat man 1963 vorschnell abgerissen. »Stürzt keine Denkmäler«, so hat ein Satiriker das bekannte Nietzsche-Wort abgewandelt, »die Sockel könnten noch gebraucht werden.«

Kattunfabriken der Przibram und Porges prägten seit dem späten 18. Jahrhundert auch das nach der Gattin Franz I., Caroline Auguste, getaufte Karolinenthal (Karlín), das auf den alten Spittelfeldern zwischen dem Poříčtor und dem Dientzenhoferschen Invalidenhaus von 1729 (»eine halbe Meile Grund und Boden östlich außerhalb Prags zwischen der Straße nach Schlesien und dem Žižkaberge«) entstanden war. Die Chaussee nach Schlesien heißt heute Sokolovská nach einem nicht allzu bedeutsamen Schlachtfeld im Zweiten Weltkrieg, an dem tschechoslowakische Einheiten beteiligt waren. Etwas Kasernenhaftes hatte aber die Gründung von Anbeginn, etwas Zweckrationales, dessen Ausdruck auch die schnurgeraden, rechtwinklig trassierten Straßen und der quadratische Platz in der Mitte sind. Nicht weit davon die Thomassche Dampfmaschinenfabrik, das erste Prager Gaswerk (1847), später kamen Maschinenbau- und Elektroindustrie (Křižík). 1854 bis 1863 wurde inmitten all dieser Zweckmäßigkeit die pseudoromanische Cyrill- und Methodius-Basilika errichtet, die eine neue Bauperiode in Prag einleitet. Der Maler Josef Mánes entwarf für sie ein Bronzetor.

Es waren wieder Kattunfabriken, die den Anfang der Industriegründungen im hügeligen, von Gärten beherrschten Smíchov machten. Die ersten Fabriken standen im Garten der von Dientzenhofer gebauten Villa Buquoy, die die Industriellenfamilie Porges 1830 erworben hatte. Die von Ferdinand »dem Gütigen« zu »von Portheim« Geadelten, die auch das Wimmersche Palais an der Neuen Allee gekauft und aufgestockt hatten, bekamen 1844 großen Ärger mit ihren Arbeitern, die die leistungskräftigen »Perrottinen« zerschlugen, mit denen die Porges ihren Ertrag steigern wollten. Gegen die wütenden Maschinenstürmer mußte das k. u. k. Militär aufgeboten werden. Ein Erzieher bei den Portheims hieß übrigens Karel Sabina, 1848 als radikaler Demokrat aufgefallen, der sich anschließend in den österreichischen Kasematten überreden ließ, Polizeispitzel zu werden. Nebenbei verfaßte er das Libretto zur *Verkauften Braut* von Smetana, in dem er verschlüsselt sein eigenes Schicksal andeutete. Im Portheimschen Haus spielte auch der junge Antonín Dvořák, der dem Hausherrn wahrscheinlich eines seiner ersten Quartette gewidmet hat.

Smíchov war schon seit 1841 durch eine andere Kettenbrücke mit dem Stadtkern am rechten Moldauufer verbunden, die Franzensbrücke, die F. Schnirch projektiert und der geadelte Unternehmer Ritter von Lanna an der Stelle der heutigen »Brücke des 1. Mai« (am Nationaltheater) gebaut hatte. Die Konstruktion war nur durch einen einzigen Pfeiler auf der Schützeninsel abgestützt; als Belastungsprobe trieb man 150 Stück Vieh über die zweite Prager Brücke, die 483 Jahre nach der Grundsteinlegung der Karlsbrücke von Oberstburggraf Chotek eröffnet wurde. Zugleich wandte sich die Stadt mit dem Bau einer hohen Ufermauer, des Franzenskais, auf dem ein neugotisches Denkmal des Kaisers stand, der Moldau zu – die alte Stadt ist vom Fluß völlig abgewandt. Anders als beim Stalindenkmal auf dem Letnáberg sind außer dem Sockel noch die huldigenden böhmischen Stände übriggeblieben – wenn man vom Polizeistaat Metternich-Sedlnitzkyscher Prägung absieht. Die malerische Uferpromenade mit dem berühmten Blick auf den Hradschin, dem »Prager Motiv«, ist noch kaum anderthalb Jahrhunderte alt! Jüngst hat man sie erneuert, doch bildet der dichte Verkehr ebenso wie auf der Kleinseite ein fast unlösbares Problem. Die Brücke diente nur 57 Jahre; die seit 1852 in den Smíchover Ringhofferwerken hergestellten Eisenbahnwaggons, Maschinen und Kessel erwiesen sich als zu schwer für sie. Auch die Gleise der Pferdebahn konnte man nicht in die dünnen Holzböden der Brücke legen, so daß die Fahrgäste nach Smíchov aussteigen mußten und ihre Reise erst am anderen Ufer fortsetzen konnten.

In Smíchov hat sich der schöne Kinský-Garten erhalten, der sich auf dem steilen Hang des Laurenzibergs entlang der Hungermauer hochzieht und in dem sich der Graf von dem Wiener Architekten Koch 1827 bis 1831 eine klassizistische Villa errichten ließ. (1902 gab es hier übrigens eine große Auguste-Rodin-Ausstellung, die erste außerhalb Frankreichs: Der Künstler kam selbst und wurde in offener Kutsche durch die jubelnde Stadt gefahren. 1905 folgten Werke Edvard Munchs und 1910/11 eine aufsehenerregende Ausstellung abstrakter Kunst.)

In der darunterliegenden häßlichen rostbraunen Kaserne, deren vier Teile einen Rekruten auf die Frage nach den vier Himmelsrichtungen zu der Antwort verführt haben sollen: »Nord, Süd, West und Stab«, hat Kisch seine »Festungstid« verbracht. Am Nordosthäuschen der damaligen Albrechtskaserne, wo sich der Arrest befand, will er später nie ohne Schaudern vorübergegangen sein. Vor der nach dem slowakischen General Štefánik umbenannten Kaserne ist 1945 ein sowjetischer Panzer aufgestellt worden – als Symbol der Befreiung. Inzwischen weiß man, wie unmerklich die Grenze zwischen Befreiung und Unterdrückung ist.

Die »Lachende Au« hinter dem Aujezder Tor war einst voller Gärten und Villen – in einer von ihnen, der gräflich-Clamschen »Bertramka«, hat bekanntlich Mozart die Gastfreundschaft der Josephine Duschek genossen. Unweit davon ein anderer Clamscher Garten, die »Klamovka«, mit bizarrer antikisierender und neugotischer Architektur. Besser erhalten ist der architektonische Garten mit chinesischem Pavillon des ehemaligen Passauer Bischofs Leopold Thun: die »Cibulka« an der Pilsener Ausfallstraße. Im

19. Jahrhundert hat sich Smíchov in eine triste, rauchige Fabrikgegend verwandelt, wo sich außer den Portheimschen Kattunfabriken ein Porzellanwerk, die Wienersche Tüchelfabrik, Zucker-, Papier- und Waggonwerke ansiedelten; die 1869 gegründete Brauerei ist noch heute die größte der ČSSR. Die Bedürfnisse der Wirtschaft erzwangen bald den Bau einer dritten Verbindung zur Stadt, der schon erwähnten Palacký-Brücke (1878), für die man wieder auf Stein zurückgriff. Der Projektant Josef Reiter erhielt für sie bei der Pariser Weltausstellung von 1878 eine Silbermedaille. Die Breite von 11,38 Metern (Karlsbrücke: 9,50 Meter) erwies sich allerdings von Anbeginn als unzureichend; 1951 hat man sie auf 13,90 Meter erweitert. Der Myslbeksche Figurenschmuck mußte dem Verkehr Platz machen. Libuscha kehrte auf den Wyschehrad zurück.

Seit 1861/63 war die böhmische Westbahn Smíchov-Pilsen in Betrieb; ein Tunnel und eine Eisenbahnbrücke stellten 1871 die Verbindung zum Franz-Josephs-Bahnhof (= Hauptbahnhof) auf dem rechten Moldauufer her; von einer ernsthaft erwogenen Verbindung über Holleschowitz, quer durch die Kleinseite, hatte man zum Glück Abstand genommen. Die von der Firma Harkort in Duisburg gebaute Eisenbahnbrücke hat dem Wyschehrader Felsen viel von seiner Romantik genommen – der berühmte Wassermann, der die Seelen der Ertrunkenen in Töpfen aufbewahrt, ist seitdem ausgezogen. Und die Brücke selbst mußte schon 1901 völlig renoviert werden.

Den großen Buquoyschen Smíchover Garten hat man leider völlig verbaut, das Dientzenhofer-Landschlößchen, »Portheimka« genannt, recht pietätlos inmitten von Buslinien und Mietshäusern eingezwängt. In einem Teil des ehemaligen Gartens steht die Smíchover Markthalle, am anderen Ende wurde 1881 eine St.-Wenzels-Pfarrkirche gebaut. Den Wettbewerb gewannen Anton Barvitius und sein Schwager Ignaz Ullmann, die die Kirche zur formell vollkommenen Renaissancebasilika ausbauten. Barvitius hatte sonst in Prag nicht viel Glück. Sein Franz-Josephs-Bahnhof von 1871 wurde abgerissen und an seiner Stelle das jugendstilige Fanta-Gebäude des heutigen Hauptbahnhofs errichtet; seine Projekte des Rudolphinums (1894) und der Weinberger Ludmillakirche (1887) konnten sich nicht durchsetzen.

An der Kreuzung der Pilsener Chaussee stand inmitten von

Smíchov seit je die Apotheke »Zum Engel«, nach der die ganze Kreuzung »U anděla« hieß. Ohne viel Traditionsgefühl hat man die neue U-Bahn-Station darunter »Moskevská« genannt und mit kitschigen Moskaumotiven in Marmor ausgeschmückt. Man soll sich aber mit einer ähnlichen »Prager Station« in Moskau revanchiert haben.

Nordöstlich von Prag lag das Dorf mit dem romantisch klingenden Namen Lieben. Obwohl Kisch dort einmal ein Institut für gefallene Mädchen besucht hat, ist die naheliegende Etymologie falsch und der Ort, ebenso wie das anliegende Wyssotschan (Vysočany), früh von großen Maschinenfabriken geprägt. Hier standen beziehungsweise stehen die Kolbenwerke, die Rustonsche Maschinenfabrik, die 1850 das alte Thomaswerk übernahm; schließlich die Firma Breitfeld und Evans, die schon seit den dreißiger Jahren Dampfkessel und Pumpen herstellte und 1872 mit Daněk fusionierte, der eher auf Einrichtungen von Zuckerfabriken spezialisiert war.

An einer spitzen Straßenbiegung der heutigen Liebener Straße der Rotarmisten (Rudé armády) warteten am 27. Mai 1942 zwei tschechoslowakische Offiziere auf den Wagen des Stellvertretenden Reichsprotektors Heydrich, der von seinem Sitz in Jungfern-Breschan zum Černín-Palais fuhr. Gabčíks Maschinenpistole blockierte, aber Kubiš' Handgranate traf. Tausende Unschuldiger, darunter die Bevölkerung von Lidice und Ležáky, traf die deutsche Rache. 26 Jahre später macht Wyssotschan Geschichte: Im Kolben-Daněkschen Maschinenbauwerk tagt im August 1968 ein außerordentlicher Parteitag der KPČ, der die Besetzung des Landes durch die Truppen des Warschauer Paktes verurteilt, ein neues Zentralkomitee wählt und erklärt, niemals eine fremde Militärverwaltung noch eine einheimische Kollaborationsregierung zu akzeptieren. Man sollte in der Politik niemals »niemals« sagen.

Das Gründerfieber der sechziger Jahre wäre ohne den Banksektor nicht möglich gewesen. 1863 entstand die Böhmische Escomptebank, ein Jahr darauf die Hypothekenbank, 1868 die Gewerbebank (Živnobank). Ihre repräsentativen Gebäude prägen das Stadtbild. Durch die Depression nach 1873 ließ das Tempo der Gründungen nach; viele Textilfabriken gingen ein, aber in den achtziger Jahren setzte erneut eine Konjunkturwelle ein, getragen zum Teil von neuen technologischen Entwicklungen. Seit 1847, verstärkt nach dem Bau des Žižkover Gaswerks (1867), hatte sich die Gasbeleuchtung ausgebreitet, die nun ebenso durch den elektrischen Strom verdrängt wurde wie die Pferdebahn durch die elektrische Straßenbahn: 1890 gab es sieben Pferdebahnstrecken mit insgesamt 18,5 Kilometer Gleisen, 360 Pferden und 112 Wagen; 1910 waren es 14 Strecken elektrischer Straßenbahn mit über 83 Kilometer Gleisen, 357 Trieb- und 195 Anhängewagen. – 1901 ist Lieben als Prag VIII eingemeindet worden. Die administrative Selbständigkeit der übrigen Vorstädte verhinderte verkehrstechnisch vernünftige Gesamtlösungen.

Um die alten Ausfallstraßen gliederten sich Wohnsiedlungen, von Bauspekulanten oft schnell und schablonenhaft hochgezogen. Die vernünftige Bedingung der Militärverwaltung beim Verkauf der Stadtmauern, daß mindestens 20 Prozent der Flächen öffentlichen Parks vorbehalten bleiben sollten, wurde nicht eingehalten – allerdings mußte die Gemeinde entgegen dem kaiserlichen Versprechen für das Gelände erhebliche Summen entrichten. 1879 erhalten die »Königlichen Weinberge« das Stadtrecht. Hinter Roßtor und Blindem Tor, einem Areal der Gärten, Schaubuden, Tanzlokale und Arenen (in dem großen Sommertheater »Pštroska« war nach 1849 Josef Tyl, der Verfasser der tschechischen Hymne, als Dramaturg tätig), entstand eine von Anbeginn ausgesprochen bürgerliche Wohngegend mit großzügigen Plätzen dazwischen. Vor allem der Ludmillaplatz (»Platz des Friedens«) mit der pseudogotischen Backsteinkirche Josef Mockers (1893), dem Neorenaissance-Gemeindehaus und dem Weinberger Theater (1907) stellt ein einigermaßen gelungenes städtebauliches Ganzes dar.

Ein wunderschöner großer Rokokogarten hinter dem Roßtor gehörte im späten 18. Jahrhundert dem Prager Freimaurer Graf Malabaila de Canal, der seinen Park schon früh den Pragern, allerdings mit der bezeichnenden Ausnahme der Juden, zugänglich machte. Grotten, Vogelhäuser, eine Einsiedelei und ein Schweizerhof waren beliebte Attraktionen der Spaziergänger. Auch der Bauunternehmer Jakob Wimmer ließ zwischen 1800 und 1813 hinter dem Blinden Tor (in Richtung Nusle und Wrschowitz) Alleen, Zier- und Obstgärten pflanzen; die von ihm geschaffenen Straßen bilden heute weitgehend das Kommunikationsnetz der Weinberge. Reste der alten Gärten und Weinberge sind im Rieger-Park mit Josef Myslbeks Denkmal des alttschechischen Führers aufgegangen, dem man die beherzigenswerte Parole *Nedejme se* (etwa: Lassen wir uns nicht unterkriegen) eingemeißelt hat. Rentner und Kinderwagen bestimmen das Gesicht des Parks, in dem früher ein Gartencafé mit Musik und Tanz die Hauptattraktion war.

Im heutigen Havlíček-Park, der teilweise aus Aufschüttungen aus dem Aushub des Weinberger Tunnels entstanden ist, hat der römisch geschulte Restaurator des Palazzo Venezia und Erbauer des Prager Franz-Josephs-Bahnhofs, Anton Barvitius, dem Prager Unternehmer Gröbe eine italienische Renaissancevilla mit pompejanischem Interieur, Terrassen, Grotten und Springbrunnen gebaut. Die Gröbevilla wurde bei einem Luftangriff 1945 zerstört, später als Haus der Pioniere nur äußerlich wiederhergestellt. Die Weingärten am Südhang des Parks suggerieren nicht nur eine italienische Landschaft, sondern liefern auch echten Wein, den sogenannten Primator-Riesling. Das darunterliegende rebenbewachsene Botič-Tal hieß im 15. Jahrhundert etwas euphemistisch Kidrontal; es hat inzwischen seine biblische Idylle eingebüßt. Im verwilderten Gröbepark, in dem ich mich als Junge gern herumgetrieben habe, wachsen auch keine exotischen Pflanzen mehr. In der Villa hat übrigens eine Zeitlang Elisabeth, Tochter des unglücklichen Kronprinzen und Enfant terrible des Wiener Hofes, mit dem Mann zusammengewohnt, den sie sich gegen Großvater Franz Josephs Willen ertrotzte, einem schmucken Offizier mit dem ominösen Namen Windischgrätz. Man zeigte früher im Garten den Baum, den eine Pistolenkugel der eifersüchtigen Habsburgerin getroffen haben soll, als sie ihren Mann mit einer Prager Sängerin in flagranti ertappte. Zumindest lautet so das Gerücht.

Einen völlig anderen, nämlich proletarischen, Charakter hatte der nördlich an die Weinberge angrenzende Vorort Žižkov (Veitsberg), seit 1881 eine selbständige Stadt mit 21000 Einwohnern; 1890 waren es bereits 41000. Endlose Pawlatschenblocks ohne jeden architektonischen oder auch nur hygienischen Anspruch dienten vor allem der Spekulation. Die meisten Bewohner waren Zugewanderte vom Lande; Tuberkulose und hohe Kindersterblichkeit waren neben Alkoholismus und Prostitution die Regel in den Slums, die erst in unseren Tagen – nur sehr langsam – verschwinden. Häufig lebten in Einzimmerwohnungen mehr als zwei Personen und nicht selten in Einzimmerwohnungen mit Küche mehr als fünf Personen. Auch so machte die Miete mehr als ein

Drittel des Lohns aus. Unter diesen Umständen war natürlich der kürzeste Weg aus Žižkov in die nächste Schnapsbudike. Erst unter dem Eindruck von Streiks und Demonstrationen setzte in den achtziger Jahren in Österreich zögernd eine halbherzige Sozialgesetzgebung ein: Fabrikinspektion, Einschränkung der Kinderarbeit, obligatorische Kranken- und Unfallversicherung. Anläßlich der Arbeiterdemonstration am 1. Mai 1890 schrieb Professor Masaryk: »Ohne Streit und Widerstand, ohne große Streiks und Maifeiern kommen wir nicht aus, da die Unternehmer, wie wohl jeder andere, nicht nachgeben, solange sie nicht einer organisierten, bewußten Macht gegenüberstehen... Wir stimmen den Arbeitern zu, daß es wenig Agitation bedarf, wo die Verhältnisse selbst mit elementarer Kraft vorwärtsdrängen.« Das taten sie; aber Teile von Žižkov sind auch heute so trostlos wie eh und je.

Das beinahe einzig nennenswerte Žižkover Baudenkmal ist die pseudogotische St.-Prokops-Kirche (1899–1903) von Josef Mokker, dem Vollender des Veitsdoms und problematischen Erneuerer des Pulverturms. Ob die Einwohner sich von dem restaurativen Kirchenbau sonderlich beeindrucken ließen – ich möchte daran zweifeln. Gesündere Wohnungen und der Achtstundentag waren ihnen wohl wichtiger als Erbauung.

Die sozialen und sittlichen Probleme der Vorstadt hat ein bemerkenswerter Mann erkannt, dem man im Jerusalemer Yad Vashem einen Baum in der Allee der Gerechten gepflanzt hat: Přemysl Pitter. Ein Pfarrer der Evangelischen Brüderkirche, der in den dreißiger Jahren in seinem Žižkover Milič-Haus Arbeiterkinder betreute, dann von der Deportation bedrohte jüdische Kinder versteckte und schließlich 1945 sich verlassener deutscher Kinder annahm. 1948 mußte Pitter in die Schweiz emigrieren, wo er erst vor wenigen Jahren starb, bis zuletzt christlicher Sozialarbeit hingegeben. Niemand erwähnt ihn in seiner Heimat.

In einer anderen Žižkover Gasse ist der tschechische anarchistische Dichter Stanislav Neumann aufgewachsen; seine »Wolschaner Villa« war um die Jahrhundertwende der Mittelpunkt eines gleichgesinnten Dichterkreises (Fráňa Šrámek, František Gellner, Jiří Mahen u. a.). Ihr Engagement für die Žižkover Proleten war jedoch ein nur kurzlebiges.

Erst spät haben Patrioten eine Verbindung zwischen dem alten Galgenberg, auch Veitsberg genannt, und dem hussitischen Heerführer Žižka hergestellt, der hier 1420 ein Kreuzfahrerheer in die Flucht schlug und überlebensgroß auf einem Sockel hoch zu Roß, den Streitkolben schwingend, glorreiche Vergangenheit evozieren soll (von Bohumil Kafka 1950). Hinter ihm die architektonisch interessante »Gedenkstätte der Befreiung« von 1929/32, die 1953 – eine weitere ideologische Überschichtung – in ein Klement-Gottwald-Mausoleum umgewandelt wurde. Am 23. November fahren die Staatskarossen über abgeriegelte Zufahrtstraßen zur alten Galgenstätte. Die Pensionäre der Revolution verneigen sich vor Stalins erstem Statthalter.

Bürgerlicher Prunk

Der schnelle gesellschaftliche Wandel der zweiten Jahrhunderthälfte brachte auch einen Mentalitätswandel der emporstrebenden bürgerlichen Schichten mit sich. Das Bedürfnis nach Anerkennung durch die alte Oberschicht hatte zur Nachahmung von deren Ambiente und Lebensweise geführt; architektonisch bedeutete das die Herrschaft des neugotisch geprägten Historismus und Eklektizismus vom Typus der Umgebung des Denkmals Kaiser Franz' am Smetana-Ufer oder des Stallburg-Palais in der Herrengasse (Panská: Nr. 895-II). Die Neugotik hielt sich bei Sakralbauten (Mockers Ludmillakirche). Das neureiche Bürgertum fühlte sich stärker von der Renaissance angezogen, die ja auch Ausdruck der Lebenswelt des italienischen Stadtbürgertums, seiner unsentimentalen Diesseitigkeit, gewesen ist. Vermittler war meist Gottfried Semper.

Bezeichnend ist die Bestimmung des ersten großen Neorenaissancegebäudes in Prag: Ignaz Ullmanns Böhmischer Sparkasse an der Ferdinandstraße vor der uns schon bekannten, 1841 eröffneten Kettenbrücke, heute Präsidium der Tschechoslowakischen Akademie der Wissenschaften. Der repräsentative, harmonische Bau nach Wiener und Venezianer Vorbildern übertraf damals (1858–62) um ein Wesentliches das Niveau der eher provinziellen Prager Profanbauten. Obwohl Ullmann Deutscher war, wurde ihm gleich danach vom tschechischen Theaterausschuß der Bau eines provisorischen tschechischen Theaters übertragen. Es wuchs, überstürzt, innerhalb von sechs Monaten im Areal des Salzhauses auf der anderen Seite der Neuen Allee, an der aufgeschütteten Moldauterrasse, empor und war ein Fehlschlag: Schon 1865 wurde ein neuer Wettbewerb ausgeschrieben, den Josef Zítek gewann. Ullmann hat dann noch mehrere Prager Repräsentationsgebäude projektiert, das Palais Lažanský (Café Slavia), die Höhere Mädchenschule in der Wassergasse (Vodičkova) mit eigenartigen Sgraffiti (1866/67), das Tschechische Technikum auf dem Karlsplatz (1872/74), den Schebek-Palast in der Bredauergasse (Politických vězňů, Nr. 936-II) und weitere Bauten, die zum Teil bereits Erwähnung gefunden haben. Ullmann verließ Prag trotz seiner guten Beziehungen zum tschechisch-nationalen Lager, auch sein Schwager Barvitius hatte keinen einfachen Stand.

Man hat die wiedererwachte Politik der sechziger Jahre manchmal mit einem Theater verglichen; der theatralische Stil war nicht nur im Schmerlingschen provisorischen Reichsratsgebäude in Wien beliebt. Es lag umgekehrt nahe, im Theater einen Ersatz für schwer zu verwirklichende politische Ambitionen zu sehen. So war der Ausschuß für den Bau eines tschechischen Theaters ein eminent politisches Organ und Palackýs Hammerschlag auf den Grundstein am 16. Mai 1868, bald nach der bitteren Enttäuschung von 1867, eine nationalpolitische Demonstration. Professor Josef Zítek vom Prager Polytechnikum, der Autor des Entwurfs, war kein Neuling, hatte er doch das Weimarer Museum und die Karlsbader Mühlenkolonnade geschaffen. Der Theaterbau an der Moldau, mit dem man sich diesmal Zeit ließ, war dennoch etwas Einmaliges in der neueren Prager Baugeschichte; auf einen relativ kleinen Raum beschränkt, entstand ein nach außen und innen harmonisches, monumentales Ganzes. Anders als Ullmanns Provisorium, das später als Probeszene und Verwaltungsgebäude in den Neubau einbezogen wurde, gab Zíteks Schöpfung der Skulptur und Malerei breiten Raum, so daß im Anschluß an den 1876 fertiggestellten Rohbau eine ganze Künstlergeneration (Myslbek, Schnirch, Aleš, Ženíšek u. a.) am Werk war. Ein gewisser Eklektizismus war dabei nicht zu vermeiden, von bürgerlichem Prunk, falscher slawischer Mythologie und unerfreulichen Reibungen ganz zu schweigen.

Die tschechische Nation, die sich das Theater im wortwörtlichen Sinn selbst geschenkt hatte, war über das Gesamtkunstwerk außer sich vor Stolz und Freude; man kann sich deshalb auch die Verzweiflung vorstellen, als ein Brand im August 1881 Bühne und Foyer zerstörte. Sammlungen in breitesten Volksschichten ermöglichten den schnellen Wiederaufbau durch Josef Schulz. Im November 1883 konnte wieder gespielt werden. *Libuscha*, die Oper des seit 1874 tauben, jedoch weiterkomponierenden Kapellmeisters Smetana, hat bei der Gelegenheit, und später immer wieder in Augenblicken nationaler Ergriffenheit, 1918, 1939, Stürme von Emotionen hervorgerufen. Kunst und Literatur müssen im turbulenten 20. Jahrhundert als Politikersatz fungieren. Vielleicht ist es diese außerkünstlerische Funktion, die das Theater meist Experimente meiden und auf bewährte nationale Klassik zurückgreifen ließ.

1983, zum 100. Jahrestag der Wiedereröffnung des Nationaltheaters, hat man das restaurierte, modernisierte und erweiterte Gebäude Zíteks erneut mit *Libuscha* der Öffentlichkeit übergeben.

Am neu erschlossenen Moldauufer, dem »Tummelplatz« am jüdischen Friedhof, seit Ende 1869 durch einen eisernen Hängesteg für Fußgänger mit dem linken Flußufer verbunden (er wurde 1914 abgerissen), entwarf Zítek zusammen mit Schulz ein weiteres Musenhaus, das von der Böhmischen Sparkasse finanziert wurde: das Rudolphinum. Das nach dem begabten Kronprinzen (†1889) benannte Konservatorium mit großem Musiksaal und Bildergalerie beherrscht den allmählich ausgestalteten Platz, auf den man in den folgenden Jahrzehnten eine Kunstgewerbeschule (1885) und das Gebäude der Philosophischen Fakultät (nach 1926) gesetzt hat. Den Rudolphinumsplatz, der ein Pendant zum Kreuzherrenplatz bilden soll, eine zweite Öffnung der Altstadt zu Fluß und Burg, hat man 1945 »Platz der Rotarmisten«, 1969 vorübergehend »Palách-Platz« genannt. Die Wirkungsstätte Antonín Dvořáks beherbergte 1918 bis 1938 das tschechoslowakische Parlament: 20 Jahre lang mußte die Kunst nicht mehr als Ersatz für politische Betätigung herhalten, während umgekehrt das Foyer des Dvořák-Saals zur Lobby und zum Ort von Koalitionshändeln absank. 1939 wurde das Rudolphinum wieder zum Musiksaal und ist es auch nach 1945 geblieben.

Am oberen Ende des Wenzelsplatzes reckt sich eine vergoldete, pseudosakrale Kuppel zum Himmel, darunter die marmorne Pantheonhalle des Landesmuseums mit 32 Medaillons böhmischer Könige, 70 Bronzebüsten und Skulpturen verdienter Landeskinder, Historienmalereien und was noch zum Geschmack der Zeit gehörte; prunkvolle Treppen und Korridore führen von da zu den Sälen der einzelnen Sammlungen. 1885 bis 1890 von Schulz anstelle des abgerissenen Roßtors gebaut, ist das imposante Gebäude gewiß den Wiener Hofmuseen nachempfunden; noch frappanter ist die Ähnlichkeit mit Wallots gleichzeitig gebautem Berliner Reichstag; die unterschiedliche Bestimmung der beiden Gebäude ist bezeichnend, auch ihre verschiedene Plazierung. Der Museumsbau, an dem der Massenverkehr der Nord-Süd-Achse beiderseits vorbeirauscht und unter dem sich U-Bahnstrecken kreuzen, ist ein beliebter Ort für Stelldicheins.

Schulz hat in Prag noch ziemlich viel gebaut: prunkvolle Bürgerhäuser, die man etwa in der Umgebung des Jirásek-Denkmals (an der gleichnamigen vielbefahrenen Brücke) oder am Smíchover Brückenkopf der »Brücke des 1. Mai« besichtigen kann, vor allem aber einen weiteren Museumsbau, das Kunstgewerbemuseum am Alten Jüdischen Friedhof (1897–1900).

Stärker an einheimischen Renaissancevorbildern orientiert war Antonín Wiehl. Sein Interesse galt vorwiegend Bürgerhäusern mit sgraffitigeschmückten Giebeln, etwa in der K.-Světlá-Gasse (Nr. 1035-1); er entwarf das Smetana-Museum am Moldauwehr oberhalb der Karlsbrücke (1885 als Wasserwerk gebaut), das St.-Petri-Pfarrhaus auf dem Poříč (1893) und vor allem sein eigenes Haus Ecke Wenzelsplatz und Wassergasse (1894), dessen reichbemalte Fassade mit Giebeln, Erkern und Turm verspielt von den umliegenden protzigen Bauten aus späteren Jahrzehnten absticht; es beherbergt den Academia-Verlag. Wiehl hat auch das Ehrenmal der Großen der tschechischen Kultur auf dem Wyschehrader Friedhof entworfen. Ist es ein Argument, daß man die meisten von ihnen außerhalb Böhmens nicht kennt? Die Welle nationaler Begeisterung hatte sie emporgetragen, man berauschte sich an einem Heroen- und Geniekult, dessen Abglanz bestärkend auf jeden noch so geringen Angehörigen der Nation zurückfiel.

Italienische Palazzo-Architektur hat Wiehl dann (mit Osvald Polívka) beim Bau der Prager Sparkasse am Altstädter Galluskloster zur Geltung gebracht; der überhöhte Bau (Klement-Gottwald-Museum mit Hammer- und Sichel-Emblemen sowie den Initialen des stalinistischen Führers an der Fassade) war Bestandteil eines zum Glück nur teilweise verwirklichten »Assanierungsplans«, dem die Altstadt zum Opfer fallen sollte – durch einen Boulevard, der in Fortsetzung des Wenzelsplatzes eine Schneise zum Altstädter Ring schlagen und in der St.-Niklas-Prachtstraße (Pařížská) die Moldau erreichen sollte.

Die Prager Gemeinde des späten 19. Jahrhunderts hatte insbesondere für die winkeligen, überfüllten und unhygienischen Gassen der ehemaligen Judenstadt nichts übrig. Weder der Altneusynagoge noch dem Friedhof konnte sie ästhetische Qualitäten abgewinnen; auch das Rathaus und die Pinkassynagoge sollten ursprünglich abgerissen werden. Der Magistratsbeamte Dr. Augustin Stein, liberaler Rabbinersohn und Protegé Riegers, wurde damit beauftragt, den Schandfleck zu liquidieren. Er legte sein Lineal an und zog gerade Striche durch den Wirrwarr, schuf 49 Assanierungsgruppen, denen ab 1891, ausgehend von St. Valentin, dem alten Eingang ins Getto an der Furt, nicht nur die 288 Häuser, sondern auch die gewachsenen mittelalterlichen Straßenzüge der Judenstadt zum Opfer fielen. Das Straßenniveau wurde angehoben, Kanalisation und Wasserleitungen gelegt und die »Josefstadt« ab 1902 mit repräsentativen, meist schablonenhaften Häuserblocks aufgefüllt, in denen Historismus und Jugendstil-Ornamentalismus vorherrschten.

In der Breiten Gasse (Nr. 96-V) kam es dabei zum Malheur, als an der Stelle eines berüchtigten Bordells ein stattliches Bürgerhaus mit zwei einladenden nackten weiblichen Figuren am Eingang emporwuchs. So viel Tradition war der Gemeinde nicht zuzumuten. Aber die leicht modifizierten Figuren stehen vor dem Hause bis heute. Vereinzelt und erst in späteren Bauperioden kommen auch jüdische Motive zur Geltung. In den zwanziger Jahren treten kubistische Elemente hinzu: Kotěras Juristische Fakultät, im Zweiten Weltkrieg zur SS-Standortkommandantur verfremdet, Engels Villa in der Ufergasse (Břehová), O. Novotnýs Genossenschaftshäuser anstelle der Heilig-Kreuz-Kirche.

Die Prachtstraße vom Altstädter Ring rief nach einer Fortsetzung zum linken Moldauufer, wobei die Überwindung des Belvederehangs ungelöst blieb. Das Projekt von 1904 sah eine Eisenkonstruktion nach Pariser Vorbild (Pont Alexandre) vor, die Montage begann 1907, und schon Anfang 1908 konnte ein Pfla-

Jugendstil in der Ferdinandstraße

HOTEL

ster aus besonders resistentem australischem Holz gelegt werden. Zur Legung des Schlußsteins kam wieder Kaiser Franz Joseph in Person. Je zwei überlebensgroße Victoria-Bronzefiguren auf Säulen stehen an den beiden Brückenköpfen. Fackelträger, sechsköpfige Hydren und Bronzemedaillons im Jugendstil schmücken die eigentliche Brücke, die den Namen des patriotischen Dichters Svatopluk Čech erhielt.

Ein halbes Jahrhundert später, 1956, hat man zur Schaffung einer Unterführung unterhalb der Brücke am Letná-Ufer einen technisch interessanten Transfer der frühbarocken Maria-Magdalenen-Rotunde (1635) um 31 Meter südwärts durchgeführt. Das Kirchlein, bei dem 1648 Prager Studenten gegen die schwedischen Belagerer kämpften, hatte polnischen Zyriakern gehört, die auch den angrenzenden Weinberg besaßen; nach Auflösung ihres Ordens durch Joseph II. verkam die Rotunde zum Gänsestall und wurde erst im 20. Jahrhundert erneuert. Oberhalb davon wurde um 1955 ein riesiges Granitmonument errichtet mit Marmorsokkel, Prunktreppe und architektonisch gestalteter Parkumgebung. Polizei schützte das Denkmal des »besten Freundes des tschechoslowakischen Volkes« vor seiner Entweihung; der Urheber des Entwurfs beging Selbstmord. Nun ist die Pariser Straße wieder ohne Dominante, aber wer weiß, was Stalins Nachfahren sich noch einfallen lassen?

Republik

Weder die tschechischen Parteien noch die alliierten Regierungen haben in den ersten Weltkriegsjahren an eine Zerschlagung Österreich-Ungarns gedacht; nicht einmal Wilsons Vierzehn Punkte (8. Januar 1918) gingen über das Ziel einer »autonomen Entwicklung« der Völker der Donaumonarchie hinaus. Nur kleine, radikale Verschwörergruppen träumten von einer allslawischen Föderation unter russischer Hegemonie. Andere Wege ging der – im Augenblick seiner Emigration 65jährige – Masaryk. Als seine wichtigsten Trumpfkarten erwiesen sich außer großen Auswandererkolonien vor allem tschechische Freiwilligenverbände in Rußland, Frankreich und Italien. Masaryk und seine jungen Mitarbeiter

Eduard Beneš sowie der slowakische Astronom Milan R. Štefánik gingen vom Selbstbestimmungsrecht der Völker aus und beanspruchten, im Namen des »tschechoslowakischen« Volkes zu sprechen, also einschließlich der slowakischen Bevölkerung Oberungarns, argumentierten aber zugleich staatsrechtlich, also in der historischen Tradition eines unabhängigen Staatsverbands der »Länder der Wenzelskrone«. Beides war Fiktion, miteinander kaum vereinbar; die Geschichte kümmert sich aber nur selten um den Grad der Stichhaltigkeit von Argumenten, wenn machtvolle Interessen hinter ihnen stehen.

Diese Interessen waren 1918 das Bestreben der Alliierten, den einzigen großen Verbündeten des Deutschen Reiches zu schwächen und an seiner Statt zwischen Adria und Baltikum, Deutschland und Rußland, einen Riegel aus mittleren und kleineren Staaten zu schaffen, die sich Paris als eine Art neuen Rheinbund vorstellte. Im Sommer 1918 wurde der Pariser tschechoslowakische Nationalrat von Frankreich und England, Anfang September auch von den USA als De-facto-Regierung und kriegführende Macht anerkannt. Das und der Verlauf des Krieges riß schließlich auch die tschechischen Abgeordneten in Wien mit, die noch bis Mitte 1917 immer wieder Loyalitätsbekundungen gegenüber Österreich abgegeben hatten. Gerechterweise muß hinzugefügt werden, daß auch das »alldeutsche Narrenschiff« (Hans Kudlich) zur Abwendung der tschechischen Bevölkerung von Österreich sein Scherflein beigetragen hat.

Der Umsturz vom 28. Oktober 1918 verlief unblutig, die österreichischen Behörden hatten schon kapituliert, als sich der aus den wichtigsten tschechischen Parteien gebildete Prager Nationalausschuß entschloß, die Macht zu übernehmen. Zu Weihnachten kehrte der zum Präsidenten gewählte Masaryk aus Amerika zurück, wo er schon vor den Prager Ereignissen eine Unabhängigkeitserklärung abgegeben hatte. Nun wurde der »Freund Wilsons« mit ungeheuerem Jubel begrüßt: alle bisherigen Zweifel, das Bewußtsein immenser ungelöster Probleme, verblaßten angesichts seines mutigen Handelns, wichen vor seiner Autorität. Des großen Emigranten Comenius Vermächtnis schien Wirklichkeit geworden: »So glaube ich denn Gott, daß nach Überstehen der Wirbelstürme des Zornes, der durch unsere Sünden auf unsere Häupter gekommen ist, die Herrschaft über deine Dinge wieder zu dir zurückkehren wird, o böhmisches Volk.« Beim Zitieren ließ man allerdings gerne den Nebensatz »der durch unsere Sünden...« aus. Das Bewußtsein auch eigener Sündhaftigkeit paßte nicht in die nationale Selbstzelebration. Man beseitigte die Doppeladler, die Mariensäule auf dem Altstädter Ring, das Franzensdenkmal am Kai, das Radetzkydenkmal auf dem Kleinseitner Ring, benannte Straßen, Plätze und Bahnhöfe um; die Elisabethstraße wurde zur Revolutionsstraße, der Josefsplatz zum Platz der Republik, die Niklasstraße zur Pariser Straße und der Franz-Josephs-Bahnhof zum Wilson-Bahnhof; andere Bahnhöfe wurden nach Masaryk und nach dem protschechischen französischen Historiker Ernest Denis getauft, die Franzensbrücke hieß jetzt Brücke der Legionen, die Ferdinandstraße Národní, Nationalstraße, die Weinberger Jungmannstraße Marschall-Foch-Straße und so weiter.

Weil das Ergebnis alle erdenklichen Wünsche übertroffen hatte, wucherten Legenden, etwa die nicht ungefährliche Illusion, das Lieblingskind der Entente zu sein. Die Liebe blieb einseitig und ging französischerseits nicht über die Entsendung eines Generalstabschefs, die starke Beteiligung von Schneider-Creuzot an der Berg- und Hütten-Gesellschaft sowie an den Škoda-Werken und eine verstärkte kulturelle Penetration hinaus. Paul Claudel war jahrelang französischer Konsul in Prag, als konservativer Katholik keineswegs sehr glücklich über den antiklerikal-hussitischen Geist des jungen Staatswesens. Dagegen schlug die alte Parisbegeisterung nicht nur der Prager Maler hohe Wellen – ein kleiner Eiffelturm stand schon seit 1891 auf dem Laurenziberg. Nun entstand in der Velvarská in Dejwitz ein gut geführtes, modernes französisches Gymnasium, ein Institut Denis in der Stephansgasse (es besteht, sehr eingeschränkt, auch heute); tschechische Stipendiaten wurden in Dijon und Paris ausgebildet. Dem Historiker Denis, längst auswärtiges Mitglied der böhmischen Akademie der Wissenschaften, wurde 1919 in Prag ein enthusiastischer Empfang zuteil: Der Verfasser der populären *Fin de l'indépendance de la Bohême* erhielt ein Denkmal und eine Dankadresse der Nationalversammlung.

Außenminister Beneš war ein herausragender Vertreter der profranzösischen Völkerbundpolitik und konnte tatsächlich mit Pariser Unterstützung, etwa bei der Grenzziehung gegenüber Ungarn, rechnen. Diese Rückendeckung gab der tschechischen Politik gewisse unrealistische Züge. Verhandlungen mit deutschböhmischen Politikern scheiterten allerdings an deren nicht weniger illusionärer Hoffnung auf eine Einbeziehung der deutschen Gebiete in ein großdeutsches Reich; die als eigenständig deklarierten Provinzen Deutschböhmen, Sudetenland, Südmähren und Böhmerwald wurden, ebenso wie die Slowakei, von tschechischen Truppen besetzt, die Forderung nach Volksabstimmung von den Alliierten zurückgewiesen.

Das Versprechen, aus dem neuen Staat eine mitteleuropäische Schweiz zu machen, blieb uneingelöst, dazu waren die nationalen Wellen in den vorangegangenen Jahrzehnten zu hoch gegangen; die deutsche Hybris hatte vernünftigere, weitsichtigere Stimmen bei den Tschechen in den Hintergrund gedrängt und Maximalforderungen verwirklichen lassen, die nur durch ebenso maximales Entgegenkommen Normalität werden konnten. Die nicht ganz 10 Millionen Tschechen und Slowaken waren nur theoretisch *eine* Nation: Trotz tschechischer Entwicklungshilfe konnten die Unterschiede in Kulturniveau, Mentalität und Interessen nicht so leicht überbrückt werden. Dazu kamen 3,3 Millionen Deutsche und fast eine Dreiviertelmillion Magyaren, einige hunderttausend Ruthenen und Polen, die sich keineswegs automatisch mit der Tschechoslowakei identifizierten. Und für die Tschechen war die Versuchung nur allzu verlockend, es insbesondere den Deutschen für Jahrzehnte, wenn nicht Jahrhunderte der Zurücksetzung und Mißachtung mit gleicher Münze heimzuzahlen. Bei der Bodenreform wurden deutsche Bewerber benachteiligt, für Beamte die Kenntnis der Staatssprache vorgeschrieben, was viele deutsche Postbeamte und Eisenbahner die Stellung kostete; das traditionsreiche deutsche Ständetheater wurde vom tschechischen Nationaltheater übernommen; ein Gesetz zum Schutz der Republik traf außer den Kommunisten die deutschnationale Rechte. Auch in der Slowakei wurde entgegen den Pittsburgher Versprechungen ein straffer Prager Zentralismus gehandhabt, der als Tschechenherrschaft und Mißachtung der slowakischen Interessen empfunden (und politisch ausgeschlachtet) wurde.

Die republikanischen Eliten verärgerten durch Bodenreform und Abschaffung des Adels die konservativen und durch Einschränkung des kirchlichen Einflusses die klerikalen Kreise, konnten aber auf der anderen Seite mit Achtstundentag, Arbeitslosenunterstützung und Sozialgesetzgebung die radikalisierte Arbeiterschaft nicht für den Staat gewinnen; durch Abspaltung der Linken wurde sowohl die tschechische wie die deutsche Sozialdemokratie wesentlich geschwächt. Dennoch stabilisierten sich die politischen und wirtschaftlichen Verhältnisse relativ schnell; die hohe Arbeitslosigkeit konnte abgebaut, die Währung gefestigt, die gemäßigten deutschen Parteien zur parlamentarischen Zusammenarbeit gewonnen werden. Seit 1926 saßen deutsche Minister in der Prager Regierung; 1928 wurden auch die durch anfänglichen Antiklerikalismus gestörten Beziehungen zum Vatikan normalisiert.

Die tschechoslowakische Demokratie war gewiß kein fleckenloser Musterstaat; oft mußten Beamtenkabinette den fehlenden Konsens ersetzen, Allparteienregierungen statt klarer Politik die zahllosen Probleme verwalten und fortschreiben, Notstandsparagraphen rechte und linke Radikale sowie Separatisten zur Räson bringen. Nach 1930 ließ die Wirtschaftskrise den Exportboom extrem absinken (1928 betrug das Ausfuhrvolumen 21 Milliarden, 1932 7,4 Milliarden Kronen); damit stiegen die Arbeitslosenzahlen katastrophal an. Im Winter 1932/33 waren 920000 Arbeitslose registriert, überproportional viele davon im exportorientierten Sudetenland. Die Folgen waren der Niedergang der »aktivistischen«, das heißt loyalen deutschen Parteien und das Aufkommen eines nationalen Radikalismus, der sich nicht mehr mit einer Politik der Brosamen begnügen wollte und sich in zunehmendem Maß an der siegreichen braunen Bewegung im Nachbarland orientierte. 1935 meinte der spätere Führer der deutschen Sozialdemokratie, Wenzel Jaksch, der auch die Stimmabgabe für Beneš als Nachfolger Masaryks unterstützte, es sei »endlich an der Zeit, einen scharfen Trennungsstrich zu ziehen zwischen abenteuerlichen Jünglingen, bezahlten Agenten und Spionen des Dritten Reiches und wahrer sudetendeutscher Volkspolitik«. Hatte allerdings die deutsche Sozialdemokratie 1929 noch über 30 Prozent der deutschen Stimmen gewinnen können, so sank dieser Anteil 1935 auf bloße 16 Prozent.

Die Faschisierung der Nachbarn ließ andere den demokratischen, vergleichsweise fortschrittlichen Charakter der Tschechoslowakei dankbar würdigen; gemessen an den diversen Führern, politisierenden Obristen und Diktatoren jeder Couleur war Masaryk nicht bloß die bessere Wahl, sondern eine andere Welt. Vielleicht sahen es die Arbeitslosen und die frustrierten Deutschnationalen anders; auch ist die Alltagspraxis der ČSR nicht unbedingt mit der Persönlichkeit ihres Gründers gleichzusetzen, der nicht müde wurde, die alte Untertanenmentalität und Staatsverdrossenheit der Tschechen anzugreifen: »Die Demokratie... erfordert neue Menschen, einen neuen Adam. – Die Demokratie ist ein Regime des Lebens und für das Leben, sie ist ein Regime der Arbeit und erfordert Arbeit...« Dies war ebenso schwer in die politische Wirklichkeit umzusetzen wie der Abbau der deutsch-tschechischen Spannungen, für den der Präsident vergeblich warb (nicht zuletzt mit symbolischen Gesten wie Besuchen im Neuen Deutschen Theater, aber auch durch die aktive Unterstützung eines Regierungsbeitritts deutscher Politiker). 1927 konnte Masaryk tatsächlich nur mit Unterstützung der deutschen »aktivistischen« Parteien wiedergewählt werden. Sein Tod am 14. September 1937 war das Ende einer Ära.

Die Entwicklung Prags als Hauptstadt war zweifellos von dem Bestreben geleitet, das Prestige des neuen Staates zu festigen. Der Laibacher Architekt Josip Plečnik formte den verlassenen Hradschin zu einem modernen, repräsentativen Präsidentensitz um; sein Treppensaal hinter dem Matthiastor, seine Ausgestaltung der Burggärten, insbesondere des Paradiesgartens, des dritten Burghofes mit dem Granitmonolithen zum Gedenken der Weltkriegsgefallenen, verbindet auf vergleichsweise harmonische Weise Tradition und neuen Geist. Plečniks Nachfolger Pavel Janák konzentriert sich auf den Nordraum, die Bauten jenseits des Hirschgrabens vom Belvedere bis zur Reitschule am Staubtor und dem Černínpalais. Unten im Graben die zahmen sibirischen Bären, ein Geschenk der Legionäre an ihren Oberbefehlshaber und eine Attraktion für uns Kinder bei sonntäglichen Spaziergängen.

1929, zur Tausendjahrfeier des heiligen Wenzel, wird endlich der Westchor von St. Veit vollendet; Kamil Hilbert schwächt den trockenen neugotischen Purismus durch moderne Einfügungen ab, kann aber den Eindruck der monumentalen Leere im neuen Teil des Doms nicht beseitigen; dem geschwächten Katholizismus fehlt der überzeugende architektonische Ausdruck. Plečniks Weinberger Herz-Jesu-Kirche (1928–32) und Gočárs St.-Wenzels-Kirche in Wrschowitz (1929–30) bleiben bestenfalls interessante Experimente. Künstlich auch die Betontürme der neugeschaffenen Tschechoslowakischen Kirche, der im Anlauf zur Nationalkirche der Atem ausgeht.

Zwar treten fast anderthalb Millionen aus der katholischen Kirche aus, die durch das österreichische Bündnis von Thron und Altar kompromittiert scheint, darunter jeder zweite tschechische Lehrer, aber nur eine halbe Million schließt sich der neuen Gemeinschaft mit tschechischer Kirchensprache, Bischofswahl, aufgehobenem Priesterzölibat an. Der Kelch auf dem Dach täuscht bloß Tradition vor, und die Massen bleiben formell katholisch oder gleichgültig.

Zum 1. Januar 1922 entstand – auf 17000 Hektar – die Gemeinde Groß-Prag mit 676000 Einwohnern. Damit war Prag die elftgrößte Stadt Europas; den neu angeschlossenen 37 Kommunen fehlte es aber oft noch an städtischen Einrichtungen: Wasserleitungen, Kanalisation, Gas und Strom. Der Zuzug von Arbeitern, Beamten und Angestellten ließ die Einwohnerzahl Groß-Prags bis 1938 auf 962000 ansteigen. Eine hektische Baukonjunktur, mit der die großzügigen Bebauungspläne der Staatlichen Regulierungskommission kaum Schritt halten konnten, veränderte das Gesicht sowohl der Peripherie als auch der schon bebauten Flächen. Dabei gelangen einzelne moderne städtebauliche und architektonische Vorhaben wie die Gartenstadt Spořilov, mehrere Villenviertel, die Gestaltung von Beamtensiedlungen und Ministerialbauten in Dejwitz und Bubeneč, während in anderen Stadtteilen Häuserblocks ohne die notwendigsten hygienischen Einrichtungen emporschossen. In Žižkov stieg die Besiedlungsdichte bis 1930 auf 1270 Personen pro Hektar bebauter Fläche; die soziale Differenzierung Prags verstärkte sich noch. Fast zwei Drittel der Wohnungen bestanden weiterhin aus einem einzigen Wohnraum mit oder ohne Küche.

Bis heute beeindrucken moderne, repräsentative Gebäude wie Josef Sakařs Philosophische Fakultät am Rudolphinumsplatz (1928/29), Max Urbans Barrandov-Terrassen (1927), die seinerzeit avantgardistischen Holleschowitzer Elektrizitätswerke (1927), Kaufhausbauten (Baťa am Wenzelsplatz, 1928; Weißer Schwan auf dem Poříč, 1938), der funktionalistische Messepalast (1924–28), und vor allem das angefeindete Hochhaus der Allgemeinen Rentenversicherung in Žižkov (1928–31). Ein neues Gesicht erhielt das Stadtinnere durch den kubistischen Adriapalast in der Jungmannstraße (1922–23), eine Reihe von modernen Ministerialgebäuden, Ämtern, Banken und Versicherungsanstalten, Schulen und Krankenhäusern. Mehrere neue Eisenbetonbrücken (die Troja-Brücke, 1928; die Jirásek-Brücke, 1929–33) verbesserten das aus den Nähten platzende Kommunikationsnetz. Die seit den zwanziger Jahren bestehenden Pläne für die dringend nötige U-Bahn und für die Brücke über das Nusletal blieben aber bis zum Kriegsausbruch liegen, um erst in den späten sechziger Jahren wieder aufgenommen zu werden.

Der junge Staat hatte immerhin eine Hauptstadt, die sich nach 20 Jahren mit den großen europäischen Metropolen messen konnte und die nicht nur Tradition, sondern auch Modernität ausstrahlte. Seit 1923 sendete der Tschechoslowakische Rundfunk; 1937 benutzten 22000 Personen den Prager Flughafen; an der tschechischen Universität waren 1931 11000 Hörer, an der deutschen 5282, an beiden Techniken insgesamt über 7300 Studenten eingeschrieben. 1929 erschienen in Prag 1674 Zeitungen und Zeitschriften. Sportstadien (Strahow) zogen die Massen zum Fußball und zu Massenturnen (Sokolfeste) an; das erste Kunsteisstadion auf der Hetzinsel bot der tschechischen Eishockeyschule (Europameister schon 1911) eine feste Heimstätte; die Barrandover Filmateliers nahmen einen großen Aufschwung, nicht zuletzt durch die Zusammenarbeit mit zeitgenössischen Schriftstellern (Karel Čapek, Vladislav Vančura, Karel Poláček). Der erste tschechische Tonfilm wurde übrigens nach Kischs *Galgentoni* gedreht.

Masaryks gewagte Gründung schien durch die aufstrebende Metropole bestätigt; auch sein Geist hatte Wurzel geschlagen und eine neue Generation selbstbewußter, weltoffener, demokratisch erzogener Menschen geschaffen, die den »alten Adam«, die muffige Provinzialität des böhmischen Spießertums mitsamt seinen Komplexen und Frustrationen, hinter sich gelassen hatten. Nur brauchte das Staatswesen, wie der Gründer mehrfach betont hatte, einige Jahrzehnte ruhiger Entwicklung. Gerade die waren ihm aber nicht vergönnt.

Vertriebene

Böhmen hat seine Erfahrungen mit der Emigration, mit Vertriebenen aus Glaubensgründen, mit politischen Flüchtlingen. Nach der Schlacht am Weißen Berg mußten etwa 30 000 böhmische Familien, sicher über 100 000 Menschen, das Land verlassen. Am Naardener Grab des Comenius vergießen noch immer tschechische Pilger Tränen in Erinnerung an das Schicksal des letzten Bischofs der Brüderunität und seiner Genossen, die fern der Heimat zusehen mußten, wie ihr Volk, das »als erstes unter den europäischen Nationen dem Antichrist entsagt und hundert Jahre allein dem Ansturm standgehalten hatte«, von Europa der Unterdrükkung und dem Gewissenszwang ausgeliefert wurde (Comenius 1648 an den schwedischen Kanzler Oxenstierna).

Die nächste große Krise, die Französische Revolution und die napoleonischen Kriege, spülte eine Flüchtlingswelle in umgekehrter Richtung. Französischer Adel, Priester und andere Opfer der Revolution, später Feinde der napoleonischen Gewaltherrschaft, wie Châteaubriand oder der Freiherr vom Stein, fanden zeitweilig Aufnahme in Böhmen. Manche blieben, wie die Familie Rohan-Rochefort, die sich in der Kleinseitner Karmelitergasse ein Empirepalais baute, oder die Mensdorff-Pouilly, die dem Kaiser als Offiziere und Politiker dienten. 1830, nach der Pariser Julirevolution, fand der gestürzte Monarch Karl X. Asyl auf Schloß Buštiehrad, wohnte aber auch auf dem Hradschin.

An einem Haus am Aujezder Tor (Nr. 419–III) hat man eine Gedenktafel angebracht, die an den vier Jahrzehnte langen Aufenthalt des französischen Naturwissenschaftlers und Ingenieurs Joachim Barrande erinnert, der in Prag als Erzieher des Thronprätendenten, des Grafen von Chambord, aber auch als Eisenbahnprojektant tätig war. Bei seinen Vermessungsarbeiten stieß Barrande auf Versteinerungen, die er in seiner Kleinseitner Wohnung sammelte und denen er böhmische Namen gab, etwa »Schöne Scharka«, »Wlasta«, »Panenka vendita« (=Verkaufte Braut). Vielleicht hatte sie ihm seine Wirtschafterin vorgeschlagen. Sie war die Frau des Kantinenwirts in der inzwischen abgerissenen Aujezder Kaserne, Barbara Nerudová, die Mutter des Dichters Jan Neruda. Aus den umfangreichen Sammlungen gingen die 22 Bände von Barrandes *Système silurien du centre de la Bohême* hervor; das mittelböhmische Silur mit seinen Trilobiten trägt mit Recht seinen Namen. Der Verwalter der Güter der emigrierten Bourbonen hat seine Sammlungen und seine Bibliothek dem Landesmuseum vermacht.

Die Krisen des 20. Jahrhunderts haben die scheinbare Sicherheit der fortschrittsgläubigen bürgerlichen Epoche untergraben und erneut in weit größerem Umfang Menschen ihrer Freiheit, ihrer Rechte, ihrer Heimat, ihres Lebens beraubt. Den tschechoslowakischen Legionen in Rußland hatten sich zahlreiche Flüchtlinge angeschlossen, die nach 1918 eine umfangreiche russische Kolonie in und um Prag bildeten. Im Haus der »Babuschka Breschkowskaja«, einer führenden Politikerin der Sozialrevolutionäre, trafen sich Parteifreunde und – fielen sich ehemalige Gegner weinend um den Hals. Außenminister Beneš und sein Widersacher, der mit einer Russin verheiratete konservative Politiker Kramář, förderten die Emigranten – nicht ohne politische Hintergedanken, die sich an die Rolle dieser Kreise nach ihrer möglichen Heimkehr knüpften. Eine an ein demokratisches Rußland angelehnte Tschechoslowakei hätte natürlich international besser dagestanden als eine von mißgünstigen Nachbarn umgebene und nur halbherzig von Frankreich unterstützte Republik.

1921 entstand in Prag ein Verband ehemaliger russischer Landes- und Stadtverordneter, der 1928 74 Mitglieder zählte, zeitweilig unter dem Vorsitz V. Gurewitschs; in der Lazarusgasse 11 tagte im 5. Stock regelmäßig die Russische Akademische Gruppe, der Peter Struve, der liberale Ökonom und Gegner Lenins, vorstand; eine Russische Volksuniversität beschäftigte 83 pädagogische Kräfte, daneben gab es eine Ukrainische Universität und eine Russische Juristische Fakultät, die 1925 über 400 Hörer hatte, aber bald darauf einging. In Prag-Straschnitz, später in Pankraz, entstand ein russisches Realgymnasium mit etwa 300 Schülern (1924/25); das Gymnasium wird heute von Kindern sowjetischer Berater und Offiziere besucht. Das Russische Historische Archiv wurde 1928 dem tschechoslowakischen Außenministerium übergeben, das es intensiv nutzte; 1945 wurden die reichen Bestände von den Sowjets übernommen und sind seither für die Forschung verloren. Es gab ein Institut für Rußlandstudien, zeitweilig unter dem Menschewiken Viktor Tschernow, eine Russische Historische Gesellschaft, eine Philosophische Gesellschaft, einen Verband Russischer Schriftsteller und Journalisten, ein Pädagogisches Büro, sogar eine Schule für Kommunikationstechniker, natürlich Verlage und Zeitschriften (*Plamja, Wolja Rossii* in der Gerstengasse 32). Berühmte Wissenschaftler wie Roman Jakobson, Boris Jakowenko, Nikolaj O. Losskij, Anton Florowskij, Iwan Lapschin, vorübergehend auch der Philosoph Dmitrij Tschyžewskij und der Soziologe Pitrim Sorokin, spielen in den zwanziger und dreißiger Jahren eine nicht unerhebliche Rolle im geistigen Leben Prags, andere, wie die Tochter des letzten Duma-Präsidenten Rodzianko, schlagen sich mit Französischstunden durch und verzehren sich in Heimweh, lernen bis zu ihrem Tode nicht die Landessprache, verharren im Getto. Im Mai 1945 werden viele vor den Beamten des NKWD zittern.

Weniger willkommen waren deutsche Emigranten, die nach dem 30. Januar 1933 meist illegal ins Land kamen: Das von der Agrarpartei beherrschte Innenministerium war insbesondere besorgt über kommunistische Agitatoren; immerhin wollte man niemanden zurückschicken, dem wegen seiner Parteizugehörigkeit oder aus »rassischen« Gründen in Nazideutschland Verfolgung drohte. Tschechoslowakische Schriftsteller und Künstler – von Josef Čapek bis Vladislav Vančura – setzten sich für uneingeschränkte Asylgewährung ein, aber auch Bankiers, Unternehmer, Kaufleute, Ärzte, nicht zuletzt beide Staatspräsidenten, halfen zumindest, die materielle Not der Flüchtlinge zu lindern. Auf dem Graben (Nr. 17) arbeitet die Demokratische Flüchtlingsfürsorge, im Palais Phönix auf dem Wenzelsplatz das Hilfskomitee des Literaturtheoretikers František X. Šalda. Ein Hochkommissar des Völkerbundes und ein Nansen-Büro versuchen, von Prag aus zugunsten der Flüchtlinge zu wirken; deutsche Sozialdemokraten in der ČSR – Ludwig Czech, Siegfried Taub, Wenzel Jaksch – unterstützen die Tätigkeit der SoPaDe, der Exil-SPD, unter Otto Wels, die in einem Prager Manifest alle Konzessionen an das NS-Regime widerruft und den Kampf gegen die Diktatur aufnimmt. Friedrich Stampfer, selbst gebürtiger Brünner, gibt den *Neuen Vorwärts* heraus, der mit Hilfe sozialdemokratischer Vertrauensleute nach Deutschland geschmuggelt wird.

Auch Kommunisten (Koenen, Ulbricht, Dahlem, Reimann) entwickeln von Prag aus illegale Aktionen; Hermann Budzislawski gibt die *Neue Weltbühne* heraus, für die Klaus und Heinrich Mann, Bert Brecht und Stephan Heym, Ernst Bloch, Oskar Maria Graf, Ernst Toller, Ludwig Marcuse und Egon Erwin Kisch schreiben; Wieland Herzfelde leitet zusammen mit seinem Bruder John Heartfield den Malik-Verlag. Eine andere Emigrantenorganisation ist die von der NSDAP abgespaltene »Schwarze Front« Otto Strassers; ihr illegaler Sender bei Slapy südlich von Prag wird durch den brutalen Mord an Ingenieur Rudolf Formis zum Schweigen gebracht. Braune Fememörder liquidieren auch den Pazifisten Theodor Lessing, der aus Hannover nach Marienbad entronnen ist; zahlreiche antifaschistische Aktivisten werden auf ähnliche Weise umgebracht oder entführt. Die Vorlesungen des nach Prag berufenen berühmten Juristen Hans Kelsen werden durch fortwährende organisierte Krawalle gestört; die Prager Polizei muß Kelsen durch zwei Detektive schützen lassen. Im Frühjahr 1938 gibt er auf.

1934 fand im Prager »Mánes« am Neustädter Wasserturm eine internationale Karikaturenausstellung statt, an der außer tschechischen Malern wie Josef Čapek, J. Lada, F. Muzika, F. Bidlo auch George Grosz, Otto Dix, Frans Masereel, Thomas Theodor Heine teilnahmen. Der deutsche Gesandte Koch, aber auch der österreichische Vertreter Marek protestierten gegen die Verunglimpfung ihrer Staatsmänner. Das Außenministerium erklärte sich inkompetent, der Verein blieb stur, und die Ausstellung wurde mit 60000 Besuchern ein großer Erfolg. John Heartfield, dessen Photomontagen ein besonderes Ärgernis darstellten, wurde zusammen mit Oskar Kokoschka als Ehrenmitglied in den Verein tschechoslowakischer bildender Künstler aufgenommen. In den Staatsverband aufgenommen wurden auch die Brüder Thomas und Heinrich Mann, ebenso wie der aus Österreich vertriebene Karl Kautsky; Klaus und Erika Mann bereisten die Tschechoslowakei mit ihrer satirischen »Pfeffermühle«.

Aber der deutsche Druck wuchs ständig, und Beneš, der 1933 erklärt hatte, stolz auf die Asylpolitik seines Landes zu sein, ging schließlich so weit, die Emigranten zur Einstellung ihrer politischen Tätigkeit aufzufordern. Im Frühjahr 1938 übersiedelte der SoPaDe-Vorstand nach Paris; am 1. Oktober 1938, im Augenblick des Einmarschs deutscher Truppen ins Sudetenland, stieg ein tschechisches Flugzeug trotz Startverbots auf und brachte Otto Strasser zusammen mit Wenzel Jaksch nach Straßburg. Der

Schock der Kapitulation, der Preisgabe durch den Westen, des Zusammenbruchs der demokratischen Werte bewirkte auf tschechischer Seite das Aufkommen einer neuen Mentalität der Anpassung und des Überlebens um jeden Preis, wenn nicht des Spuckens auf die bisherigen Idole. »Wenn man uns nicht erlaubt, mit den Engeln zu singen, dann werden wir eben mit den Wölfen heulen«, charakterisierte ein bekannter Publizist die Stimmung. Die Leidtragenden waren oft deutsche Demokraten, die niemand gefragt hatte, ob sie »heim ins Reich« mochten, und die der tschechische Reststaat, ohnehin von Flüchtlingen des eigenen Volkes überschwemmt, jetzt auch nicht mehr haben wollte. Ein besonders krasser Fall: Der deutsche Sozialdemokrat Peter Forster, im Mai 1938 aus dem KZ Buchenwald entflohen, wurde am 20. Dezember 1938 seinen Schergen ausgeliefert und von diesen hingerichtet.

Das jahrhundertelange Zusammenleben war durch einen radikalen Schnitt, von betörten Deutschböhmen gefordert und von Europa sanktioniert, beendet worden. Die Volkstumsideologen hatten definitiv gesiegt – über die Geschichte. »Jeder zu den Seinigen!« Die tschechische Politik der nationalen Konzentration, die sich als Konkursverwaltung einer bankrotten Westorientierung ausgab, glaubte, mit den Minderheiten auch demokratischer Verpflichtungen bar zu sein – als ob alles nur ein Schaufenster gewesen sei, das der Illusionist Beneš Frankreich zuliebe angelegt habe. Man verbot die Linke, schloß die Parteien zusammen, verdrängte jüdischen Einfluß, hoffte auf deutsches Entgegenkommen. »Ich würde lieber in einer Provinz eines anständigen Deutschland leben«, sagte angewidert Jan Masaryk, der Sohn des Staatsgründers und zurückgetretene Botschafter seines Landes in London, »als König einer faschistischen Tschechoslowakei zu sein.« Hitler brauchte keine faschistische Tschechoslowakei; er wollte überhaupt keine. Das war im Augenblick noch nicht so sicher, und so schielten viele ängstlich nach dem übermächtigen Nachbarland und suchten jedes Ärgernis zu vermeiden.

In der »Zweiten Republik«, die auf nicht ganz 100000 Quadratkilometer und 10 Millionen Einwohner zusammengeschmolzen war, gab es noch etwa 200000 Deutsche: Brauchten die drei Hochschulen? Auch deutscherseits gab es Tendenzen, die deutsche Universität aus Prag nach Reichenberg (und das Brünner Technikum nach Linz) zu verlegen; Anfang Oktober 1938 hatten 47 deutsche

Professoren Prag verlassen, doch Hitler entschied persönlich, keine Positionen aufzugeben. Er wußte besser, was er vorhatte. Demokraten, Sozialisten, Juden suchten sich aus der Mausefalle zu retten, die gebliebenen Deutschen vollzogen noch vor dem deutschen Einmarsch am 15. März 1939 eine Umorientierung im Geiste der »NS-Weltanschauung«. Wer nicht in die Raster hineinpaßte, geriet unter die Räder.

Wieder machten sich Zehntausende auf, die Heimat zu verlassen, die keine mehr war, zogen Flüchtlinge eine Station weiter, belagerten Gehetzte die überforderten westlichen Konsulate, glaubten andere, keinen Ausweg mehr zu sehen als den Selbstmord, insbesondere als Hitler, der noch einige Monate zuvor erklärt hatte, »keinen einzigen Tschechen« zu wollen, im März 1939 den Reststaat zerschlug und für 7,2 Millionen Tschechen ein scheinautonomes Protektorat errichtete. Wie ernst diesmal seine Erlasse gemeint waren, zeigt die Besatzungspraxis, noch mehr die von eilfertigen Schreibtischtätern entworfenen Pläne, den tschechischen »Pfahl im deutschen Volkskörper« zu beseitigen.

Staatssekretär Karl H. Frank, der wußte, daß »die Notwendigkeit des Protektoratsbeitrags zu kriegswichtigen Leistungen ... den Angriff gegen tschechisches Volkstum ... auf Kriegsdauer verbietet«, faßte dennoch in einem im September 1940 von Hitler gebilligten Memorandum das Ziel einer restlosen Germanisierung von Raum und Menschen ins Auge. Mittel dazu waren Aussiedlung und »Sonderbehandlung rassisch unverdaulicher bzw. reichsfeindlicher Elemente«, Umvolkung »rassisch geeigneter« Tschechen, Ausmerzung eines tschechischen Geschichtsbewußtseins, Abschaffung der Hoch- und Mittelschulen, später auch der Volksschulen, Arbeitseinsatz »verhältnismäßig harmloser tschechischer Bauern, Handwerker, Industriearbeiter ... in den Ostgebieten« (Himmlers Generalplan Ost). Andere planten die Schaffung von Volkstumsbrücken zwischen Oder und Donau, die Eindeutschung von »rassisch tragbaren» Kindern Exekutierter, umfangreiche Enteignungen usw. Einiges davon wurde verwirklicht, das meiste blieb auf dem Papier.

Das Vorgehen der Besatzer blieb nicht ohne Rückwirkungen auf die politische Zielsetzung der tschechoslowakischen Exilführung, die von völlig anderen Grundsätzen ausgegangen war. Anfang September 1939 hatte noch Beneš gegenüber einer Delegation geflüchteter sudetendeutscher Sozialdemokraten in London erklärt, er lehne »Dummheiten« wie Pläne zur Austreibung der Deutschen ab und hoffe, »in der befreiten Tschechoslowakei (werde) es zu einer neuen, fruchtbaren Zusammenarbeit der Deutschen und Tschechen und zu einer weiteren Vertiefung der beiden durch gemeinsames Leiden neu angenäherten Völker kommen«. Der tschechoslowakische Staatsrat in London, der ursprünglich deutschen antifaschistischen Parteien offenstand, verurteilte Anfang 1941 die Vorschläge zur Nachahmung von Hitlers »unmenschlichen Institutionen der Massenumsiedlung«, und Botschafter Jan Masaryk, einer der engsten Mitarbeiter Beneš', suchte in seinen Londoner Radioansprachen den hohen moralischen Anspruch, den sein Vater an seine Nation gestellt hatte, aufrechtzuerhalten. »Jedes Volk kann man nach seiner Einstellung den Juden gegenüber beurteilen.«

Aber gerade das war eine schwere Aufgabe, wohl auch angesichts der Praktiken und Wertvorstellungen des Gegners: Allmählich kamen in der Umgebung Beneš' erschreckende, weil den nazistischen so ähnliche, geostrategische Gedanken auf, wie die »Tschechisierung des mährischen Flaschenhalses«, die Schaffung eines »größeren Lebensraumes für das tschechische Volk«, die »Aussiedlung einer Million Sudetendeutscher« (allerdings gegen Entschädigung und unter Schaffung dreier deutsch verwalteter Kantone). Die Zahlen der zu Vertreibenden stiegen bis 1942 auf anderthalb, dann auf zwei Millionen; im Dezember 1943 sprach Beneš in Moskau bereits von einem einheitlichen slawischen Nationalstaat, und die bisher internationalistischen Kommunisten überboten plötzlich die Londoner Regierung in antideutschem Radikalismus. Im Sommer 1944 war die Rede von höchstens 800000 Deutschen, die im neuen Staat bleiben sollten – unter der Voraussetzung einer schrittweisen Assimilierung.

Im Mai 1945, die Amerikaner standen in Pilsen, die Russen in Brünn, brach in Prag und in einer Reihe weiterer tschechischer Städte ein Aufstand aus, der anders als 1918 durchaus blutig und gewalttätig wurde und sich keineswegs nur gegen die sich zurückziehenden deutschen Soldaten richtete. »Ist das noch mein geliebtes Prag?« klingt aus dem Tagebuch der Schauspielerin Margarete Schell und anderen Zeugnissen der Zeit. Im Augenblick des Aufstands waren mindestens 200000 Deutsche in Prag, zumeist zivile

Flüchtlinge; allein im Strahower Stadion waren zeitweilig 10000 bis 15000 interniert und der Willkür des Mobs wie der Bewacher preisgegeben. Von einer Umsiedlung »auf humane und geordnete Weise«, wie die Sieger in Potsdam bestimmt hatten, konnte keine Rede sein, schon gar nicht von einer Unterscheidung Schuldiger und Unschuldiger. 2,7 Millionen wurden über die Grenze getrieben, Zehntausende kamen auf der Flucht, durch Lynchjustiz und in Lagern um (die manchmal mit einer Viertelmillion bezifferte Zahl der Opfer ist jedoch unhaltbar). Tschechische Moralisten haben in diesem Einbruch der Barbarei, in diesem Verrat der Ideale Masaryks, den Anfang der politischen und sittlichen Misere der folgenden Jahrzehnte sehen wollen. Historisch richtiger wäre es wohl, von moralischer Verseuchung und Schwächung der Zivilisationsmechanismen zu reden, die, von Deutschland ausgehend, auch seine Gegner und Opfer ergriff.

»Der Durchschnitts*tscheche* spielte jetzt (im Mai 1945) den Deutschen gegenüber die Rolle, die im Krieg die Durchschnitts*deutschen* den Juden gegenüber gespielt hatten« (Johann Wolfgang Brügel). Die Entrechtung von Teilen der Bevölkerung zieht die Aufhebung der Rechte anderer Bevölkerungsteile nach sich: Der Abgrund der Aggressionen und Ängste, der Begehrlichkeiten und aufgehobenen Maßstäbe öffnet sich. 1945 lebten sich der Mob und die skrupellosen Goldgräber unter dem Vorwand einer Bestrafung der »Faschisten« und einer nationalen und sozialen »Revolution« aus, und die große Masse beschwichtigte ihr Gewissen mit der Parole, in einer Revolution gehe es nun einmal her wie beim Fällen eines Waldes: Natürlich fliegen dabei Späne. Die Parole bewährte sich erneut, als die Kommunisten nicht ganz drei Jahre später die kleine Flamme der Demokratie, des Rechtsstaats und des Pluralismus zertraten und der rasende Wagen der Revolution neue Gruppen Entrechteter erfaßte. Wieder strömten Zehntausende, diesmal Tschechen, über die Grenzen, einem ungewissen Flüchtlingsschicksal entgegen, während Hunderttausende im Lande Eigentum, Arbeitsplatz und oft auch persönliche Freiheit verloren.

Es ist eine ebenso banale wie tröstliche Tatsache, daß alles vorübergeht. Aus der Willkürherrschaft der fünfziger Jahre hatte sich allmählich eine neue, relative »Normalität« herauskristallisiert, aus der heraus man nun in mehreren Anläufen versuchte, dem als fremd empfundenen stalinistischen Kommunismus ein menschlicheres, den wiederentdeckten Traditionen des Landes besser entsprechendes Gesicht zu geben. Der Versuch ging von einer sozialistisch orientierten, jüngeren Intelligenz aus,wurde aber schließlich von breiten Schichten mitgetragen. Die Machthaber in den Nachbarländern fürchteten gewiß nicht um die »sozialistischen Errungenschaften« der Tschechoslowakei, hatten wohl aber Angst vor dem Reformbazillus; so wurde das Experiment eines attraktiveren, demokratischen Sozialismus von den Panzern der Warschauer-Pakt-Staaten niedergewalzt. Und nochmals flohen in Panik und Verzweiflung an die 100 000 Tschechen und Slowaken aus dem Lande, das im 20. Jahrhundert so oft zum vergewaltigten Objekt beschränkter Willkür geworden war. Was blieb dem Rest der Bevölkerung anderes übrig als Mimikry und Resignation?

Von Josef Schwejk zu Josef Stalin

Der tschechische Anarchist und Bohemien Jaroslav Hašek hat, in Opposition zur offiziösen Legionärs- und Widerstandslegende, die Kunstfigur des Josef Schwejk geschaffen, des kleinen, geschwätzigen Manns von der Straße, der Loyalität mimt, den Trottel spielt und dadurch listig die Träger der Monarchie, vor allem ihres Militärapparats, dem Gelächter preisgibt. Schwejk gehört in die Kategorie des absurden Humors, der angesichts des staatlich organisierten Massenmords die Unglaubwürdigkeit der herrschenden Institutionen und Autoritäten vorführt – nicht durch offenen Kampf, sondern durch Entlarvung ihrer sittlichen Verrottung und Verblödung, ihrer menschenfeindlichen Logik. Hašek hat sich zunächst von der russischen Revolution einen neuen Anfang ohne Kriege und Unterdrückung versprochen, hat sogar als Kommissar in den Reihen der Roten Armee gekämpft, aber seinen Glauben an den Kommunismus durch konkreten Anschauungsunterricht schnell wieder verloren und in Alkohol ertränkt. – »Rekrut Novák, warum hat der Soldat sein Leben für das Vaterland einzusetzen?« – »Melde gehorsamst, Herr Feldwebel, daß ich mich das auch frage.«

Die Abwehrtaktik des kleinen Mannes gegenüber der großen Welt der offiziellen Ideologien, der verpflichtenden Ehrenkodizes, der staatlichen und kirchlichen Fassaden, blieb nicht auf die alte Monarchie beschränkt. Zu wenig war bei der Schaffung der Republik für ihn herausgekommen, zu viele Bretschneiders und Dubs (Negativfiguren aus dem *Schwejk*) waren wohl auch in den Dienst der ČSR übernommen worden, als daß sich seine mißtrauische Haltung gegenüber den »Herrschaften da oben« grundlegend geändert haben könnte. Umgekehrt lehnten die »staatstragenden« Gruppen demoralisierende, zersetzende Literatur von der Art des *Schwejk* ab: Mit solcher Einstellung ließ sich keine Demokratie, keine neue Armee aufbauen. Man warf vor allem der Linken vor, daß sie ihre alte Destruktivität nicht abgelegt und nicht begriffen habe, daß der Staat jetzt alle seien, folglich alle die Verantwortung trügen. Zuviel *Sranda* (Jux), zuwenig Identifikation und sittlichen Ernst schien es zu geben. *Švejkování* war der Ausdruck für jene Seuche, die die Republik vom alten Obrigkeitsstaat geerbt hatte.

Als 1938/39 das Experiment mit der Abschaffung der Untertanenmentalität abgebrochen werden mußte und Rundfunk, Zeitungen, Schulen wieder das Evangelium der Unterordnung und Ruhe als erster Bürgerpflicht verkündeten, lag es nahe, daß die verunsicherten breiten Massen sich auf die alte Taktik der scheinloyalen Mimikry besannen. Hatte nicht Hitler, dem der Nachfolger Beneš' »vertrauensvoll das Schicksal des tschechischen Volkes und Landes in die Hände gelegt« hatte, diesem Volk bei loyalem Verhalten »einen ungeahnten Aufschwung« versprochen? Und hatte nicht auch der mit Pomp in Prag eingezogene Reichsprotektor von Neurath am 5. April 1939 als seine Aufgabe erklärt, »die Länder Böhmen und Mähren im Lebensraum des Großdeutschen Reiches zu Glück und Wohlstand zu führen«? Im Frühjahr 1939 trat die Mehrzahl der Tschechen der neuen Einheitspartei, der »Nationalgemeinschaft«, bei; die Posten wurden nach dem bisherigen Parteienproporz verteilt. Versuche tschechischer Faschisten, die Führung zu übernehmen, blieben erfolglos. Die Herde rückte zusammen und senkte die Hörner.

Daneben entstanden breitgefächert Widerstandsgruppen, zumeist aus den Eliten der Republik, ehemaligen Offizieren, Diplomaten, Professoren, Parteiführern; komplette Mobilisierungspläne fielen der Gestapo in die Hände, wichtige Nachrichten wirtschaftlicher und militärischer Art erreichten regelmäßig London (1940 waren es 5984 Depeschen); illegale Zeitschriften erzielten

Auflagen von mehreren tausend Stück, enge Verbindungen bestanden zunächst zu den legalen Behörden und Verbänden des Protektorats, aus denen Nachrichten und Geld an den Widerstand gelangten. Die Kontakte des militärischen Widerstands reichten bis in die deutsche Abwehr, wo Oberst Thümmel als Agent A 54 bis zu seiner Verhaftung im März 1942 erstklassiges Material an die tschechoslowakischen Widerständler (und damit an London) lieferte; zu Tausenden gelang gefährdeten Politikern, Offizieren, Juden die Flucht ins Ausland, auch Funktionären der »Nationalgemeinschaft«, sogar Ministern der Protektoratsregierung wie Feierabend und Nečas, die sich alsbald Beneš' Nationalausschuß in London zur Verfügung stellten.

Nationale Gedenktage, die Überführung der Gebeine des Dichters Karel Hynek Mácha aus Leitmeritz auf den Wyschehrad, der Hus-Gedenktag, Wallfahrten, geraten zu Massendemonstrationen mit 100000 Teilnehmern. Aber die NS-Besatzer sind nicht die k.u.k. Behörden: Im Anschluß an weitere Demonstrationen am 28. Oktober und 15. November 1939 werden auf Hitlers persönlichen Befehl die tschechischen Hochschulen »auf drei Jahre« geschlossen, neun angebliche Rädelsführer erschossen, 1200 Studenten ins KZ Oranienburg deportiert. Hitler droht mit der Aufhebung des Protektorats. Unter diesen Umständen unterläßt die Regierung General Eliáš' den erwogenen Rücktritt; auch die Widerstandsgruppen rufen zur Vermeidung unnützer Opfer auf. Präsident Hácha sucht mit Ergebenheitsgesten (Sieg-Heil-Telegramm vom 15. März 1940) deutsche Zugeständnisse zu erreichen; nach dem deutschen Frankreichfeldzug mehren sich die Loyalitätsbekundungen. Es entsteht ein Verband für die Zusammenarbeit mit den Deutschen unter Ritter Fousek, eine Gruppe tschechischer Journalisten stellt sich die Aufgabe, das Nationalbewußtsein der Tschechen im Sinne einer Einordnung ins Reich umzuformen; doch stößt der Versuch, einen scharf antisemitischen Kurs anzusteuern, innerhalb der »Nationalgemeinschaft«, bei den Kulturverbänden und den Kirchen zunächst noch auf Ablehnung.

Deutsche Scharfmacher, die erklärten, für die Tschechen gebe es nur eine Aufgabe: ihren Beitrag zu den Rüstungsanstrengungen des Reichs zu leisten, dazu Verhaftungen nicht nur der Widerständler, sondern auch führender Funktionäre der »Nationalgemeinschaft«, die Auflösung tschechischer Verbände wie der Turnerorganisation »Sokol«, die Eindeutschung der Protektoratsverwaltung und -wirtschaft, die privilegierte Versorgung der deutschen Bevölkerung – all das mußte das Versprechen einer tschechischen Autonomie, gar eines »ungeahnten Aufschwungs«, als vollkommen illusorisch erscheinen lassen. Die Repressionspolitik, die durch die bekannten deutschen Praktiken in Polen und gegenüber den Juden eine bedrohliche Zukunftsperspektive erhielt, radikalisierte die Haltung der Widerstandsgruppen, die schon 1940 auf den Wunsch hinauslief, mit den Deutschen »auf hussitische Weise abzurechnen«; Beneš' Verhandlungen mit Jaksch über eventuelle autonome deutsche Gebiete stießen auf erbitterte Ablehnung.

Im September 1941, in der Hochstimmung der Siege im Osten, löst Heydrich den noch zu laschen Neurath ab. Seine Devise ist, »daß der Tscheche in diesem Raum letzten Endes nichts mehr verloren hat«, aber andererseits das Reich während des Krieges hier Ruhe braucht. Noch im Herbst läßt er über 400 Personen standrechtlich erschießen. Der Vorsitzende der Protektoratsregierung, General Eliáš, und der Bürgermeister von Prag, Otakar Klapka, werden zum Tode verurteilt, 4000 bis 5000 Personen verhaftet. Der neuernannten Regierung, der ein deutscher Wirtschaftsminister (Bertsch) und ein ambitiöser Kollaborateur als Chef der »Volksaufklärung« (Moravec) angehören, fällt nach Heydrich die Aufgabe zu, »die verbrecherische Entwicklung in der Erziehung und Führung der tschechischen Bevölkerung von Grund auf zu wandeln«. Die Autonomie des Protektorats wird noch weiter eingeschränkt. Neben der Einschüchterung eine Dosis Zuckerbrot: Schuld an allem sind außer den Juden, Bolschewisten, Plutokraten und Beneš-Anhängern die Schieber und Schwarzhändler. Die Erschießungen von Fleischern, Gastwirten und »sabotierenden« Bauern sollen den Eindruck sozialer Gerechtigkeit wecken, zusammen mit »arbeiterfreundlichen« Maßnahmen (erhöhte Fettrationen, bessere Sozialversicherung, Werksküchen, Empfang einer Arbeiterdelegation). Ziel ist: »die Arbeiterschaft entpolitisieren, sie von ihrer politischen Führung abbringen« (Heydrich an Bormann).

Dieses Ziel wurde insofern erreicht, als durch die Aufrollung fast der gesamten Widerstandsorganisationen, den Massenterror, der sich nach dem Attentat auf Heydrich am 27. Mai 1942 noch verstärkte, die Mehrzahl der Bevölkerung in Angst erstarrte und die »Beneš-Leute« als gefährliche Narren verurteilte. Tatsächlich hatte Hitler zunächst die Erschießung von 10000 Tschechen als Sühne für Heydrich angeordnet und gegenüber der Protektoratsregierung mit der Aussiedlung von Millionen aus dem Protektorat noch während des Krieges gedroht. Auch andere forderten, nach der »Evakuierung« der Juden mit der Aussiedlung der Tschechen zu beginnen. In den folgenden Wochen wurden 3188 Tschechen verhaftet und 1357 zum Tode verurteilt, davon 477 wegen bloßer Billigung des Attentates. Letzte Reste von Eigenstaatlichkeit wurden beseitigt, nur mehr Erfüllungsgehilfen geduldet; die zur Bedeutungslosigkeit verurteilte »Nationalgemeinschaft« führte den Gruß mit erhobener Hand ein.

Angesichts dieser Terrormethoden mußte die – patriotisch gemeinte – politische Linie der flexiblen Anpassung, des Überwinterns und der Schadensbegrenzung notwendigerweise versagen. Man wußte nun, woran man miteinander war. Auch Anbiederungsversuche der Besatzer, die vor allem die Leistungen der Rüstungswerke auf dem Protektoratsgebiet im Auge hatten, fanden kaum mehr ernstzunehmende tschechische Adressaten. Hatte Heydrich in der Hochstimmung der deutschen Siege erklärt, er wolle das »Tschechengesindel« gar nicht gewinnen, so beschwor nun Frank den gemeinsamen Antibolschewismus, mit dem er wohl vor allem gegen Beneš' Vertragspolitik mit der UdSSR Stimmung machen wollte. Die Teilnahme an Ausstellungen über das »sowjetische Paradies« und Katyn, an Versammlungen der »Antibolschewistischen Liga«, an Aktionen des »Kuratoriums für die Umerziehung der tschechischen Jugend«, so eindrucksvoll die Aktionen äußerlich sein mochten, wurde zum leeren Ritual, zu bedeutungsloser Mimikry. Was zählte, war die näherrückende Front, das immer größere Chaos, die Götzendämmerung des dutzendjährigen Reiches.

Während sich die ursprünglich akzeptierte Plattform der Bewahrung nationaler Substanz unter Abstoßung demokratischer Strukturen und republikanischer Eliten als bloße »Kollaboration« kompromittierte, zeichneten sich langsam die Grundzüge einer neuen Konsensbasis ab, die nicht einfach als Anpassung an die Sieger aus dem Osten verstanden werden sollte. Die Preisgabe der

Tschechoslowakei durch den Westen, die Niederlage Frankreichs, die Zusammenarbeit von erheblichen Teilen des tschechischen Agrar- und Finanzkapitals mit den Besatzern waren Anstöße zu einer außen- und innenpolitischen Neuorientierung, die sich als zugleich nationale und soziale Revolution verstand. Auch im nichtkommunistischen Widerstand war man früh mit weitgehenden »Nationalisierungen« der Schlüsselindustrien, der Bergwerke, Banken usw., einverstanden – nicht nur um den Kommunisten den Wind aus den Segeln zu nehmen, sondern auch deshalb, weil große Teile davon in deutsche Hand gelangt waren oder für deutsche Interessen arbeiteten.

Hatte sich die bisherige außenpolitische Orientierung der Republik als unrealistisch erwiesen, so schien auch die innenpolitische Spaltung der Nation mitschuldig am Scheitern gewesen zu sein; deshalb glaubte man, nicht nur die deutsche Minderheit als »fünfte Kolonne« ausbooten, sondern auch die alte Parteienlandschaft radikal vereinfachen, wenn nicht ganz ausmerzen zu müssen. Aus alldem ergab sich scheinbar logisch neben der außenpolitischen Sicherung der erneuerten Republik durch Anlehnung an die Sowjetunion, neben der nationalen Homogenisierung durch die Austreibung der Deutschen eine Politik der sozialen Besserstellung breitester Schichten, ihrer Einbeziehung in den Staat durch Elemente direkter Demokratie (Nationalausschüsse) und wirtschaftlich-sozialer Sicherung, außerdem eine stärkere Berücksichtigung slowakischer Wünsche durch Autonomie und Investitionslenkung. Das waren die Grundzüge des Programms, auf das sich Beneš' Londoner Exilregierung, die Moskauer KP-Führung und der inländische Widerstand einigten. Auf dieser Basis bildeten sie im April 1945 eine Koalitionsregierung im ostslowakischen Kaschau. Es versteht sich, daß auch die Bestrafung der Kollaborateure, die Nichtzulassung irgendwie kompromittierter Organisationen zum Ritual der Selbstreinigung und des Neuanfangs gehörten. Mehr als 700 Todesurteile wurden vollstreckt (Karl H. Frank wurde vor dem Pankrazer Gerichtsgebäude öffentlich gehenkt), über 20000 hohe Gefängnisstrafen ausgesprochen, der durch das Protektorat diskreditierte Staats- und Wirtschaftsapparat zerschlagen oder radikal gesäubert; sogar der Chef der Tschechischen Philharmonie, Václav Talich, erhielt Berufsverbot, weil er in Berlin – Smetanas *Mein Vaterland* aufgeführt hatte.

Dieses Programm, dem sich die Kommunisten problemlos anschließen konnten, fand breite Zustimmung, schon weil sich die Sowjetunion als slawische Großmacht und Garant tschechoslowakischer Unabhängigkeit gebärdete – Zustimmung bei den Arbeitern, die ihre Interessen in der »Volksdemokratie« besser als in der »bürgerlichen« Republik aufgehoben glaubten, bei den landhungrigen ärmeren Bauern, denen man Boden im deutschen Grenzgebiet und aus Konfiskaten zuteilte, bei der jungen Intelligenz, die ebenso aufrichtig wie arrogant glaubte, es endlich besser zu machen als die Väter, bei der Masse der kleinen Leute, die sich vordrängten, um bei der Umverteilung dabei zu sein, bei den vielen Vorsichtigen der vergangenen Jahre, die schnell ihr Mäntelchen in den scharfen Ostwind hängten.

> . . . Die Luft wird reiner
> Wenn die Faschisten
> Uns nicht mehr befehlen werden.
> Schluß mit dem Elend
> Schluß mit dem Hunger
> Schluß mit der diebischen Weltordnung
> Kameraden, die Welt gehört der Jugend

sangen begeisterte junge Leute in den blauen Hemden der Einheitsjugend und berauschten sich an der Vision einer gerechten Welt.

Eduard Beneš, der als überlegener Taktiker galt, glaubte mit seiner Politik die richtigen Lehren aus der Katastrophe von München zu ziehen und zugleich die volle Bolschewisierung des Landes zu verhindern, mehr noch: eine Mittlerrolle zwischen der – wie er glaubte – sich allmählich demokratisierenden Sowjetunion und einem sich sozialisierenden Westen spielen zu können. Er hatte sich aber wieder verkalkuliert. Die Kommunisten zeigten, daß sie in den trüben Nachkriegsgewässern besser zu fischen verstanden als die angeschlagenen bürgerlichen und sozialdemokratischen Gruppen, nicht zuletzt durch den direkteren Draht nach Moskau. »Die Münchener Brille, die die Politiker sich und der Gesellschaft aufgesetzt hatten, schärfte den Blick für die Vergangenheit, verdunkelte aber den Ausblick in die Zukunft« (Karel Kaplan).

Die Sowjets, einmal im Lande, waren keineswegs bereit, Beneš' frühes Entgegenkommen zu honorieren, und verdrängten skrupellos und zielbewußt die Exponenten der Londoner Regierung, vor allem die Armeeführung, aus den eigentlichen Machtpositionen. Die Kaschauer Regierung erwies sich letztlich als demokratisch verbrämter kommunistischer Griff nach der Macht; die »regulierte Demokratie« schien den »Bürgerlichen« zwar einigen Spielraum zu lassen, setzte aber in Wirklichkeit wesentliche Elemente des Parlamentarismus, des Pluralismus außer Kraft, engte den Manövrierraum der Partner stark ein und schwächte sowohl das sittliche und ideelle als auch das wirtschaftliche Potential eines möglichen Widerstands gegen willkürliche Machtakte.

Trotz aller Enttäuschungen blieb den programmatisch uneinigen Nichtkommunisten im Grunde keine Alternative, als auf den guten Willen Stalins und die Ernsthaftigkeit der demokratischen Sprache der KPČ zu hoffen, den übermächtigen Partner mit Konzessionen zu beschwichtigen: Die Stärke der Kommunisten war größer, als ihr Stimmenanteil von 38 Prozent bei den Wahlen 1946 andeutet. Da war zunächst ihre Fähigkeit, mit demagogischen Appellen die Straße zu mobilisieren – zu viele verbanden ihre verbesserte soziale Lage mit dem kommunistischen Einfluß nach 1945, während sie mit Parolen wie der einer Rückkehr zu rechtsstaatlichen Verhältnissen oder einer Verhinderung des Machtmonopols einer Partei nicht viel anzufangen wußten, ja sie als »reaktionäre Umtriebe« mißverstanden. Da war weiter die völlige außenpolitische und militärische Abhängigkeit von der Sowjetunion, in die man sich vor allem durch die Austreibung der Deutschen begeben hatte. Eine demokratische, europäische Orientierung Deutschlands lag zudem außerhalb der Vorstellungskraft der tschechoslowakischen Politiker. Die Umorientierung der Wirtschaft auf Deckung des sowjetischen Maschinenbedarfs kam hinzu. Und da waren schließlich zentral gelenkte Parteikader an fast allen Schaltstellen – vom Innenministerium, der Armee- und Gewerkschaftsführung bis hin zu den Medien, den Hochschulen und der lokalen Verwaltung – und nicht zuletzt innerhalb der übrigen Parteien und Verbände.

Die Fäden liefen neben dem Pulverturm, im ehemaligen Gebäude der Böhmischen Escompte-Bank, zusammen, wo KP-Generalsekretär Rudolf Slánský residierte (heute Verkehrsministerium). Als Stalin sich entschloß, seinen Einflußbereich in ein straff gelenktes Imperium zu verwandeln, statt mit dem Westen enger zusammenzuarbeiten, blieb Beneš keine Chance. Wie kann man Karten spielen, wenn alle Trümpfe auf der Gegenseite sind und diese nicht zögert, wenn nötig, den Tisch umzustürzen? Im Februar 1948 kapitulierte der Präsident, der im Mai 1945 als strahlender Sieger in den Hradschin eingezogen war, vor kommunistischen Massenaufmärschen, Generalstreik und Gottwalds Bürgerkriegsdrohung. Er hoffte wieder einmal vergeblich auf Gesetzestreue oder zumindest Großmut der Sieger, weigerte sich aber schließlich, die neue, kommunistisch redigierte Verfassung zu unterschreiben, und trat krank und verbittert zurück. Sein Begräbnis im September desselben Jahres wurde zu einem letzten, hilflosen Versuch, gegen die nunmehr totale Machtübernahme durch die Kommunisten zu protestieren. Nichts erinnert in Prag an den Mitbegründer des Staates, den »Erbauer-Präsidenten«. Die Politik ist ein undankbares Geschäft.

Hatte Beneš eine Chance? Hat er die Weichen falsch gestellt? Viele Historiker prügeln heute auf ihn ein, aber aller Wahrscheinlichkeit nach hätte er nur mit mehr Würde untergehen können, ohne die moralisch fragwürdigen Schachzüge und Kniffe, mit denen er Stalin zu beeindrucken hoffte. Möglicherweise hätte das Beispiel, das er seiner Nation gab, weniger entmutigend sein können. Aber auch der menschlich größere Masaryk ist vergessen.

Auf den »Siegreichen Februar« folgte nicht nur die Ausschaltung der bisherigen Partner in der »Nationalen Front«, die sozialdemokratischen eingeschlossen, sondern auch die der selbständigen Unternehmen in Industrie, Gewerbe, Handel und Landwirtschaft, die Gleichschaltung von Informations- und Schulwesen, Wissenschaft, Kultur, Kirchen, die Abriegelung des Landes nach außen, die definitive Umorientierung auf die wirtschaftlichen Bedürfnisse der Sowjetunion, die Proklamierung der Verbindlichkeit des sowjetischen Vorbilds auf allen Gebieten. Mit der massenhaften Entlassung von Unzuverlässigen aus Staatsverwaltung, Armee, Justiz, Wirtschaft, Bildungswesen, der Schaffung von Zwangsarbeitslagern mit einigen hunderttausend Insassen ging der Anstieg der Mitgliederzahlen der führenden Partei einher (von 1 Million im Jahr 1946 auf 2,3 Millionen im Sommer 1948).

Nach Angaben des Obersten Gerichts von 1968 wurden nach

dem Februar 1948 insgesamt 83 000 Personen wegen politischer Delikte verurteilt, meist aufgrund des berüchtigten »Untergrabungs«-Artikels 231/48. Das durchschnittliche Strafmaß betrug 8 bis 10 Jahre. Wirtschaftliche Delikte, oft erfundene, um einen Bauern zum Beitritt in die Einheitsgenossenschaft zu zwingen, verdreifachten die Gesamtzahl der Verurteilten. Angesichts dieser Methoden klingt der Vorwurf, das tschechische Volk passe sich stets opportunistisch den herrschenden Verhältnissen an, ziemlich hohl. Immer handeln nur Minderheiten.

Verhaftungen und Internierungen von Bischöfen, die Verstaatlichung des Kirchenvermögens brachten bis Januar 1950 auch 98 Prozent der katholischen Priester zur Ableistung des Treueeids gegenüber dem atheistischen Regime. Es galt die Regel: Wer bleiben durfte, zahlte mit Ergebenheitsbekundungen gegenüber der Partei und der Sowjetunion, mit der Teilnahme an hysterischen Einmütigkeitsritualen – wenn auch bei vielen nur als »Radieschentaktik« (außen rot, innen weiß). Offen zu seiner Meinung zu stehen galt als Harakiri und war Harakiri. Unter der Oberfläche des hundertprozentigen Dabeiseins gab es nur mehr Reste früherer Werte und Traditionsbestände, durch ständige Kampagnen erschüttert, systematisch ausgeschaltet durch Liquidierung ihrer Repräsentanten. Witze ventilierten den allgegenwärtigen Druck.

Ein junger Parteiaktivist hält bei einer Dorfversammlung einen Vortrag über die Vorzüge der sozialistischen Produktionsweise. Nachher fordert er die Bauern auf, Fragen zu stellen. Alles schweigt, nur ein altes Weiblein hebt die Hand: »Junger Herr, darf ich was fragen?« – »Selbstverständlich, Mütterchen, frag' nur.« – »Ich möcht' nur eins wissen, junger Herr: Haben wir eigentlich schon den Sozialismus, oder kommt es noch schlimmer?«

Nun war man die Deutschen los, die Kollaborateure, die Bürgerlichen, die Schieber, die Kulaken, die halbherzigen Sozialdemokraten, die Klerikalen, die unabhängigen Gerichte. Nichts konnte den ungeahnten Schwung des sozialistischen Aufbaus mehr hindern. Die Partei besaß eine Macht wie niemand zuvor in der Geschichte des Landes, auf einen Knopfdruck ihres Politbüros setzten sich Hunderttausende in Bewegung, verschwanden Tausende in der Versenkung; ohne ihren Willen wurde keine Zeile gedruckt, kein Wort im Rundfunk gesprochen, kein Film gedreht, kein Mensch wo auch immer angestellt.

Wieso lag das Paradies immer noch in ziemlicher Ferne, wieso wurden die Pläne nicht erfüllt, warum gab es elementare Versorgungsschwierigkeiten? Sabotage des Klassenfeindes, lautete die Antwort, und eine paranoide Jagd setzte ein, die bald nicht einmal mehr vor den Toren der Staatspartei haltmachte, sondern »Titoisten«, »slowakische Nationalisten«, »Westler«, »Zionisten« erfaßte. Der Mitgliederbestand der KPČ wurde bis 1951 wieder auf 1,7 Millionen reduziert, 77 000 Beamte in die materielle Produktion beordert. Im November 1952 schließlich fand ein Monsterprozeß gegen Generalsekretär Slánský und 13 weitere hohe Parteifunktionäre statt, die sich selbst des Verrats, der Sabotage, ja imperialistischer Daueragentenschaft bezichtigten. Foltern und moralischer Druck (»die Partei braucht dein Geständnis«) hatten die zumeist jüdischen Altkommunisten bewogen, ihre Aussagen auswendig zu lernen. Statt der versprochenen Begnadigung wurden sie gehenkt und ihre Asche auf vereiste Prager Ausfallstraßen gestreut. Ihre Familienangehörigen hatten sich von ihnen losgesagt, von ZK-Agitatoren inszenierte Massenversammlungen die Höchststrafe für die »Schuldigen« an der Misere gefordert.

Die moralische und politische Katastrophe, die Zerstörung des institutionellen Gefüges der tschechischen Gesellschaft, wird ideologisch bemäntelt durch eine populistische Deutung der böhmischen Geschichte, die die Kommunisten als die wahren Erben aller »fortschrittlichen« Traditionen des tschechischen Volkes darstellt: Nicht nur die Arbeiterbewegung und die radikalen Demokraten von 1848, auch die Hussiten, ja das unterdrückte einfache Volk des Barocks und die Spracherwecker nach 1800 werden in das neue Geschichtsbewußtsein hineingenommen, während Hochadel und Kirche dem Verdikt des Verrats verfallen und das Bürgertum nur in seinen Anfängen Gnade findet. Gewiß war diese selektive Auffassung der böhmischen Geschichte, wie sie vor allem der Schulminister und Akademiepräsident Nejedlý vertrat, einseitig und »unhistorisch«. Dennoch ermöglichte sie, auch nach den radikalen Umbrüchen ein gewisses Kontinuitätsbewußtsein zu entwickeln und unter dem Schirm erlaubter Traditionspflege sich in einem erheblichen Ausmaß der Landesgeschichte zu widmen. Der 1952,

Blick auf Jahrhunderte: Wenzelsstatue auf der Burgrampe und Neubausiedlungen

inmitten der stalinistischen Hexenjagd, geschaffenen Akademie der Wissenschaften kam dieses offizielle Interesse zugute.

Rückwärtsgewandt auch die wenig bedeutsame Architektur im Prag der fünfziger Jahre. Abgesehen davon, daß die ständig geschürte Kriegshysterie weder Wohnungsbau in größerem Ausmaß noch anspruchsvollere Vorhaben zuließ, war der Modernismus und Funktionalismus der Zwischenkriegszeit ideologisch suspekt. Den Geist der Zeit repräsentieren am besten zwei große Bauten: das Hotel »International« in Podbaba im Stil der Moskauer Turmbauten der fünfziger Jahre (»georgische Gotik«) – es dient immerhin dem Fremdenverkehr mit 600 Betten der Preisstufe »A* de luxe« –; der andere: das 15 Meter hohe, auf einem nochmals 15 Meter hohen Sockel stehende Stalindenkmal am Rande des Letnáplateaus über der Moldau, in seiner Massigkeit weder vom Leipziger Völkerschlachtdenkmal noch vom Lissaboner Denkmal Heinrichs des Seefahrers erreicht. Als man es abriß, hieß die Haltestelle unterhalb des Monuments im Volksmund »Am Steinbruch«.

Außer einigen Verkehrsbauten (Šverma-Brücke, Kapitän-Jaroš-Uferstraße und Letnátunnel, Uferstraße Podol-Braník, Smíchover Bahnhof), der Schließung einiger Baulücken (Haus der Mode, Haus der Nahrungsmittel und Hotel »Jalta« auf dem Wenzelsplatz) wandte man sich vor allem der Restaurierung und Rekonstruktion zu: des Carolinums, des Clementinums, des Palais Waldstein, der Altstädter Bethlehemskapelle. Die Wohnungsnot wurde natürlich auch durch die rigoroseste Überwachungs- und Zuteilungspolitik nicht behoben.

Auflehnung und Resignation

Lähmung auf der einen, Fanatismus auf der anderen Seite: Das mag als grob-allgemeine Formel für die frühen fünfziger Jahre gelten. Verschwunden waren nicht nur die geistige Lebendigkeit und Vielfalt Prags, die unzähligen Verlage, Zeitschriften, Zirkel, Vereine, Cabarets, die eleganten Cafés und Läden, sondern auch die vielen Handwerker, die Bauersfrauen auf dem Markt. Die schlechtbeleuchtete Stadt mit ihren vergammelnden Häusern, von denen nur das Rot der Aufbauparolen und der Bilder der kommunistischen Koryphäen abstach, wirkte grau und trist wie die Menschenmengen, die sich in den überfüllten alten Straßenbahnen und leeren Geschäften drängten. Gewiß hatten viele mit Hilfe der Partei den Aufstieg von ganz unten in den aufgeblähten Militär-, Polizei-, Partei- und Verwaltungsapparat geschafft, waren Jungarbeiter nicht selten über Schnellkurse zu einem Notabitur und von da zu einer Hochschulausbildung und in höhere Stellungen gelangt. Gewiß gab es keinen Hunger und kein richtiges Elend mehr: Der Mangel war ziemlich egalitär verteilt. Aber schon bald war der Gleichheitsrausch ausgeschlafen. Die sowjetische Praxis der Privilegierung verdienter Funktionäre führte ebenso zu Fehlentwicklungen wie die natürlichen Unterschiede in Begabung, Initiative und Beziehungen, die sich unter der radikaldemokratischen Decke regten.

War die Praxis gleichen Lohns für höchst ungleiche Leistungen ohne Zweifel ein Hemmschuh für bessere Qualifizierung, Arbeitsdisziplin und Produktionssteigerung, so war dennoch diese Einsicht nicht leicht politisch durchzusetzen – verstand doch die Mehrheit der Arbeiter unter Sozialismus, daß sich niemand als Herr oder Antreiber aufzuspielen habe; »Intelligenzler« galt traditionell als Schimpfwort und die Tatsache, daß jetzt Zehntausende ehemaliger Bildungsbürger unqualifizierte Handarbeit verrichten mußten, als Akt ausgleichender Gerechtigkeit. Die Arbeiter waren zu einer konservativen Kraft geworden, die sich gegen Lohndifferenzierungen, Qualitätskontrollen, die Wiedereinführung ökonomischer Kriterien erbittert zur Wehr setzte und andererseits von ihrem Egalitarismus her zugänglich war für demagogische Hetze gegen aufmüpfige Intellektuelle. Die Parteiführung, die nach Chruschtschows Enthüllungen auf dem XX. Parteitag der KPdSU (1956) bestrebt war, die Entstalinisierung in engen Grenzen zu halten, verstand es meist, die Arbeiterschaft gegen die einsetzende Kritik (Schriftstellerkongreß 1956) auszuspielen: Es genügte, die Versorgung zu verbessern und das Gespenst einer Revision der »Arbeiterherrschaft« an die Wand zu malen. Unruhen breiter Schichten wie in Ungarn und Polen konnten so vermieden werden. Und der Leiter der Untersuchungen im Slánský-Prozeß, Stasi-Oberstleutnant Doubek, der schon 1955 zugab, die Geständnisse mit physischer Gewalt erpreßt zu haben, wurde zwar zunächst verhaftet, dann aber begnadigt und zum Direktor des Reisebüros Čedok ernannt.

1960 ließ der zum Parteichef – 1957 auch zum Staatspräsidenten – aufgestiegene mittelmäßige Prager KP-Sekretär Antonín Novotný die Führungsrolle der Partei auch in der Verfassung verankern; zugleich änderte er den Namen des Staates, dessen sozialistischer Charakter durch ein zusätzliches »S« als unwiderruflich erscheinen sollte. Wie aber der selbstzufriedene Schloßherr auf dem Hradschin durch die verfahrene ökonomische Lage (Abbruch des Fünfjahresplans 1962) schließlich zu neuen Wegen der Wirtschaftslenkung gezwungen wurde, so geschah Ähnliches auch in seiner Innenpolitik. 1962 gab der am Slánský-Prozeß nicht unmaßgeblich Beteiligte »Verletzungen der sozialistischen Gesetzlichkeit« zu, ließ widerwillig eine Kommission zur Revision der politischen Prozesse einsetzen, die im folgenden Jahr zur – meist postumen – gerichtlichen Rehabilitierung der Angeklagten und zu Umbesetzungen in Parteiapparat und Regierung führte. Einer der Überlebenden, Gustáv Husák, hatte 1959 aus dem Gefängnis Ruzyně einen Brief an Novotný geschrieben, in dem er beteuerte, nie böswillig gegen Partei und Staat gehandelt zu haben. Aber »nirgends habe ich Gehör oder auch nur ein bißchen menschliches Verständnis gefunden«. An der Macht, hat er sich kaum mehr an seine damaligen Worte erinnert. Jetzt wurde er wieder in die Partei aufgenommen und startete augenblicklich eine Kampagne gegen Novotnýs »tschechischen« Zentralismus, gestützt von dem neuen, noch völlig unbekannten slowakischen KP-Sekretär Alexander Dubček.

Die Milderung des Terrors, das angeschlagene Selbstbewußtsein der Parteiführung und die fortgesetzte Entstalinisierung in der Sowjetunion gaben Kritikern des parteibürokratischen Dogmatismus Aufwind. Insbesondere vielgelesene Kulturzeitschriften vermittelten das Bewußtsein, daß die Partei nicht immer recht haben müsse: Wirtschaft, Gesellschaft, Kultur haben ihre autonomen Regeln, die nicht willkürlich von Diktatoren und Bürokraten außer Kraft gesetzt werden können. Soll die Wirtschaft funktionieren, müssen nicht sture Funktionäre, sondern sachkundige Ökonomen das Sagen haben; soll Literatur dem Sozialismus dienen, muß sie unabhängig sein; sollen die Politiker realistische

Entscheidungen treffen, müssen sie von Wissenschaftlern beraten und öffentlicher Kritik ausgesetzt sein. Das waren einige Grundgedanken der frühen sechziger Jahre, die sich aus dem Bewußtsein entwickelten, eine schlechte Führung, wohl auch eine falsche, von außen aufgezwungene Leitungsstruktur zu haben, dabei aber mit Novotnýs Überzeugung konform gingen, daß der sozialistische Charakter der Gesellschaft unwiderruflich sei. Gerade deshalb mußte es möglich sein, vom permanenten Ausnahmezustand der fünfziger Jahre zu einer sozialistischen Normalität zu gelangen, die von einem breiteren gesellschaftlichen Konsens getragen wäre und es sich gestatten könnte, offen über ihre Probleme zu reden.

Nur zähneknirschend und im Zickzackkurs, unter ständigen Warnungen vor einer »Revision des siegreichen Februar«, also vor einer Rückkehr kapitalistischer Elemente im Inneren und imperialistisch-revanchistischer Gefahren von außen, lockerte der Partei- und Staatsapparat seine alles lähmende Kontrolle. Die Betriebe erhielten mehr Bewegungsfreiheit und Eigenverantwortung, die am Gängelband verbindlicher Richtlinien gehaltenen Schriftsteller, Künstler, Wissenschaftler zogen nach. Es zeigte sich, daß unter der Eisdecke des Stalinismus eine Menge spontanes Leben, Ideen, Kreativität vorhanden war, die sich in einem immer stärker werdenden Strom, in ständigem Kleinkrieg mit der beschränkten Arroganz der Macht, ihre Bahn suchten. Auch die Abschließung nach außen hatte sich gelockert, und mit dem Andrang westlicher Touristen kam nicht nur die Notwendigkeit, ihnen etwas zu bieten, sondern auch westliche Ideen, Moden, Konsumgewohnheiten. Die ideologische Fassade mit ihrem Überlegenheitsanspruch wurde dadurch schnell ausgehöhlt, war kaum mehr glaubwürdig. In jenen Jahren begegnete Akademiemitglied Šik auf dem Graben einem anderen Akademiemitglied namens Kolman. Fragt Genosse Kolman Genossen Šik: »Wo bist du gewesen, ich habe dich ein halbes Jahr nicht mehr gesehen!« – »Partei und Akademie haben mich nach Amerika geschickt, um das Absterben des Kapitalismus zu studieren.« – »Na, und?« fragt Akademiemitglied Kolman. – »Also ich muß sagen: ein schöner Tod!«

Das Prag der sechziger Jahre war wieder voller Ideen, Einfälle, Hoffnungen. Interessante Bücher erschienen, ohne verordnete Schematik und manchmal erstaunlich offen gegenüber bisherigen Tabus. Mňačkos *Verspätete Reportagen*, Hrabals surrealistische

Geschichten, Škvoreckýs und Kunderas Satiren, Havels *Gartenfest* sind allesamt »Annoncen auf ein Haus, in dem ich nicht mehr wohnen will«, wie ein Titel Hrabals hieß. Auch Philosophen, Soziologen, Historiker sind der Rolle des Propagandisten von ZK-Platitüden müde, streifen ernüchtert die Fesseln des parteiamtlichen Dogmatismus ab, entdecken die Problematik sowohl der zeitgenössischen westlichen Wissenschaften als auch der verfälschten oder totgeschwiegenen einheimischen Traditionen, lassen kaltgestellte Kollegen wieder zu Wort kommen. Die verpönte Avantgarde der Zwischenkriegszeit kehrt in die Galerien und ins Bewußtsein zurück: hatte doch der Sozialismus ursprünglich nichts mit Spießertum und Polizei, sondern vielmehr mit Moderne, mit dem Kampf gegen verlogene Konventionen und Mief zu tun. Wenn sich die »neue Klasse« in der alten erkannte, um so schlimmer für sie!

Die Barrandover Filmateliers erlebten mit Forman, Menzel und Chytilová die Glanzzeit einer »tschechischen Welle«; kleine Bühnen steckten mit ihrem Elan auch die übrigen Theater an: Inszenierungen »Am Geländer«, »Vor dem Tor«, aber auch im »Weinberger« wurden oft zu Ereignissen. Natürlich lebte mancher Erfolg vom Druck des Zensors, von der listigen Anspielung, von der Begeisterung über den eigenen Mut; aber die gesamte Atmosphäre war ungemein fruchtbar. Die, wie es schien, unaufhaltsame, überfällige Rückkehr nach Europa ließ sich dabei durchaus als Renaissance der authentischen, demokratischen Linken und als Aufbruch des Sozialismus zu neuen Ufern verstehen und wurde von vielen so verstanden. Jean-Paul Sartre, Ernst Fischer, Rudi Dutschke, Jürgen Habermas und andere Linke pilgerten nach Prag, das einen attraktiveren Sozialismus zu bieten schien als die übrigen marxistisch regierten Staaten, Jugoslawien eingeschlossen. Auch die Intellektuellen der Nachbarländer blickten erwartungsvoll über die tschechische Grenze.

Es war aber nicht in erster Linie die kulturelle Renaissance, sondern der Aufstand einer heterogenen Koalition im ZK der KPČ gegen Novotnýs Inkompetenz, der diesen Prototyp eines farblosen, aber selbstbewußten Apparatschiks am 5. Januar 1968 zu Fall brachte. Er wagte nicht mehr, die Machtfülle seines Doppelamtes voll einzusetzen, wurde wohl auch von Breschnjew fallengelassen. Inzwischen trauern ihm viele Opfer der »Normalisierung« nach, die 1968 in ihm das Haupthindernis eines Sozialismus mit Menschengesicht gesehen hatten. Er war es nicht und ließ sich im März grollend auch als Staatspräsident ablösen, nachdem die Parteiintelligenz in allen Medien gegen ihn Sturm gelaufen war und auch seine Rolle beim Slánský-Prozeß neu aufgerollt wurde.

Man nutzte die Stunde zur Abschaffung der Zensur und zur Rehabilitierung der Opfer des Stalinismus, zur Neudefinition der Führungsrolle der KP innerhalb einer pluralistischen Gesellschaft, regelte die Beziehungen zur Slowakei, betonte gegenüber den »Bruderstaaten« Gleichberechtigung und Nichteinmischung. In Massenversammlungen, Live-Interviews, öffentlichen Debatten mußten die neuen Leute die ungewohnte Rolle einer offenen Amtsausübung spielen; die Jugend genoß es, nicht mehr gegängelt, sondern ernstgenommen zu werden, und mancher entdeckte sein Talent als Volkstribun. Wem die Argumente fehlten, wer nur gelernt hatte, vom grünen Tisch aus Befehle zu geben und nicht Rede und Antwort zu stehen, der mußte in vielen Fällen gehen. Ein Innenminister, dem man Ungesetzlichkeiten vorwarf, soll öffentlich erklärt haben: »Durch diese Hände, Genossen, sind Tonnen von Weiberfleisch gegangen, aber Blut, Freunde, klebt keines daran.« Er blieb und wurde später Ministerpräsident. Andere beschwerten sich in Moskau und bei Ulbricht über »rechtsopportunistisches« Zurückweichen vor überhandnehmenden antisowjetischen und antisozialistischen Kräften.

Gerade das war nicht der Fall: Anders als in Polen und Ungarn hatte der Sozialismus stärkere Wurzeln, fehlten auch antirussische Ressentiments; sie kamen bestenfalls im Sommer auf, als die Pressekampagnen der Sowjets und ihrer Musterschüler immer schärfere Töne anschlugen. Aber auch da glaubten die meisten, die »Mißverständnisse« durch bessere Information ausräumen zu können. Man war so begeistert, geradezu berauscht von der neuen Freiheit, daß es unvorstellbar schien, andere könnten die Berechtigung des Experiments gerade im Interesse eines attraktiven Sozialismus nicht einsehen; Sympathisanten in aller Welt bestärkten die Tschechen in ihrer Illusion, Vorreiter des Weltgeistes zu sein. Vielleicht war es in der Tat eine Sternstunde der Nation, die sich einig mit ihrer Geschichte wie mit ihrer gegenwärtigen Rolle fühlte. Mit Gelächter wies man den Vorwurf des Revisionismus, gar des Antisozialismus, von sich: war doch keine einzige LPG zerfallen, dachte doch niemand ernsthaft daran, Betriebe zu reprivatisieren, Kommunisten wegen ehemaliger Übergriffe persönlich zu behelligen, möglicherweise gar aus dem Warschauer Pakt auszutreten; hatte nicht die Führung der KPČ in freiem Wettbewerb mehr Autorität als unter den Bedingungen polizeibürokratischer Diktatur? Zeigte nicht das System der sozialistischen Marktwirtschaft eine weit höhere Effizienz als der alte Dirigismus? Standen nicht überall an der Spitze kommunistische Reformpolitiker und Intellektuelle?

Um so grausamer das Erwachen am Morgen des 21. August 1968, als sich die aus ihren Blütenträumen gefallene Bevölkerung von 24 Divisionen der Warschauer-Pakt-Staaten überrannt sah. Sie hatte nichts von der angeblichen Konterrevolution bemerkt, mit der die »uneigennützige Hilfeleistung« begründet wurde. Der Nacht-und-Nebel-Aktion fehlte die »deutsche« Perfektion, mit der man der brutalen Vergewaltigung ein legales Mäntelchen umgehängt hätte: Angesichts der Volksstimmung wagten die abgehalfterten Größen der Novotný-Zeit, die kurzgehaltenen Polizeischergen und die Parteidogmatiker, denen die Zeit davongelaufen war, nicht, aus ihrem Halbdunkel hervorzutreten und eine Kollaborationsregierung zu bilden. Ja anstelle der verhafteten Parteiführung wählte ein geheim tagender Parteitag ein neues ZK aus Reformkräften. Die ratlos in den Straßen herumstehenden Truppen sahen sich mit einer empörten Bevölkerung und einem weitersendenden, freien Rundfunk konfrontiert, die sich energisch und einmütig hinter ihre bisherige Führung stellten. Es hagelte Proteste und Resolutionen: Eine nationale Einheitsfront gegen die Intervention mit der reformierten KP an der Spitze schien sich zu bilden; die Straßen und Plätze wurden spontan nach den bekanntesten Reformpolitikern umbenannt und mit einem Meer von Plakaten und Aufschriften bedeckt. »Lenin, wach auf, Breschnjew ist verrückt geworden!« stand da in russisch neben Einfahrtverboten für Panzer: »Rote Brüder! Kehrt in eure Reservate zurück! – Winnetou«, war an anderer Stelle zu lesen; oder: »Vergewaltigen könnt ihr uns, gebären werden wir nicht!«

In einer Resolution des Schriftstellerverbands vom 27. August hieß es: »Die langen Zweifel, ob die Sowjetunion im sozialistischen Lager die Rolle des Apostels oder des Gendarmen zu spielen habe, sind endlich mit Erfolg überwunden. Die sozialistische Großmacht kehrt zu den bewährten Traditionen der Kosakendiplomatie zurück. Die Sowjetunion hat mit dieser reaktionären und faschistischen Tat selbst das Recht verwirkt, die Führungsrolle in der internationalen kommunistischen Bewegung zu spielen ... Wir gehen davon aus, daß alle diejenigen zur Verantwortung gezogen werden, die dem Prestige der Sowjetunion und des Sozialismus diesen tödlichen Schlag versetzt haben.« Hunderte junger Leute zogen mit Fahnen, eine davon mit dem Blut eines Erschossenen beschmiert, unter dem Gesang der tschechischen Hymne und des Marsches der gefallenen Revolutionäre an der langen Reihe russischer Panzer auf dem Graben entlang. Es war vergebene Liebesmüh', ebenso wie die Hakenkreuze, mit denen man die stählernen Ungetüme beschmierte: Seht die Faschisten, sagten die Soldaten.

Eine Woche lang dauerte die Konfrontation, in der Schwejk im Bewußtsein der Gerechtigkeit und Legalität seinen Schatten übersprang und wohl sich selbst darüber hinwegtäuschte, daß die Sowjets letztlich doch am längeren Hebel saßen. Nur langsam verflüchtigte sich der Nebel des Prager Altweibersommers: Es wurde klar, daß die Besatzer sich weder durch Proteste der Weltöffentlichkeit noch durch Gerede von Souveränität und Nichteinmischung von ihrem Vorhaben abbringen ließen. Allein einen Umweg hatte man erzwungen, eine Galgenfrist: Dubček und seine Freunde, zunächst zur Erschießung bestimmt, wurden nach einer makabren Moskauer Verbrüderungsszene nach Prag zurückgesandt, um die Reform mit eigener Hand abzuwürgen und dann die Geschäfte verläßlichen Kollaborateuren zu überlassen – Leuten, die die aufgebrachte Bevölkerung jetzt hinweggefegt hätte. Die Plakate und Spottgedichte verschwanden samt den diskutierenden Menschenhaufen um das Altstädter Hus-Denkmal; auch die Panzer räumten die Straßen, aber blieben »zeitweilig« im Lande. Man wollte wieder die brüderlichen Beziehungen vertiefen – so lange, bis man ganz am Boden war, wie ein Prager Spruch lautete. Viele Reformer mochten dabei die Hoffnung hegen, durch ein teilweises Eingehen auf die Forderungen der Besatzer etwas vom Reformkurs zu retten, Schlimmeres zu verhindern, wie Hácha 1939.

Andere machten sich keine Illusionen über die Sowjets und gaben auf; noch andere, die den »Frühling« nur halbherzig mitgetragen hatten, stellten sich aus demselben Grunde der Sowjetbotschaft am Baumgarten zur Verfügung. Die Gemeinschaftsfront bröckelte noch im Herbst ab, die Bevölkerung beruhigte sich damit, daß nur einige »Extremisten« über Bord geworfen worden seien, das Schiff aber weiter auf Reformkurs läge. Noch immer wurde die Rehabilitierung der Opfer der fünfziger Jahre fortgesetzt, organisierten sich freie Gewerkschaften, führten die Medien eine stolze Sprache, lagen die schlimmsten Hunde an der Kette. Dafür nahm man in Kauf, daß einzelne Politiker, dieser und jener Publizist abberufen, Partei- und Staatsapparat mit »bewährten Internationalisten« und umgefallenen Opportunisten durchsetzt wurden, hier und da wieder Zensureingriffe stattfanden. Aber die Kultfiguren des August waren in ihren Ämtern, und man vertraute ihnen.

Im April 1969 glaubte Sowjetbotschafter Tscherwonjenko einen Schritt weiter gehen zu können: Mit Hilfe des Sicherheitsdienstes und einiger prosowjetischer Gruppen im Parteiapparat gelang die Ersetzung Dubčeks durch einen anderen Slowaken – Gustav Husák. Den Vorwand hatte ein von Hunderttausenden stürmisch gefeierter Eishockeysieg über die Sowjetunion geliefert. Der gutmütige »Sascha« hatte es nicht geschafft, die »Konterrevolution« zu bändigen. Verläßlichere Genossen mußten heran und härtere Methoden der »Konsolidierung«, die bald auch dem einst zu lebenslänglichem Kerker verurteilten Husák zu weit gingen: ein Kaderschub auf allen Ebenen der sich noch immer wehrenden Partei, die »einstweilige« Einstellung der wichtigsten progressiven Zeitungen und Zeitschriften, darunter der *Literární listy*, die auf bis 300000 Leser gekommen war, die Auflösung von Partei- und Gewerkschaftsorganisationen, die den neuen Kurs mißbilligten, ständige Umbildungen der Regierung und Verwaltung. Von 41 Ministern wurden schließlich 31, von 131 stellvertretenden Ministern 77 abgelöst; 80 Abgeordnete der Bundesversammlung, alle Vorsitzenden der Gebiets-Nationalausschüsse und 100 von 115 Vorsitzenden von Bezirks-Nationalausschüssen, 63 von 81 Botschaftern, 70 Prozent der Generaldirektoren und Staatsanwälte sowie 30 Prozent der Armee-Offiziere wurden »abberufen«. 21 Rektoren der 27 Hochschulen wurden abgesetzt und 2000 Lehrkräfte entlassen; 1600 Journalisten und 475 von 590 Mitgliedern des Schriftstellerverbands erhielten Berufsverbot; die engagierteren Philosophen, Historiker, Soziologen, Politologen und Ökonomen folgten ihnen bald. Die Arbeiterklasse wurde keineswegs geschont: 60 bis 70 Prozent der Vorsitzenden der Gewerkschaftsverbände, 125 000 Gewerkschaftsfunktionäre und fast die Hälfte der Mitglieder des ZK der KPČ, schließlich eine halbe Million KP-Mitglieder wurden weggesäubert oder traten ihrerseits aus.

Wieder einmal hatte die opportunistische Politik der Vermeidung unnötiger Opfer so gut wie nichts gefruchtet. Eine große Stille war das Ergebnis der Wiederherstellung der totalitären Strukturen, ein allgemeines Sich-Ducken, Widerrufen und Privatisieren, eine Taktik des Überwinterns hinter leeren, ausgebrannten Fassaden. Man hatte die Lektion gelernt, daß die Weltgeschichte über die Kleinen hinweggeht, auch wenn sie die besseren Argumente auf ihrer Seite haben. Nach den bürgerlichen Eliten hatte man die nachgewachsenen sozialistischen liquidiert und mit ihnen ein Problembewußtsein, das die Befriedigung der Grundbedürfnisse übersteigt, eine Identität, die sich nicht nur durch leere Symbolik und Erfolge im Sport bestätigt fühlt. Vielleicht ist es nicht übertrieben, von einem gebrochenen moralischen Rückgrat der Nation zu sprechen: Anpassungsbereite Zyniker und kaltschnäuzige Karrieristen erhalten innerhalb der bürokratischen Strukturen freie Bahn, während die entpolitisierte Masse sich in ein reduziertes Schema der Normalität zwängen läßt und eine Art »tschechischen Existenzialismus« pflegt. Es ist eine »Laßt-mich-in-Ruhe«-Philosophie, die auch von der neostalinistischen Führung berücksichtigt wird. Diese schlägt nur zu, wenn sie auf Nonkonformisten stößt, die das Als-Ob nicht mitspielen wollen und auf gültige Gesetze weisen, verzichtet aber im allgemeinen darauf, zu überzeugen. Es genügt ihr, wenn die Menschen stillhalten und Gustav Husák einen guten Mann sein lassen.

In den siebziger Jahren hat sich dieser ungeschriebene Pakt eingespielt. Kleine Gruppen aktiver Kritiker wurden zerschlagen, isoliert, unglaublichen Verleumdungskampagnen ausgesetzt, die breite Masse entmutigt, durch Abschirmung und rhetorisches Gehämmer auf primitivster Ebene abgestumpft, in bloße Alltäglichkeit eingemauert. Die ihrerseits korrupte Funktionärsklasse weiß natürlich, daß sie der Bevölkerung für deren Stillhalten etwas bieten muß. Deshalb gab es in den siebziger Jahren wenn auch kein *take-off*, das die Reformer um Ota Šik anvisiert hatten, so doch einen gewissen Anstieg des Lebensstandards – trotz nicht unerheblicher Besatzungsschäden sowie des Verlusts von Fachleuten durch Emigration und Säuberungen. In Anknüpfung an die Reformperiode wurde der Schwerpunkt vom Maschinenbau ein wenig zur Konsumgüterindustrie hin verlagert, was 1971 bis 1975 ein durchschnittliches Jahreswachstum des Privatkonsums von über 5 Prozent erbrachte.

Auch der Wohnungsbau beschleunigte sich. Waren in Prag 1945 bis 1960 bloße 32 000 und 1961 bis 1970 60 000 Wohnungen gebaut worden, so entstanden allein 1971 bis 1975 44 000; die Zahlen konnten im folgenden Jahrfünft noch überschritten werden, wurden dann aber stark rückläufig. 1968 und 1974 wurden umfangreiche Gebiete im Umland eingemeindet, so daß die Gesamtfläche der Hauptstadt 500 Quadratkilometer und die Einwohnerzahl gegenwärtig 1,2 Millionen beträgt. In den späten sechziger Jahren entstand zwischen Bohnice und Prosek die sogenannte Nordstadt, in den siebziger Jahren die Südstadt (Chodov-Háje), letztere mit U-Bahn-Verbindung, beide geplant für je 100 000 Bewohner. In den achtziger Jahren hat sich das Zentrum des Wohnungsbaus in den Südwesten (Jinonice/Ohrada/Stodůlky) verschoben; auch dahin wird eine U-Bahn gebaut.

Die Neubausiedlungen entsprechen bis heute den im Westen überwundenen städtebaulichen Vorstellungen der Nachkriegszeit, vor allem aber der Notwendigkeit einer industrialisierten Bauweise mit Fertigteilen, ohne die der Wohnungsnot nicht abgeholfen werden könnte; ästhetische Kriterien kommen selten zum Zuge. Aber niemand klagt über »zubetonierte Natur«. Immerhin steigt damit der Wohnstandard: 1980 hatten fast 85 Prozent der Prager Wohnungen ein Bad oder eine Duschecke, 76 Prozent einen Gasanschluß, 30,5 Prozent waren Drei- und Mehrzimmerwohnungen: ein unzweifelhafter Fortschritt.

Die Innenstadt blieb zum Glück von der neuen Bautätigkeit wenig berührt: 1966 bis 1972 wurde das Börsengebäude neben dem Museum durch eine gewagte Überbauung zum Bundesparlament umfunktioniert (K. Prager); am Ende der Pariser Straße in der Altstadt wurde 1973 ein Luxushotel (»Intercontinental«) vollendet, am Rande der Altstadt, am Platz der Republik, 1974 nicht unsensibel das Kaufhaus Kotva-Anker in die Umgebung hineinkomponiert. Außerhalb des Stadtkerns sind erwähnenswert das riesige Fakultätskrankenhaus Motol (1959–72) und die Sporthalle Folimanka im Nusletal (1972–76), nicht viel mehr als braver Durchschnitt sind mehrere große Gebäude von Außenhandelsgesellschaften – Motokov (Pankraz), Kovo (Holleschowitz), Koospol (Wokowitz) –, der Kulturpalast am Pankrazer Brückenkopf der Gottwald-Brücke (1974–81), außerdem einige Sportstadien (Slavia-Areal Wrschowitz, Strahow-Areal, Schwimmhalle Podoli), Hochschulgebäude und Studentenheime (Technische Hochschule Dejwitz) sowie das Fernsehareal Dohlenberge (Kavčí hory).

Zu den größten Verkehrsbauten zählt die 1965 bis 1973 gebaute Klement-Gottwald-Brücke über dem Nusletal (485 Meter lang, 26 Meter breit, 50 Meter hoch; die untere Etage mußte infolge der Entscheidung für U-Bahn-Züge sowjetischen Typs erweitert werden). Sie war seit 1926 geplant, wenn auch nicht als klotziger, doppelstöckiger Spannbetonsteg, der schon 1981 von einer bundesdeutschen Firma neu isoliert werden mußte. Die Brücke schafft ein neues Entfernungsgefühl – Pankraz und die südlichen Vorstädte sind ganz wesentlich nähergerückt. Einige Jahre später wurde im Norden als Bestandteil der Holleschowitzer Umleitung die Eisenbahnbrücke am Krankenhaus Bulovka in Betrieb genommen; die 40 Meter breite A.-Zápotocký-Brücke unter dem Barrandov schließlich, 1978 begonnen und 1983 zur Hälfte in Betrieb genommen, soll den Prager Südwesten mit dem Südosten verbinden, aber auch den West-Ost-Fernverkehr (zwischen Radlitzer und Straschnitzer »Radiale«) aus der Stadt heraushalten. Ein Tunnel unter dem Laurenziberg zwischen Smíchov und Břevnov wird einmal demselben Zweck dienen; inwieweit sich die großzügigen Pläne verwirklichen lassen, ist allerdings in Prag traditionell eine andere Sache.

Anfang der achtziger Jahre waren in der Stadt 300 000 Pkws registriert. Parkverbote in der Innenstadt sind eine unpopuläre Teillösung, die andere, wesentlichere, die U-Bahn, die perspektiv auf 100 Kilometer und 40 Prozent des Massenverkehrs gebracht werden soll. 1967 bis 1974 wurde die erste Metro-Strecke (6,7 Kilometer) gebaut, zwei weitere Strecken folgten bis 1985; 1990 sollen fast 40 Kilometer in Betrieb sein. Die meist prächtig mit Marmor verkleideten Bahnhöfe liegen tief unter dem Prager Pflaster und der Moldau; viele von ihnen sind ohne jeden lokalen Bezug nach sowjetischen und KP-Heroen oder -Symbolen benannt. Die Benutzer kümmert das wenig – sie sind an Umbenennungen gewöhnt. Daneben sind 350 Straßenbahnkilometer in Betrieb mit 500 Millionen Benutzern pro Jahr sowie fast 1000 Busse mit 151 Millionen Fahrgästen; infolge ihrer geringeren Umweltbelastung denkt man an die Wiedereinführung der in den sechziger Jahren abgeschafften Trolleybusse.

Diese nicht unbeachtlichen Leistungen der letzten Jahre, zu denen schöne Restaurierungen einzelner Objekte und ganzer Areale kommen (Burg, Nationaltheater, Smetana-Theater, Agneskloster, Teynkirche bis hin zur Erneuerung des Holleschowitzer Messepalastes als moderne Galerie), entspringen gewiß nicht nur dem Prestigebedürfnis der Machthaber, die selbstherrlich über Wohl und Wehe des Landes entscheiden, sondern auch einer starken emotionalen Beziehung zu Prag, die sich bei jedem einstellt, der längere Zeit seiner Ausstrahlung ausgesetzt war. Was an alter Substanz gerettet wird, was an Modernem zustande kommt, verdankt die Stadt vor allem dieser Liebe ihrer Bewohner, nicht den Herrschaften in den Palais und Dienstvillen, die mit ihrem Überwachungs- und Unterdrückungssystem nur Besseres verhindern. Manchmal habe ich in Prag den Eindruck, es genüge, die Eiskruste polizeibürokratischer Herrschaft zu beseitigen, und sofort wäre die frühere Atmosphäre, der alte Humor und unverfälschte gesunde Menschenverstand wieder da – wie es ein bekannter Witz andeutet.

Im Café Slavia sitzt im Jahr 1990 ein Gast und bestellt beim Kellner die Parteizeitung *Rudé právo.* Der Kellner: »Tut mir leid, die Zeitung erscheint nicht mehr.« Nach einer Weile fragt der Gast nochmals nach *Rudé právo.* – »Hab's Ihnen schon gesagt, erscheint nicht mehr.« – Fünf Minuten später: »Kellner, ein *Rudé právo!*« – Der Kellner wütend: »Mensch, wie oft soll ich's Ihnen noch sagen! *Rudé právo* gibt's nicht mehr!« – »Tut mir leid«, sagt der Gast. »Ich hör's halt so gerne.«

Dann wieder fürchte ich, unter der Kruste der parteiamtlichen Bevormundung und Gängelung – nach so vielen Kahlschlägen und ständigem Konformitätsdruck – nur mehr beschädigtes Leben und deformiertes Bewußtsein, wenn nicht Leere, Nihilismus, Resignation zu finden. Doch eines ist sicher: Die Geschichte Prags ist noch nicht zu Ende, und eines Tages mag es unter günstigeren Umständen wieder ein Zentrum kultureller Produktivität, intellektueller Regsamkeit und eines freieren Lebens werden.

Sprachliches, Menschliches

Wenn man nach Prag kommt, ohne die Landessprache zu beherrschen, tut sich eine erhebliche Barriere auf, die mit dem Aussterben der älteren Generation, die in der Regel Deutsch konnte, noch größer wird. Das Tschechische, von etwa 10 Millionen Einwohnern der böhmischen Länder gesprochen und mit dem Slowakischen, das nochmals 5 Millionen im Ostteil des Landes sprechen, eng verwandt, klingt infolge der zahlreichen Konsonanten, der Zisch- und Knirschlaute *č* (tsch), *ž* (sh wie Giro), *ř* (zusammengefaßtes rsch), des rollenden *r*, des Akzents auf der ersten Silbe nicht sehr melodisch. Dazu kommt, daß *e* meist wie *ä* und *o* als halbnasaler Zwischenlaut zwischen *o* und *a* ausgesprochen wird, also »gäbn« Sie sich demnächst mal einen »Ssálat aus raote Riebn« (= rote Beete); Sie bleiben möglicherweise in Ungewißheit, ob Ihr Gegenüber »Kohn« oder »Kahn« heißt – sollte es diesen Namen in Prag noch geben. Manchmal kommt es zu anderen Mißverständnissen: *Hajzl* ist zwar wirklich ein »Häusel«, wo man sein Bedürfnis verrichtet, aber auch ein Schweinehund. Hingegen ist *Lékař* keine Beleidigung, sondern bedeutet bloß »Arzt«, und *Popelář* ist nur der Müllkutscher.

Die Tschechen neigen zu Diminutivformen: Man geht mit einem Freundchen für ein Stündchen ein Bierchen trinken. Oder man fährt mit dem Züglein aufs Land, um mit dem Familchen im Wäldchen ein Spaziergänglein zu machen. Von »Sönnlein zu Sönnlein« zu arbeiten ist inzwischen nicht mehr üblich, obwohl man mit den Schwaben mehr als nur die Diminutive gemeinsam hat. Auch die Namen auf *-ek, -ček, -ík* sind Verkleinerungen: Nováček ist der kleine Neumann, Václavek oder Vašek der kleine Wenzel, Janeček der kleine Hans, Jelínek der kleine Hirsch, Poláček der kleine Pole, Havlíček der kleine Gallus, ansonsten reicht ein Blick ins Wiener Telefonbuch. Ausgesprochen lustig sind viele Ortsnamen: Hrdlořezy heißt »Halsabschneider«, Hostivař »Gästekoch«, Mokropsy »Nasse Hunde«, Kostomlaty »Knochendresch«, Všenory »Allhöhlen«, Hracholusky »Erbsschoten« usw. Auch der Wohlklang von »Popovice« und »Postoloprty« besticht. Gemütlich die gegenseitige Anrede Prager *Pepíks* (Strizzis): »*Vole*« (»du Ochs«). Sie hat nur den Stellenwert von »Mensch«. Ebenso ist *bordel* nicht mehr als »Unordnung«.

Man kommt mit Tschechisch übrigens weiter, als man glauben sollte. Zumindest nach der Erzählung des einstigen Intendanten des Nationaltheaters, Jaroslav Kvapil, der auf den Champs Elysées von einem Landsmann in der Muttersprache angesprochen wurde: »Hören Sie mal, wie kommt man hier zum Triumphbogen?« Kvapil zeigt ihm den Weg, der Landsmann bedankt sich und will gehen, aber der geschmeichelte Kvapil hält ihn zurück: »Woher kennen Sie mich eigentlich?« – »Ich seh' Sie zum erstenmal.« – »Wieso reden Sie mich dann in Paris tschechisch an?« – »Ja, wenn ich nicht anders kann?!«

Sprache ist Verständigungsmittel; wer Worte hat, ist ein *Slovan*, ein Slawe, wem sie fehlen, ist stumm, ein *Němec*. Aus mangelnder Kommunikation entstehen Vorurteile, Antipathien, Überfremdungsängste, Feindbilder. Sprache wird zum Symbol, zum Feldzeichen, aus einem Instrument zum Wert an sich. Deutsch sprechen hieß Kultur besitzen, zur guten Gesellschaft gehören, ihr zumindest angehören wollen. Tschechisch sprechen hieß Stallgeruch haben, mit den Bauersfrauen, Dienstboten, Handwerkern zu tun haben. Deutsch sein bedeutete zu denen gehören, die sich breitmachen, auf die Einheimischen herabschauen. Deshalb *Svůj k svému* (»jeder zu den Seinen«), *Mluvte česky, jste v Čechách* (»Sprecht tschechisch, ihr seid in Böhmen«). Dagegen: »Solange die Steine sprechen, ist Prag deutsch« – Worte des Prager Germanisten Professor August Sauer. Das Verständigungsmittel wird zum emotiv besetzten Verständigungshindernis, zum Krampf.

Das Tschechische hat im Laufe des 19. Jahrhunderts die verlorenen Positionen zurückerobert, hat in angestrengten jahrzehntelangen Bemühungen die Gleichwertigkeit mit dem Deutschen bewiesen. Aus der Verteidigung, dem Bemühen um Gleichberechtigung, ging man zum Angriff über, Sprachzugehörigkeit wurde Religionsersatz. Das Volk hatte in den Abgrund geblickt, strebte nun um so verbissener nach Purismus, nach Ausmerzung alles Fremden; aus dem Bewußtsein des Nichtselbstverständlichen heraus nach Sicherheit und nach äußerlichen Zeichen der eigenen Identität. Daher die geradezu irrationale Verbissenheit der Sprachenkämpfe, die eigentlich recht wenig mit Chancengleichheit und viel mit suggerierten Ängsten, mit Aggressionen aus Unsicherheit zu tun hatten. Angst wirkt hemmend aufs Denken, folglich verdummend, daher die lawinenartig um sich greifende Aggressivität und kritiklose Solidarität mit der eigenen Gruppe. Vielleicht hat Nestroy recht mit seinem Kalauer: »Die edelste Nation ist die Resignation.«

Nun waren die von den Volkstumsideologen, die mit Guido Kolbenheyer die Kulturfragen auf »plasmatische Lebenssubstanzen« zurückführten, gezogenen Barrieren in der Praxis alles andere als undurchlässig. Auch die Sprachen haben mehr als nur »koexistiert«. Das moderne Tschechisch hat allerdings angestrengt eliminiert, was durch jahrhundertelanges Zusammenleben mit deutschen Nachbarn in den eigenen Wortschatz eingedrungen ist, sogar den Titel eines Klassikers, des Pansophen Comenius. Dessen *Labyrinth der Welt und Lusthaus des Herzens* heißt jetzt *ráj srdce* (Paradies des Herzens) statt *lusthauz srdce*, wie ursprünglich. Insbesondere die aus der k.u.k. Armee übernommenen Ausdrücke sind heute bestenfalls Slangsprache, wenn überhaupt noch verständlich, etwa *stát v haptáku* (habtachtstehen), *pucovat kvér* (Gewehr putzen); *meldovat* oder *ládovat* sind aus dem *Braven Soldaten Schwejk* überliefert; üblich auch *rukovat* (einrücken) und *verbovat* (anwerben). Der Humorlosigkeit der Sprachpuristen hat der tschechische Dichter Fráňa Gellner schon früh entgegengehalten, ein guter Germanismus sei tschechischer als so manche alttschechische Redensart.

Einen Untergebenen piesacken lautet tschechisch immer noch *sekýrovat* oder *buzerovat*; bei einer Behörde etwas anmahnen heißt wie eh und je *urgovat*. Durch das k.u.k. Militär vermittelt sein dürften Flüche wie: *krucinálfagot, safraporte*; allgemeinkatholisch *ježišmarjajozef* usw. Im Handwerkermilieu haben sich Ausdrücke wie *vercajk* (Werkzeug), *verpánek* (Werkbank), *štajgr* (Steiger), *štreka* (Strecke), sogar *mašinfíra* (Lokführer) erhalten; allgemeinverständlich, wenn auch von Tschechischlehrern bekämpft, sind *fotr* (Vater), *fešák* (fescher Kerl), *furt* (immerfort), *frajer* (Strizzi), *fajnový* (fein, nobel), *raubíř* (Räuber) oder gar *šmajchlíř* (Schmeichler) und *fusekle* (Socken). *Krhov* (Friedhof) und *kšeftovat* (üble Geschäfte machen), *kumštýř* (Künstler) und *mumraj* (Mummenschanz) sind ebenso üblich wie *fízl* (Polizeispitzel) oder *šprajcovat se* (sich sträuben), *vandrák* (Landstreicher), *fangle* als Pejorativausdruck für *Fahne* oder *větel* als Hopfenmaß. Vor den Sprachpäpsten Gnade gefunden haben *brýle* (Brille), *grunt* (Grund, Gehöft), *knoflík* (Knopf), *lotr* (Spitzbube), *cukr* (Zucker) und *pluh* (Pflug).

Auch das Prager Deutsch war zumindest in der Umgangssprache nicht so rein, wie man seit je behauptet. Gewiß fehlte das deutsche Umland und damit der Volksdialekt, so daß der Sprache etwas Abstraktes, wenn nicht Papierenes, anhaftete, verstärkt auch durch das gehobene soziale Milieu des Prager Deutschtums: des Adels, der Fabrikbesitzer, Direktoren, Professoren, Beamten und jüdischen Aufsteiger, die darauf bedacht waren, den verpönten Jargon zu meiden. Aber wie sich im Kontakt zur slawischen Bevölkerung der ehemals deutschen Ostprovinzen Ausdrücke von der Art »Kate«, »Kossäten«, »Pachulke«, »Chaluppe«, »Halunke«, aber auch »Zwetschke«, »Baude«, »Grenze«, »Zeisig«, »Stieglitz« und »Peitsche« eingebürgert haben, so kommen aus dem Tschechischen so manche Lehnwörter, denen man es kaum mehr anmerkt: »Haubitze«, »Pistole«, »Quark«, »Graupe«, »Zander«, »Preiselbeere«, »Düse«, »Kren« (Meerrettich), »Schöps« und »Schmetten« (Sahne), bis hin zu den Prager »Pawlatschen« (Balkonumgänge), »Buchteln« (gefüllte Teigkuchen), »Batschkoren« (Filzhausschuhe) und »Powidl« (Mus).

Prager Deutsche vergessen unter tschechischem Einfluß »daran«, »am Markt« einzukaufen, gehen »auf ein Bier« oder »geben sich« sogar ein »Paarl« (Paar Würste), sind manchmal »bös auf« einander, aber »steht das denn dafür« (lohnt es sich)? »Trotzdem« es regnet, gehen sie ohne Regenschirm aus, denn es soll »herich« (man sagt, angeblich) wieder schön werden. »Bis ich kann«, komm' ich mal bei euch vorbei; in der Früh könnt' ich in die »Trafik« (Tabakladen) und »um Semmeln gehen« (holen), »möcht' das« jemand anderer tun? Ich glaube, »daß nein«. Im »Stiegenhaus« arbeitet eine »Babe« (altes Weib) mit Kübel und »Hader« (Lappen). Das köstliche Deutsch der Schwejk-Übersetzung von Grete Reiner ist allerdings eher das von Deutsch sprechenden Tschechen. »Sich zu spielen« oder »sich zu baden« pflegten die Prager Deutschen denn doch nicht.

Das jahrhundertelange Miteinander und Gegeneinander hat scheinbar eindeutige Vorstellungen von der je anderen Nation aufkommen lassen. Jeder glaubt unter der Suggestion dieser Bilder, zu wissen, wie *die* Deutschen, *die* Tschechen, *die* Juden, *die* Polen sind. Die Vorstellungen sind gewiß nie schlechthin falsch, aber doch unpräzise und »unhistorisch«, weil man als gegeben voraussetzt, was unter dem Einfluß bestimmter gesellschaftlicher Bedingungen entstanden ist und sich unter anderen Bedingungen modifiziert. Wenn man etwa von Deutschen behauptet, daß sie sauber und arbeitsam, humorlos und autoritätsgläubig seien, dann widerlegt die tägliche Erfahrung die hartnäckigen Stereotypen immer wieder. Von den Tschechen heißt es, sie seien die »slawisch redenden Deutschen«, aber auch hier spricht das Leben der Legende oft hohn. Nicht anders verfährt es mit dem Wunschbild von den »goldenen Händen der tschechischen Handwerker« und mit der angeblichen demokratischen Veranlagung der Tschechen; beides ist zumindest etwas heruntergekommen, war wohl auch immer nur relativ gültig.

Ein verbreiteter Mythos ist die tschechische Sinnlichkeit und Musikalität: Die erstere, mit der romantischen Konstruktion der »jungen Völker« verbunden, hängt eher mit einer nur schwach entwickelten geistig-philosophischen Tradition zusammen; die tschechische Philosophie bleibt, möglicherweise als Nachwirkung des österreichischen Herbartismus, konkret-anschaulich und praktizistisch, abstrakten Spekulationen abgeneigt. Man hat oft auf die große Rolle der Poesie in der tschechischen Literatur hingewiesen, auf die Melodizität des tschechischen Verses; Kritiker beklagen gerade das als mangelnde Intellektualität und als Ausweichen vor den großen Problemen ins unverbindliche Spiel der Phantasiebilder und schönen Reime. Inzwischen gibt es beachtliche Prosaisten – von Kundera bis Hrabal und Šotola.

Vielleicht sollte man die Völker weniger danach beurteilen, was sie lesen, als danach, was sie trinken. »Bier ist unser Brot«, bemerkte unlängst ein hoher Parteifunktionär auf die Frage nach Anti-Alkohol-Kampagnen. Ob Bier, das übrigens längst nicht mehr das alleinige Volksgetränk ist, besonders lebensfroh macht, bleibt jedoch zu bezweifeln. Etwas weniger konventionell mag es unter Tschechen hergehen, das ist aber wieder eine Folge wenig ausgeprägter Bürgerlichkeit und protestantisch-puritanischer

Kultur. Bleibt die »slawische Musikalität«, die man ja nicht unbedingt nach Spitzenleistungen, sondern nach Verbreitung des Musizierens auf mittlerer und unterer Ebene messen kann. Das ist durchaus der Fall, nur dürften Qualität und Quantität der böhmischen Musikanten ziemlich genau dem Durchschnitt der österreichischen und deutschen Nachbarn entsprechen. Was die Redewendung »Jeder Böhme ein Musikant« anbelangt, so wird sie heute als »Jeder Tscheche ein Stellvertreter« verfremdet, eher ein Symptom der fortschreitenden Bürokratisierung.

Wahrscheinlich haben die Tschechen mehr Sinn für Humor und Witz als der durchschnittliche Deutsche, was wohl mit dem Fehlen glaubwürdiger Autoritäten und anerkannter Werte zusammenhängt, mit der Neigung, sich über alles Hohe, Offizielle und Mächtige lustig zu machen. Allerdings wird diese inzwischen von den Nachbarn geteilt, die unter gleichen Regimen und ähnlichen Problemen leiden. »Da staunt der Laie, der Fachmann – emigriert«, könnte man auch in der DDR sagen. Ein anderes Beispiel:

An der tschechoslowakisch-sowjetischen Grenze wird ein Tunnel gebaut, ein Bohrtrupp kommt von jeder Seite. Die Bohrmaschinen kommen einander immer näher; im Augenblick, wo sie aufeinandertreffen, liegt zwischen ihnen ein Goldklumpen. »Wir teilen brüderlich«, erklärt der Leiter der russischen Brigade. »Nein«, sagt sein tschechischer Kollege: »Halb und halb!«

Bei den Pragern kommt zur Lust am Enthüllen und Entschlüsseln die Freude an der sprachlichen Reduzierung, etwa wenn sie den Treffpunkt am Wenzelsdenkmal »Beim Pferd« oder den nach dem russischen Physiologen Pawlow benannten Platz *Slinťák* (sinngemäß: Sabberstelle) nennen.

Masaryk hat zwei Mängel im angeblichen tschechischen Nationalcharakter auf die Formel gebracht, man solle »nicht Angst haben und nicht stehlen«. Die realsozialistische Praxis bringt hier zwar reichliche Bestätigung der Kritik, aber wer wirft den ersten Stein? Formans grimmig-satirischer *Feuerwehrball* hat gewiß nicht deshalb Erfolg im Westen, weil er die Schwächen anderer misanthropisch bloßstellt, sondern weil man sich in ihm wiedererkennt. Und wer Angehörigen der verfolgten Menschenrechtsbewegung Charta 77 begegnet ist, die sich durch Stillhalten durchaus Ruhe erkaufen könnten, der wird vorsichtig sein mit der summarischen Behauptung, die Tschechen seien eine Nation von Schwejks.

Gewiß haben sich in der Geschichte bestimmte Verhaltensformen herausgebildet, die man auch in den einzelnen nationalen Gesellschaften oder deren Teilen verschieden stark ausgeprägt wiederfindet. Man mag zweifeln an der Gültigkeit des Bildes der kleinadlig geformten Polen und Ungarn, ihren Ehrvorstellungen und Umgangsformen, ebenso wie am Bild des überschwenglich herzlichen, gefühlvoll-zerrissenen, aber unverläßlichen Russen. Den meisten Tschechen dürften diese stereotypen Verhaltensweisen und Wertvorstellungen fremd, ja lächerlich erscheinen. Allslawische Ideologeme tragen längst nicht mehr, ganz abgesehen davon, daß auch bei den übrigen »slawischen« Völkern ältere Prägungen verblassen. Worauf man bei Tschechen häufig stößt, das ist unromantische Nüchternheit, verbunden mit Mißtrauen gegenüber den großen Herrschaften, dem Staat und dem ideologischen Humbug aller Ideenproduzenten ohne Ausnahme. Zu lange hat die Erfahrung des malträtierten, herumgeschubsten, untertänigen Volks in Stadt und Land gewirkt, das bestenfalls seinesgleichen vertrauen konnte. Zu sehr haben die Jahrzehnte seit 1938 diese Grunderfahrung bestätigt.

Zu wenig Prämien hat es gegeben auf Standhaftigkeit, Risikobereitschaft und individuelles Gewissen, zu wenig stilbildende Eliten, mit denen man sich identifizieren, denen man nacheifern konnte – vom Heiligen und Ritter bis zum Gentleman und Selfmademan. Zu wahrhaft historischer Größe, wenn es so etwas gibt, hatte Böhmen mehrfach die Hand ausgestreckt, aber – nach den Worten des Philosophen Jan Patočka – schließlich nie die inneren Kräfte aufgebracht, sie wirklich zu erreichen. Zu ihr bedarf es der Kontinuität, der Anstrengungen mehrerer Generationen, gleich wo wir die Werte suchen. Die Führungsschichten des Adels und der Kirche waren in der neueren böhmischen Geschichte wenig gefragt, das Bürgertum wurde unterdrückt, die relativ spät entstandenen politischen und intellektuellen Eliten immer wieder ausgeschaltet: 1939 bis 1945, 1948, 1968. Was aus dieser Vernichtung der Vielfalt von Traditionen, Wertorientierungen und Interessen hervorgeht, hat ein großer Prager Dissident, der Dramatiker Václav Havel, »Asthma« genannt: Atemnot in einer ungeschichtlich, ereignislos und unbeweglich gewordenen, manipulierten Welt voll »alibistischer« Vorsicht und bürokratischer Arroganz.

Kann man sich diesem Milieu entziehen, kann man sich dagegen immun machen? Havel verneint das, ist aber selbst das lebende Beispiel eines freien Geistes inmitten der »Erniedrigten, Enttäuschten, an nichts mehr Glaubenden«. Weniger Anspruchsvolle flüchten ins letzte Sanktuarium, die Solidargemeinschaft der Familie. Gewiß ist deren Autonomie eine nur relative, und der herrschende Nihilismus greift auf sie über. Doch ist die Intensität der familiären Bindung, das Engagement für die Kinder, die »es besser haben sollten«, in der Tat höher, als man es im Westen gewohnt ist. Der Hinweis auf die Familie, die politische Wagnisse verhindert, ist mehr als nur eine Ausrede.

Auch die liebenswert-menschliche Bereitschaft etwa der Großeltern, sich ihren Enkelkindern zu widmen, ist möglicherweise mehr als nur eine durch die Verhältnisse erzwungene. Aber zwei Tatsachen sollten stutzig machen: Erstens ist die Scheidungsrate nicht niedriger und die Geburtenziffer nicht viel größer als in vergleichbaren westlichen Ländern. Zweitens zeigen die hektische Jagd nach Konsumgütern, die gereizte Nervosität der zwischenmenschlichen Beziehungen, die Herrschaft des alltäglichen »Auftreibens«, daß zwar ein geringerer Spielraum vorhanden, aber keine grundsätzlich andere, gar bessere, Orientierung am Werk ist, als sie die westliche Gesellschaft kennt.

Natürlich beklagen die engagierten, aber isolierten Prager Intellektuellen diesen Niedergang der politischen Kultur ihres Volkes, von dem ihnen oft nur eine tschechisch sprechende Masse privater Konsumenten übrig zu sein scheint: Immer weniger Menschen sind heute ansprechbar durch die Ideen, die die Welt ihrer Väter und Großväter geformt haben. Es ist ein geringer Trost, daß die Herausforderungen der kommenden Jahrzehnte möglicherweise alle herkömmlichen politischen und sonstigen Wertvorstellungen über den Haufen werfen und wir uns dann in einem elementaren Sinn bewußt werden müssen, daß wir – mit oder ohne unsere problematischen Überreste europäischer Vergangenheit – in einem Boot sitzen.

Bibliographischer Hinweis

In das vorliegende Buch sind zahlreiche Einzelstudien eingegangen, deren Aufzählung den Rahmen dieses kurzen Hinweises sprengen würde. Die Geschichte Prags hat, eigenartig genug, wesentlich weniger synthetische Gesamtdarstellungen gefunden als andere vergleichbar bedeutsame Städte. Die größte stammt von *Wácslaw Wladiwoj Tomek* (12 Bände, 1892–1901) und ist nur bis zum Jahr 1608 gelangt. Sie ist natürlich veraltet, auch wenn man in Einzelfällen nach ihr greift, ebenso wie nach dem mehrfach aufgelegten, kulturgeschichtlich ausgerichteten Prag-Buch *Oskar Schürers* (Wien/Leipzig/Prag 1935²). *Johanna Baronin Herzogenbergs* Prag-Buch (München 1966), zwar aus persönlichem Erleben heraus geschrieben, ist aber im Grunde ein devoter Kunstführer und beschränkt sich darüber hinaus auf die älteren Perioden. Kritischer, aber ebenfalls so gut wie ohne die neuere Geschichte, ist *Götz Fehrs* geraffte Einführung zu einem schönen Bildband (*Prag, Stadt an der Moldau. Geschichte, Kunst, Kultur*. München 1979). In seinen informativen Teilen verwendbar ist *Josef Janáčeks Malé dějiny Prahy* (Kleine Geschichte Prags, Prag 1967, 1983, deutsch teilweise als *Das alte Prag*, Köln / Wien 1983). Ein eigenartiges, zorniges Liebesbekenntnis ist *Angelo M. Ripellinos Magisches Prag* (Tübingen o. J.) – ein sehr persönliches, mit intimer Kenntnis der Prager Literaturszene gesättigtes expressionistisches Feuerwerk.

Bisher unvollendet ist das gründliche, auf vier Bände geplante große Kollektivwerk Prager Kunsthistoriker, das sich auf Architektur, Malerei, Bildhauerei und Kunstgewerbe konzentriert; bisher liegen die Bände über Mittelalter (*Praha středověká*, 1983) und das 19. Jahrhundert (*Praha národního probuzení*, 1980) vor. Die Prager Sagen hat *Karel Krejčí* 1967 kritisch aufgearbeitet: *Praha legend a skutečnosti* (Prag, Legende und Wirklichkeit). *Emanuel Poche* und *Pavel Preiss* verdanken wir eine Monographie über Prager Palais (*Pražské paláce*, Prag 1977); *Jan Wenig* schrieb populäre Erzählungen über einzelne Prager Häuser (*Co vypravovaly pražské domy*, Prag 1982. An älteren Büchern dieser Art nenne ich nur *Jaroslav Kamper, Wanderungen durch Alt-Prag*, Prag 1932, sowie *Egon Erwin Kischs* berühmte Reportagen *Aus Prager Gas-*

sen und Nächten, Prager Kinder, Die Abenteuer in Prag, Berlin/ Weimar 1980[3]. *Václav Hlavsa* hat eine wunderschöne Sammlung Alt-Prager Stadtansichten herausgegeben (*Praha očima staletí: Pražské veduty*, Prag 1984), die ein weiterer Band zeitgenössischer Fotografien von *Pavel Scheufler* ergänzt: *Praha 1848–1914* (Prag 1986).

Mit spezielleren Themen befassen sich z. B. *Karl M. Swoboda* (Hrsg.), *Barock in Böhmen*, München 1964, *Vilém Lorenc, Nové Město Pražské*, Prag 1973 (dt. *Das Prag Karls IV.*, Stuttgart 1982) und *Václav Hlavsa/Jiří Vančura, Malá Strana* (Die Kleinseite, Prag 1983). Brauchbar ist der Reiseführer von *Jiří Burian* und *Jiří Svoboda, Die Prager Burg*, Prag 1973, sowie *Jan Fischer/Ondřej Fischer, Pražské mosty* (Prager Brücken), Prag 1985. Kenntnisreiche Detailstudien sind in letzter Zeit *Pavel Preiss' Italští umělci v Praze* (Italienische Künstler im Prag der Renaissance, des Manierismus und Barock), Prag 1986, und *Petr Wittlich, Česká secese* (Böhmische Sezession), Prag 1982.

Der historische Hintergrund wird gut ausgeleuchtet im von *Karl Bosl* herausgegebenen *Handbuch der Geschichte der böhmischen Länder* I–IV (Stuttgart 1967–74), die kirchliche und religiöse Entwicklung bei *Ernst Winter, Tausend Jahre Geisteskampf im Sudetenraum* (Salzburg/Leipzig 1938). Zur Geschichte der Prager Juden außer den älteren Arbeiten von *Hana Volavková, Židovské Město Pražské* (Die Prager Judenstadt, 1959) und dies., *Zmizelé pražské ghetto* (Das verschwundene Prager Getto, 1961), *Ferdinand Seibt* (Hrsg.), *Die Juden in den böhmischen Ländern*, München 1983, sowie *Wilma Iggers, Die Juden in Böhmen und Mähren*, München 1986. Die älteren deutsch-tschechischen Beziehungen stellt *Ferdinand Seibt* in *Deutschland und die Tschechen*, München 1974, dar, die neueren *Gary B. Cohen, The Politics of Ethnic Survival. Germans in Prague 1861–1914* (Princeton 1981), *Johann Wolfgang Brügel, Tschechen und Deutsche* I–II, München 1967 und 1974, schließlich *Detlev Brandes, Die Tschechen unter deutschem Protektorat*, München 1969 und 1975. Das neueste Werk von *Jürgen Serke, Böhmische Dörfer*, Wien 1987, habe ich leider nicht mehr benutzen können.

Personen- und Sachregister

Bildnachweis

Alle Abbildungen von Werner Neumeister, München

Piper Panoramen der Welt

Rolf Ackermann
8mal Sardinien
224 Seiten mit 16 Fotos. Serie Piper 5109

Fritz René Allemann
8mal Portugal
Überarb. und erweiterte Neuausgabe.
369 Seiten mit 37 Fotos. Geb.

Fritz René Allemann
26mal die Schweiz
Panorama einer Konföderation.
603 Seiten mit 17 Fotos. Serie Piper 5106

Harald R. Bilger
111mal Südafrika
405 Seiten mit 35 Fotos. Serie Piper 5102

Raymond Cartier
50mal Amerika
Übersetzt aus dem Französischen von Leonore Schlaich/Max Harriès Kester.
519 Seiten mit 31 Fotos. Serie Piper 5101

Rudolph Chimelli
9mal Moskau
231 Seiten mit 19 Fotos. Serie Piper 5113

Gerhard Dambmann
25mal Japan
Weltmacht als Einzelgänger.
335 Seiten mit 22 Fotos. Serie Piper 5104

Tony Gray
5mal Irland
Aus dem Englischen von Ute Wiechern/Hans Jürgen Baron von Koskull.
422 Seiten mit 19 Fotos. Serie Piper 5105

Piper Panoramen der Welt

Willy Guggenheim
30mal Israel
Überarb. und aktualisierte Neuausgabe.
461 Seiten mit 30 Fotos. Serie Piper 5108

Erich Helmensdorfer
54mal Ägypten
Erweiterte und aktualisierte Aufl.
326 Seiten mit 28 Fotos. Serie Piper 5115

Arnold Hottinger
7mal Naher Osten
Überarb. und aktualisierte Neuausgabe.
421 Seiten mit 16 Fotos. Serie Piper 5127

Toni Kienlechner
12mal Italien
458 Seiten mit 17 Fotos. Serie Piper 5110

Catherine Krahmer/Josef Müller-Marein
21mal Frankreich
449 Seiten mit 17 Fotos. Geb.

Rudolf Walter Leonhardt
77mal England
Panorama einer Insel.
442 Seiten mit 33 Fotos. Serie Piper 5112

James Morris
3mal Venedig
360 Seiten mit 24 Fotos. Geb.

Piper Panoramen der Welt

Heinz Ohff
2mal Berlin
1985. 363 Seiten mit 38 Fotos. Geb.

Alan Riding
18mal Mexiko
Aus dem Amerikanischen von Bernd Rullkötter. 1986.
512 Seiten mit 25 Fotos. Serie Piper 5111

Dietmar Rothermund
5mal Indien
2. Aufl., 10. Tsd. 1983. 459 Seiten mit 22 Fotos. Geb.

Hermann Schreiber
6mal Paris
Biographie einer Weltstadt. 2. Aufl., 11. Tsd. 1981.
450 Seiten mit 62 Abbildungen und 23 Tafeln. Geb.

Rüdiger Siebert
5mal Indonesien
Annäherung an einen Archipel. 1987. 531 Seiten. Serie Piper 5116

Klaus Viedebantt
30mal Australien und Neuseeland
3. Aufl., 17. Tsd. 1983. 354 Seiten mit 23 Fotos. Geb.

Klaus Viedebantt
33mal Neuseeland und Polynesien
1986. 408 Seiten mit 21 Fotos. Geb.

Rudolf Woller
6mal Kanada
1984. 398 Seiten mit 16 Fotos und 2 Karten. Geb.

Johannes Grotzky
Gebrauchsanweisung für die Sowjetunion
192 Seiten mit 20 Abbildungen. Kt.

Das umfassende Benimm-Buch für Reisende in die Sowjetunion. Es ist beeindruckend, was der Unkundige alles falsch machen kann – aber Grotzky hält dank seiner Sachkenntnis und seines Verständnisses für die sowjetische Mentalität immer den richtigen Tip bereit. An seiner Seite passiert der Besucher die zahlreichen Hürden, die zwischen ihm und dem unbeschwerten Genuß seines Reiseziels errichtet sind: das Geduldspiel um das Visum, die fürsorgliche Belagerung in den staatlichen Hotels und bei den Besichtigungsfahrten, die komplizierten Riten des Einkaufs, die Tücken und Gefahren des individuellen und öffentlichen Nahverkehrs, die Überraschungen, die der unbefangene Benutzer von Post und Telefon zu gewärtigen hat, oder die kyrillischen Schriftzeichen, vor denen bei näherem Hinsehen jede Angst unbegründet ist. Witzig und mit Sinn für die treffende Anekdote geschrieben, ist dieses Buch ein unverzichtbarer Führer durch die Fährnisse des sowjetischen Alltags.

Heinz Ohff
Gebrauchsanweisung für England
175 Seiten mit 16 Abbildungen. Kt.

Über England scheint jeder Bescheid zu wissen – und das ist gefährlich. Heinz Ohff begibt sich unter die Oberfläche des Vertrauten und zeigt in seinen zahlreichen Ratschlägen – sei es für den harten Kampf mit dem Telefon, sei es für das berühmt-berüchtigte englische Essen – wie man England wirklich kennenlernen kann.

Dietmar Rothermund
Gebrauchsanweisung für Indien
140 Seiten mit 11 Abbildungen. Kt.

»Sein brillantes kleines Buch ›Gebrauchsanweisung für Indien‹ schöpft aus dem vollen. Es gibt einen knappen Querschnitt durch verschiedene Lebensbereiche, die für Indien charakteristisch sind: Kastenwesen, religiöse Feste, Gurus und Gurusuche, indische Küche; es folgen systematische ›Streifzüge‹ durch die Geographie, Politik und Wirtschaft Indiens. Das große erste Kapitel ist auf die touristischen Bedürfnisse zugeschnitten. Für sie, die Touristen, ist dieses Buch auch gedacht: für jene, die mehr als den Reiseführer lesen, die sich allgemeiner informieren wollen, ohne zu schwierigen Fachwerken zu greifen. Ihnen sei dieses Buch besonders empfohlen.«

Deutsches Allgemeines Sonntagsblatt

Klaus-Peter Schmid
Gebrauchsanweisung für Frankreich
168 Seiten mit 18 Abbildungen. Kt.

Wer nach Frankreich fährt, sollte wissen, was ihn erwartet. Denn so französisch, wie viele meinen, sind die Franzosen gar nicht. In einfühlsamer und amüsanter Form beschreibt Klaus-Peter Schmid, der 14 Jahre in Frankreich gelebt hat, die kleinen Eitelkeiten und großen Ambitionen der Franzosen.

PIPER

Paul Watzlawick
Gebrauchsanweisung für Amerika

Ein respektloses Reisebrevier. Zeichnungen von Magi Wechsler.
163 Seiten. Kt.

Diese ›Gebrauchsanweisung‹ ist kein Reiseführer im landläufigen Sinn, sie will dem Europäer die USA-Wirklichkeit näherbringen – von der tierisch ernsten Zollkontrolle am Flugplatz, den unvermuteten Tücken der amerikanischen Uhrzeit, des Datums, der Maße, Gewichte und Adressen, von Kredit und Kreditkarten sowie den Merkwürdigkeiten der Umgangssprache bis zum Begründer dieser Gewohnheiten und Institutionen, dem ›homo americanus‹.